# 资源型企业海外并购
# 绩效评价、风险测度及对策研究

张 丹◎著

Study on Performance Evaluation,

Risk Measurement and

Countermeasures of

Overseas Merger and Acquisition

based on Resource-based Enterprises

经济管理出版社
ECONOMY & MANAGEMENT PUBLISHING HOUSE

**图书在版编目（CIP）数据**

资源型企业海外并购绩效评价、风险测度及对策研究/张丹著.—北京：经济管理出版社，2023.8

ISBN 978-7-5096-9251-6

Ⅰ.①资… Ⅱ.①张… Ⅲ.①企业兼并—跨国兼并—研究—中国 Ⅳ.①F279.214

中国国家版本馆 CIP 数据核字（2023）第 176005 号

责任编辑：申桂萍
助理编辑：张　艺
责任印制：许　艳
责任校对：张晓燕

出版发行：经济管理出版社
　　　　　（北京市海淀区北蜂窝 8 号中雅大厦 A 座 11 层　100038）
网　　址：www. E-mp. com. cn
电　　话：（010）51915602
印　　刷：唐山玺诚印务有限公司
经　　销：新华书店
开　　本：720mm×1000mm/16
印　　张：15.25
字　　数：282 千字
版　　次：2023 年 8 月第 1 版　2023 年 8 月第 1 次印刷
书　　号：ISBN 978-7-5096-9251-6
定　　价：88.00 元

# 前　言

经济全球化和贸易自由化已成为世界经济发展不可逆转的趋势，在此背景下，海外并购成为企业快速进入新的行业、实现资本积累与优化、形成生产与销售网络结构的重要经济行为。成功的海外并购不仅可以促进企业产权重组、企业转型、企业产品结构调整，扩大市场占有率，而且也是企业实现资源最优化整合与配置的有效方式。

20世纪90年代以来，随着中国经济的高速发展，中国的国际地位显著提高，海外并购已成为中国企业开拓海外市场的重要方式。1999年，我国提出了"走出去"战略，之后又将其写入"十五"计划，使其成为我国一项长期的国策。随着全球经济一体化进程的加快，中国海外并购活动日趋活跃，各种并购事项常见于报端。特别是2008年全球金融危机爆发以来，发达国家经济严重受创，西方国家急于借助中国外汇储备解决流动性资金紧张问题，各国政府与中国扩大投融资合作的意愿不断增强，使得并购门槛降低，这些国家的跨国并购政策也有所放宽。我国凭借大量的外汇储备、需求持续快速增长的市场，已经成为令亚洲乃至世界瞩目的并购市场，影响力与日俱增。China Venture的统计数据显示，我国2005~2014年发生的跨境并购金额是1995~2004年并购金额的135倍。对于资源型行业而言，我国资源型企业海外并购经历了起步阶段（20世纪90年代初期）、发展阶段（20世纪90年代中后期）、活跃阶段（21世纪初）以及突飞猛进阶段（21世纪初至今）。自2005年以来，资源型企业向外扩张的力度越来越大，跨国并购的数量和交易额呈爆发式增长的态势。

尽管金融危机背景下全球经济低迷成为促使我国资源型企业掀起新一轮海外并购浪潮的有力支撑，然而并非所有并购都是一帆风顺的。正如著名的跨国并购"七七定律"中所提及的，70%的并购并未达到企业的预期目标，国际环境的复杂性以及我国企业海外并购还处于起步阶段等因素都会导致企业在"走出去"的过程中面临着一系列风险。那么，在全球经济波谲云诡的形势下，中国企业海外并购是否创造了价值？面临哪些风险？风险大小如何？这些问题应当引起我国海外并购企业的深度思考。对这些问题进行解答正是本书撰写的初衷。同时，本书将研究对象聚焦于资源型企业，主要是考虑到我国当前的国情。我国既是资源总量大国，也是人均资源匮乏的国家。我国正处在工业化和城镇化发展的关键阶段，资源的需求远远超出了我国自身资源的供给能力，特别是石油、天然气等战略资源往往受限于国际市场，存在着资源需求旺盛而供应紧缺的压力，资源的对外依赖将长期存在。因此，为了实现经济的可持续发展，资源型企业必须走出国门通过海外并购这种有效途径获取更多的资源，在满足国家经济可持续发展的同时提高资源型企业自身的竞争力。我国政府为资源型企业"走出去"创造了一系列有利条件，帮助企业在海外获取了更多的市场资源。同时，金融危机的爆发使海外一些能源和资源型企业的产品价格大幅下降甚至超跌，有些企业甚至处于等待破产或被收购的状态，这为我国资源型企业"走出去"提供了契机，资源型企业海外并购已成为我国企业并购的主流。

综观国内外相关研究成果，国外已经形成了比较系统的并购理论体系，既有丰富的并购理论模型，也有来自不同国家的大量的经验论证。我国关于企业并购的研究起步相对较晚，尽管关于企业海外并购的动因、影响因素、短期绩效、单一风险等方面的研究已经较为系统，但仍存在一些不足之处。第一，目前学者对中国整体和制造业行业的海外并购活动的研究比较丰富，而针对某一行业，特别是资源型行业的研究很少。这主要是因为，中国整体和制造业行业的海外并购活动比较丰富，并购样本量较大，容易获取样本并购事件的信息，所以学者以此展开相关研究的难度较低。然而，资源型企业海外并购从2005年才开始出现爆发式增长，海外并购案例较少，样本的缺失导致目前学者深入研究资源型企业海外并购活动的难度增大。因此，资源型企业海外并购活动的特征无法在中国整体的海外并购活动特征中得到准确体现，基于此，本书从资源型企业的角度出发，通过实地调研、案例分析、定量研究等研究方法探讨资源型企业海外并购的绩效评价、风险测度与对策。第二，过往针对企业海外并购绩效的研究，主要通过定量指标来判定并购后短期内股东的财富效应或者财务指标的变化，而资源型企业并购绩效往往具有滞后性，基于此，本书将并购活动发生时和并购活动发生后均纳入并购绩效评价的时间范畴中，以期能够全方位、系统性地对资源型企业海外并购绩效进行评价。第三，现有研究主要针对某一类风险进行评价，如整合风险、管理风险、法律风险等，而海外并购的风险是各类风险的综合体现，因此如何科学地评价资源型企业海外并购风险也正是本书力图解决的重点问题之一。

本书的研究基础是笔者多年来在资源型企业海外并购领域研究成果的系统总结和梳理，并得到了国家自然科学基金项目（72072144；71672144；71372173；70972053）、国家软科学研究计划项目（2014GXS4D153）、陕西省创新能力支撑计划软科学研究计划重点项目（2019KRZ007）、陕西省创新能力支撑计划软科学研究计划项目（2021KRM183；2017KRM059；2022KRM129）、陕西省教育厅人文社科研究计划项目（15JK1544）、西安市科技局软科学研究计划重点项目（21RKYJ0009）的支持。全书共十章：第一章为绪论，也是全书的概述；第二章为理论基础与文献综述，主要界定了本书的核心概念，介绍了相关理论基础，总结评述了现有的研究成果；第三章为资源型企业海外并购现状分析，主要是对我国资源型企业海外并购的历史进程、动因、特点以及存在的问题进行总结概括；第四章至第八章为实证部分，通过多种计量方法对资源型企业海外并购动因、短期绩效、长期绩效、绩效的影响因素、风险识别、风险测度、绩效与风险的综合评价等一系列问题展开实证检验；第九章为资源型企业海外并购绩效与风险的对策建议，主要是从政府和企业两个层面提出资源型企业海外并购绩效提升与风险降低的对策建议；第十章为 JDC 公司并购加拿大 YUK 公司案例分析，主要是选取资源型企业 JDC 公司并购加拿大 YUK 公司的典型案例进行分析，主要内容包括并购双方概况，并购背景、动因及过程，并购短期绩效和长期绩效评价、并购风险分析、并购绩效和风险综合分析，案例启示等。本书通过对 JDC 公司并购 YUK 公司这一海外并购案例进行深入分析，可以帮助读者更好地理解与吸收本书关于资源型企业海外并购绩效与风险分析的研究成果。

本书的顺利出版得到了经济管理出版社的大力支持和帮助，在此表示衷心的感谢。对本书在撰写过程中所调研的单位，所参阅的有关资料、论著、教材和网络数据的作者，一并表示感谢。

由于笔者知识水平有限，书中难免存在不足之处，欢迎广大读者和同行多提宝贵意见，笔者将不胜感激！

张 丹

2022 年 4 月

# 目　录

# 第一章  绪论

## 第一节  研究背景与研究意义

### 一、研究背景

经济全球化的日益加深为跨国经济发展带来了新机遇与新挑战，海外并购就是跨国企业适应经济全球化大环境的重要尝试与具体表现。海外并购活动是并购企业重塑企业发展战略格局，实现全球化、国际化部署的重要手段，成功的并购活动会为并购企业注入新的成长血液。特别是对于新兴国家的并购企业而言，本身发展缺乏足够的历史积累、技术积累以及先进的管理经验积累，并购国外同类企业是获得企业成长经验的重要手段。海外并购既是跨国经济的重要内容之一，也是某一经济行业进行全球整合的方向标，它对并购企业所属国（并购国）与被并购企业所属国（东道国）的行业经济乃至全球的行业经济格局均会产生重要影响，故此，不论海外并购活动成功与否，只要海外并购活动被发起就一定会在国际范围内引起行业内足够的重视。

作为新兴经济体的"领头羊"，中国在实施"走出去"战略的过程中，中国企业海外并购的步伐也在不断加快，经历最初的尝试与探索，中国企业的海外并购实践经验得到了不断积累，2008年全球金融危机使中国企业海外并购进入蓬勃发展的新时期。综观中国企业的海外并购史，在中国企业海外并购案例中，自然资源领域的并购案例与并购金额一直占据主要地位，2008年中国企业海外并购金额的60%是由自然资源领域企业实现的，特别是2009年中国矿业把握住了全球矿业衰退的重要时机逆势而起，其并购金额占据该年全球同行业并购交易总额的27%。2010~2015年，中国企业海外并购进入爆发式增长状态，在2016年并购金额达到了1800亿美元，一举将中国推向全球第二大对外投资国的地位。

虽然得益于经济全球化的发展、金融危机的机遇以及中国"走出去"战略的支持，中国企业海外并购活动在短短20多年内取得了举世瞩目的成绩，但是中国企业海外并购的爆发式增长也带来了很多隐患。近年来，伴随着我国对企业海外并购事件的监管与审查不断规范化以及国际局势的风起云涌，特别是由于我国社会主义国家体制与很多国家存在差异，中国在与市场经济体系国家合作发展的过程中备受猜忌与警惕，中国企业的海外并购活动特别是自然资源领域的海外并购活动一路走来充满艰辛与坎坷。2017年和2018年的调查数据显示，我国海外并购逐渐回归理性，交易数量与金额都大幅降低。未来我国企业，尤其是作为国民经济支柱的资源型企业其海外并购又将何去何从成为社会各界关注的焦点。

本书紧随未来我国企业海外并购理性回归的实践步伐，旨在通过对过去海外并购浪潮的经验反思，从理性角度对我国企业海外并购的绩效、风险与策略进行分析，为未来我国企业海外并购的理性活动提供可用的参考与指导启示。本书将从经济、政策两方面对我国资源型企业海外并购浪潮兴起的背景进行分析。

（一）经济背景

2008年的金融危机使世界各国经济陷入大范围的衰退之中，各国金融机构均出现巨额亏损甚至倒闭，资本市场流动性降低，信贷状况不断收紧，各行各业的企业均受到了影响，特别是许多重资产的企业盈利能力下滑严重。然而，由于中国经济体系的独立性以及中国经济制度的优越性，在金融危机背景下，中国经济仍然保持强劲的增长势头，特别是中国改革开放以来不断地积累资本，中国在危机之后的全球经济复苏中扮演着越来越重要的角色，中国在全球经济体系中的话语权与受欢迎程度得到了极大提升。

一方面，受到金融危机冲击的西方国家，急于借助中国的外汇储备以缓解流动性资金紧张对本国经济带来的影响，各国政府与中国扩大投融资合作的意愿不断增强，它们不断降低企业并购的门槛与制度限制，并对以往的限制性跨国并购政策进行放宽处理，特别是放宽部分能源和资源类企业的并购限制来减轻自身国民经济发展的负担。另一方面，受到金融危机的冲击，全球资源产品价格大幅度下降，很多资源型企业价值在评估中大幅缩水，降低了中国企业的并购成本，考虑到西方大部分具有优质资产的资源类企业缺乏足够资金维系正常生产活动，而且这些企业具有重资产性质，短期内投入难以收回，大多处于亏损与破产的边缘，中国企业对其并购是实现双方共赢的选择，这就造就了中国资源型企业对其进行并购的历史时机。

总之，中国企业海外并购是中国企业融入全球经济体系的重要手段，同时也是中国"走出去"经济战略的重要实践，本质上是中国企业谋求自身发展的全球化布局举措。但是，中国企业海外并购活动的爆发式增长却得益于 2008 年全球金融危机的历史机遇，金融危机使中国企业可以以更低的成本、更受欢迎的姿态进行海外并购活动，这是促成中国企业海外并购活动进入爆发式增长阶段的根本原因。

（二）政策背景

作为中国"走出去"的重要战略举措与经济行为，中国企业海外并购行为离不开中国政府的支持与引导，同时中国政府基于中国企业海外并购的实践需要，不断健全和完善审批政策、财政政策、外汇管理以及安全保障等方面的政策。

在审批政策方面，为了满足中国企业海外并购的爆发式增长需求，帮助中国企业抓住难得的并购机遇，中国政府不断对审批政策进行修正，不断提高审批政策的完备性、适用性、普遍性和有效性等。例如：2009 年，商务部就下放境外投资审批权限、明确企业境外投资核准制度，发布了《境外投资管理办法》（2009 年），推动了我国海外投资机制朝着"分级审批、多元管理"的方向发展；2014 年，国家发展和改革委员会新颁布的《境外投资项目核准和备案管理办法》（2014 年）标志着我国对外投资核准制和备案制实施的开始，极大地简化了我国企业海外并购的审批流程。

在财政政策、外汇管理方面，财政与外汇管理机制的不断完善极大地支持了我国企业海外并购的行为，并为其提供了极大的便利性。党的十八大报告明确指出了培育我国世界一流企业的具体要求。国务院国有资产监督管理委员会发布的《中央企业境外投资监督管理暂行办法》（2012 年）、《中央企业境外投资监督管理办法》（2017 年），商务部和原环保部制定的《对外投资合作环境保护指南》（2013 年），以及 2015 年 8 月 5 日起实施的《跨国公司外汇资金集中运营管理规定》等政策都是为了促进外汇外债管理便利化，为中国企业实行海外并购以及并购成功后的后续运营活动提供政策支持。此外，为了使备案制成为我国对外投资管理的主要方式，商务部等七部委印发了《对外投资备案（核准）报告暂行办法》（2018 年），使我国对外投资流程进一步简化。

在安全保障方面，中国政府为海外并购的安全提供了政策性保障。商务部发布的《对外投资合作境外安全风险预警和信息通报制度》（2010 年），商务部等六部委联合发布的《对外投资合作境外安全事件应急响应和处置规定》（2013 年），以及商务部组织编写和印发的《境外中资企业机构和人员安全管理指南》（2012年发布，2017年修订）等政策形成了一整套的境外投资安全预警与防范体系，在人员生命安全和资金安全等方面为我国企业海外并购活动的开展提供了充分的支持与保障。

## 二、研究意义

虽然得益于2008年金融危机，中国企业海外并购取得了举世瞩目的成绩，并且于2016年一举将中国推到世界第二大对外投资国的地位，但是，2017年以来，随着国内监管政策的变化、世界经济的复苏，国外逐渐收紧了资源性行业的收购限制，中国企业海外并购开始处于降温期，因此，中国企业海外并购需要重新找回理性与燃点。一方面，爆发式的并购活动之后中国企业并没有对并购活动的经验与教训进行系统性的总结与反思，遗留下来了很多并购后遗症。例如：并购成功后企业有没有实现既定的成长目标？并购后的企业是接收了优质资产还是接收了烂摊子？并购后的企业发展面临着哪些新的问题？另一方面，爆发期过后，中国企业未来的海外并购理性行为将如何展开是现阶段最值得关注的问题，这就需要对已发生的并购活动进行更为系统性的研究与分析，并对具有指导性的并购经验进行总结。例如：爆发期中国企业的并购活动有没有产生相应的绩效？影响这些绩效的因素是什么？这些已经发生的并购活动中主要面临的风险是什么？这些风险是否是专门针对中国企业的？这些风险的有效规避手段是什么？

为了更好地理解与指导降温期中国资源型企业的海外并购活动，本书以资源型企业海外并购绩效与风险为研究主题，旨在通过系统科学的分析为中国资源型企业未来的理性并购行为提供可以借鉴的经验。一方面，本书选择资源型企业作为研究对象是基于我国"一带一路"倡议可能成为我国资源型企业海外并购活动新一轮爆发点的考虑。另一方面，本书对并购绩效与并购风险进行分析是为了吸取并购过程和并购成功之后的发展两个方面的经验，从而使对策结论更具有指导性。本书的研究意义包括以下几个方面：

第一，构建了系统的海外并购绩效分析模型，从长期和短期两个侧面对中国企业海外并购的绩效及影响因素进行了分析，找到了取得短期绩效和长期绩效的突破口，提炼出影响海外并购绩效的关键因素并提出针对性解决对策。

第二，构建了中国资源型企业海外并购的风险体系，对影响中国企业海外并购的风险因素（诸如政治风险、法律风险、文化风险等风险因素）进行了排序提炼，并针对性地提出了对策建议。

## 第二节　研究框架和内容

本书针对我国资源型企业海外并购活动，专注于分析我国资源型企业海外并购的绩效问题、风险问题及对策问题，并且采用定量分析与定性分析相结合的方法，在对相关概念、基础理论等进行系统性整理的基础上，围绕两个方面的内容展开了分析：一方面，围绕我国资源型企业海外并购的历史进程、动因、特点以及面临的主要问题进行现状分析；另一方面，基于模糊层次分析法和因子分析法，构建了综合考虑资源型企业海外并购绩效与风险评价的模型，对资源型企业已开展的海外并购活动进行实证分析。此外，本书还选取 JDC 公司并购加拿大 YUK 公司的实例进行案例分析，对本书中资源型企业海外并购绩效与风险的分析模型进行更进一步的检验与应用，以便更好地提炼我国资源型企业成功实现海外并购的先进经验。

综上所述，本书的主要内容包括以下六个部分：

第一部分，绪论。该部分内容的写作目的主要是帮助读者理解我国资源型企业海外并购的机遇背景与现实挑战，帮助读者理解本书对我国资源型企业海外并购绩效、风险与对策研究的现实意义与主要目标。

第二部分，理论基础与文献综述。该部分对本书中的核心概念进行了界定，对资源型企业海外并购活动的经济学本质进行了理论追溯，并在此基础上对既有相关研究进行了总结概括，从而为本书接下来的实证模型与案例分析提供丰富的理论支撑。

第三部分，现状。该部分主要内容是对我国资源型企业海外并购的历史进程进行总结概括，以进一步帮助读者理解我国资源型企业进行海外并购的动因与特点，并揭示我国资源型企业海外并购中存在的问题。

第四部分，实证。该部分是本书的核心内容，对我国资源型企业海外并购研究中涉及的相关实证检验问题进行了归纳总结，包括动因分析的模型与实证、绩效评价的模型与实证、绩效影响因素分析的模型与实证、风险识别与风险测度的模型与实证、绩效和风险综合评价的模型与实证。

第五部分，对策。该部分内容主要包括我国资源型企业海外并购的经验介绍与问题解决，从政府和企业两个层面提出了平衡海外并购绩效提高与风险降低的详细对策。

第六部分，案例。该部分选取 JDC 公司并购加拿大 YUK 公司的实例进行了案例分析，以便帮助读者更好地理解与吸收本书关于资源型企业海外并购绩效与风险分析的研究成果，更为直观地从案例启示中获取我国资源型企业成功实现海外并购的经验。

本书的研究框架如图 1-1 所示。

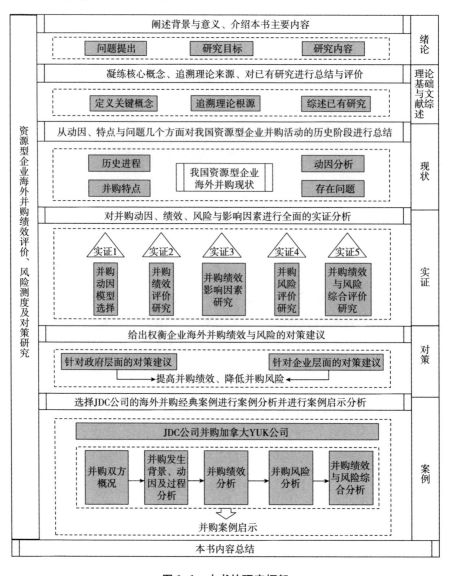

**图 1-1　本书的研究框架**

## 第三节　研究目标

在对中国企业海外并购的既有研究成果进行归纳整理的同时，本书结合中国资源型企业海外并购的实践发展需求，发现既有的对中国企业海外并购活动的研究分析主要集中在中国企业海外并购的整体分析和中国制造业企业海外并购活动分析两个方面，而很少有学者单独将中国资源型企业的海外并购活动作为研究对象。同时，本书还发现，国内外学者在进行企业海外并购研究时，常将并购的绩效与风险割裂开来，很少有学者将两者结合起来进行分析，而实际上，企业海外并购的绩效与风险是密切相关的，单独研究绩效或风险的结果都不具备科学性。因此，本书以中国资源型企业为研究对象，对其海外并购的绩效和风险评价展开研究，试图达成以下理论与实践目标：

### 一、理论方面需要达成的目标

第一，研究中国资源型企业海外并购的动因，对于制定并购策略、确立风险防范关键政策参考点具有重要价值。

第二，研究中国资源型企业海外并购的宏观、中观及微观方面的影响因素，找出决定中国资源型企业海外并购成功与否的关键影响因素，探索符合中国特色的、最适合中国实践需求的资源型企业海外并购路径。

第三，通过对中国资源型企业海外并购过程中的系列风险进行识别、测度、评价及防范研究，建立有效规避中国资源型企业海外并购风险的预警及防范机制，为未来我国资源型企业海外并购活动的风险防控工作提供可资借鉴的经验。

### 二、实践方面需要达成的目标

第一，通过对我国资源型企业海外并购现状进行分析，把控我国资源型企业海外并购的历史进程，划分我国资源型企业海外并购发展的历史阶段，并归纳不同阶段我国资源型企业海外并购的特征；重点结合金融危机背景对我国资源型企业海外并购爆发期的动因进行解读，并剖析隐藏在爆发期之后的问题，进一步对我国资源型企业海外并购活动的最新趋势进行分析。

第二，通过对中国资源型企业海外并购的动因进行模型化分析，探索中国资源型企业海外并购处于爆发期（2008~2016年）的内在驱动力，同时解释中国资源型企业海外并购处于降温期（2017年至今）的主要原因，寻找中国资源型企业海外并购理性回归与燃点重拾的根源。

第三，通过对中国资源型企业海外并购绩效评价及绩效影响因素进行研究，为理性开展资源型企业海外并购战略活动提供分析手段，并为中国资源型企业海外并购成功后的绩效提升管理提供可资借鉴的经验。

第四，通过对中国资源型企业海外并购风险管理进行研究，为资源型企业实施并购前的系列风险识别、风险评估及风险防范提供分析范式。

第五，通过对JDC公司并购加拿大YUK公司的海外并购事件进行案例分析，更加清晰展现我国资源型企业海外并购成功的经验，为进一步推进中国资源型企业成功实现海外并购并在未来取得更好的发展提供现实依据和示范作用。

# 第二章 理论基础与文献综述

## 第一节 关键概念的定义

### 一、资源型企业的定义

从字面意思来看，资源意为资财之来源。联合国环境规划署将自然资源解释为一系列自然条件和因素，这些自然条件和因素对于人类社会的可持续发展具有重要意义，可以产生巨大的经济和社会价值。资源按照不同的标准可以有不同的分类方式，最常见的分类方式是按照是否可再生进行划分，可分为可再生资源与不可再生资源，其中，可再生资源包括人类赖以生存的水和空气等，矿产资源等属于不可再生资源；依据是否可控，即资源是否由国家控制并共享，可分为专有资源和共享资源，如信息资源、航空资源等都属于共享资源。除此以外，能源矿产资源也有不同的划分方式，整体来看，石油、天然气、金属矿产等属于一国的能源矿产资源，其中，金属矿产可细分为冶金工业类与通用类，具体如表2-1、表2-2所示。

表 2-1 金属矿产细分之冶金工业类

| 冶金工业分类 | 项 目 |
|---|---|
| 黑色金属 | 铁、铬、锰 |
| 有色金属 | 铝、镁、钾、钠、钙、锶、钡、铜、铅、锌、锡、钴、镍、锑、汞、镉、铋、金、银、铂、钌、铑、钯、锇、铱、铍、锂、铷、铯、钛、锆、铪、钒、铌、钽、钨、钼、镓、铟、铊、锗、铼、镧、铈、镨、钕、钐、铕、钆、铽、镝、钬、铒、铥、镱、镥、钪、钇、钍 |

资料来源：笔者整理。

表 2-2　金属矿产细分之通用类

| 通用分类 | 项　目 |
|---|---|
| 轻金属 | 铝、镁、钾、钠、钙、锶、钡等 |
| 重金属 | 铜、镍、钴、铅、锌、锡、锑、铋、镉、汞等 |
| 贵金属 | 金、银及铂族金属等 |
| 准金属 | 硅、硒、碲、砷、硼 |
| 稀有金属 | 锂、铷、铯等 |
| 难熔金属 | 钛、锆、钼、钨等 |
| 稀散金属 | 镓、铟、锗、铊等 |
| 稀土金属 | 钪、钇、镧系金属 |
| 放射性金属 | 镭、钫、钋及锕系元素中的铀、钍等 |

资料来源：笔者整理。

　　在关于资源的相关研究方面，国内学者认为，资源型企业指的是对各种自然资源进行开采、生产和销售的企业，这些资源包括石油、天然气以及金属矿产等。刘冀生（2001）研究表明，主营业务为生产石油、煤炭、有色金属以及非金属矿产等自然资源的企业可以称为资源型企业。与此同时，谭秋贤（2001）则将资源型企业定义为具有独立自主营利性质的企业集团，该类型的企业主要通过将各种生产要素结合起来，并以此为基础在开发主营矿产资源的同时进行矿产品及其初级产品的制造和加工。基于先前相关研究，黄娟（2005）进一步对资源型企业的定义进行了解释，其将资源型企业高度概括为开采矿产资源并对其经营的企业。尹国伟和段鹏（2007）的研究表明，自然资源是资源型企业的开发对象，比如对油田或矿山等进行开发的企业，经其加工的产品用于满足人民日常所需。在进一步研究的基础上，马莉（2007）再一次对资源型企业的范围进行了明确，即资源型企业所依赖的资源必须为不可再生资源。随后，敖宏和邓超（2009）在谭秋贤（2001）研究的基础上明确强调，资源型企业主要涉及煤炭、石油、有色金属与黑色金属等资源。在之前研究的基础上，李宇凯等（2010）进一步从企业性质上对资源型企业进行了区分，他们认为资源型企业垄断了某区域内的自然资源，并以此为基础进行产品生产，以满足人民日常所需，强调了资源型企业的垄断性质。高丽（2011）将资源型企业的资源界定为不可再生矿产资源，认为只有从事资源开采、加工、产品经营以及终端零售等业务，且自然资源在产品价值中占据绝大部分的企业为资源型企业。严良等（2014）认为，资源型企业主要以煤炭、石油、矿产等地下资源的开采加工为主营业务，其经济增长主要依托于资源的经营。随后，曹翠珍（2015）基于先前的研究拓展了资源型企业的业务范围，其认为资源型企业以开采、加工矿产资源为主营业务，以资源经营为基点拓展相关业务，并利用对资源的垄断以获取竞争优势、获得超额收益。然而，由于资源的开采过程会对生态环境造成极大的破坏，因此，资源型企业存在严重的负外部性。除此以外，于立宏和李嘉晨（2016）的研究也佐证了上述观点，他们认为资源型企业确实有代际和环境的负外部性。

基于研究目的，本书将资源的内涵解读为能源资源、矿产资源及金属资源。其中，能源资源主要包括石油和天然气两大类，而非金属资源、煤炭资源等属于矿产资源的范畴。因此，本书综合了既有研究对资源型企业的解释，认为资源型企业就是以资源的占有为基础，以资源的开采、加工以及生产和销售为主营业务，并且会在其研发能力的支撑下不断更新企业技术，以此作为企业盈利增长点和核心竞争力的企业。

## 二、海外并购的定义及分类

海外并购（Oversea Mergers and Acquisitions）指的是基于特定的渠道或者一定的支付方式，一国的跨国企业或公司对另一国的企业或公司的股权或者资产进行收购的形式。由其定义可知，海外并购至少涉及两个国家的企业或公司，因此，其对应的市场环境和法律环境也至关重要，其中，并购企业或并购发出企业指的是上述的"一国跨国性企业（或公司）"，目标企业即被并购企业指的是上述的"另一国企业（或公司）"。上述定义所提到的并购渠道主要包括两种形式：一是并购企业对被并购企业的直接投资；二是由被并购企业所在地的并购公司的子公司完成并购活动。上述定义所提到的支付方式中，支付现金、从金融机构贷款、以股换股和发行债券等是目前跨国并购最主要的支付形式。除此以外，海外并购还可以划分为海外兼并和海外收购。其中，目标企业丧失法人资格，完全并入主并企业的行为属于海外兼并；目标企业法人资格保留，但被主并企业控制的行为称为海外收购。

基于不同的分类依据，海外并购的分类方式也不同，具体如下：

（1）依据并购主体的业务关系，可以将海外并购划分为横向并购、纵向并购与混合并购。①若主并企业与目标企业存在一定的竞争关系，且其主营业务存在相同或相似之处，或者其生产或销售的产品具有同质性，则此并购称为横向并购。由此可见，由于规模经济效应，横向并购的发生可以使企业的竞争力得到大幅提升。但与此同时，横向并购由于其产品或业务的同质性极易导致垄断的发生。因此，横向并购在大多数国家都受到了严格限制。②若现阶段主并企业与目标企业的生产和经营环节相互衔接，为上下游企业，则其之间的并购为纵向并购。依据不同的并购方向可以将纵向并购划分为前向并购和后向并购。其中，目标企业为主并企业生产流程前一阶段的企业则为前向并购；反之，则为后向并购。炼钢厂和铁矿石企业的并购是最典型的海外并购中的纵向并购。由此可以看出，纵向并购将企业的产业链进行延伸，使企业在同其原材料供应商和产品经销商进行议价时会占据较大的优势，改善了该企业的经营环境，并进一步压缩了经营成本，使企业利润获得了大幅提高。③混合并购与前两种并购方式相比，并购企业与目标企业之间既没有产品的同质性，也没有业务的衔接关系，市场不存在交集。混合并购包括三种基本形态：产品扩张型，顾名思义为发生在相关产品市场上企业间的并购行为；市场扩张型，即企业为提高自身竞争力，扩大市场范围，对目前市场范围之外的生产同类型产品的企业进行的并购；纯粹混合型，即并购企业与目标企业的产品与市场都毫无关联的并购。

（2）依据海外并购中主并企业的并购需求，可以将海外并购划分为战略性并购与财务性并购两种类型。其中，并购企业出于企业长远发展的战略目标，为了不断增强企业核心竞争力，维护其竞争优势，基于产业整合的目的进行的并购行为称为战略性并购。而主并企业基于目标企业拥有的资源，收购目标企业的股份获得股权，以此改善其财务状况的并购称为财务性并购，被并购企业的信用等级随之提高，融资渠道得到拓展。由此可见，两种并购方式基于不同的并购目的衍生出了不同的特点，战略性并购由于考虑企业未来需求，具有长期性，而财务性并购考虑企业当前财务状况，具有投机性和阶段性。除此以外，报表重组性也是财务性并购的基本表现。

（3）依据并购企业的战略目标，可以将海外并购划分为资源获取型、技术获取型和市场获取型三种并购类型。①主并企业为了获取目标企业的资源而进行的并购称为资源获取型海外并购，其在我国大中型资源企业海外并购中占据主导地位。②主并企业为了获取目标企业的先进技术资源和研发能力以提高自身技术创新能力而进行的海外并购行为称为技术获取型海外并购，其在制造业行业中和高新技术企业间尤为盛行。③以获取海外市场为目的进行的并购行为称为市场获取型海外并购。

（4）依据被并购企业参与协助并购的意愿，可以将海外并购划分为善意并购、敌意并购。其中，目标企业与主并企业均有较大的并购意愿，目标企业同意协商一致协作完成并购行为，则对于具体的并购安排可以完全通过协商解决，并购行为具有较高的成功率，此并购称为善意并购。与之相反，敌意并购为目标公司并不知晓此次并购，或者不同意并购的发生，此种情况下，主并企业强行并购目标企业。

（5）依据并购企业是否通过在证券市场收购目标公司股票的行为来实施并购，可以将海外并购划分为直接并购和间接并购。其中，若主并企业直接联系目标企业，对其提出请求，双方在此基础上协商完成并购活动的行为称为直接并购。与此相对，若主并企业是通过在证券市场上大量购买目标企业的股票以控制其股权来达到控制目标企业的目的，而不是通过直接向目标企业提出并购要求的，这种并购行为称为间接并购。

（6）依据并购后目标企业的法律性质变化，可以将海外并购划分为吸收型、新设型两种并购类型。其中，若主并企业在对目标企业实施并购后，目标企业失去法人资格，公司因被主并企业吸收而解散，则为吸收型并购。新设型并购指的是并购双方的法人资格均消失，公司均被解散，重新合成新的公司进行新公司的登记和设立。

（7）依据主并企业完成并购的不同出资形式，可以将海外并购分为四种类型，即现金购买资产式、现金购买股票式、股票换取资产式和股票互换式。其中，主并企业通过现金购买目标企业绝大部分甚至全部资产的并购行为称为现金购买资产式并购；主并企业通过现金购买目标企业的股票以获得其股权的并购行为称为现金购买股票式并购；主并企业为获取目标企业绝大部分资产而面向目标企业发行股票的并购行为称为股票换取资产式并购；主并企业为获取目标企业的股票而面向目标企业发行股票的并购行为称为股票互换式并购。

（8）依据并购行为中主并企业自有资金的占比多少即是否利用杠杆，可以将海外并购分为杠杆收购和非杠杆收购两种类型。其中，若主并企业在并购活动中面临资金短缺，则其会以被并购企业的资产作为抵押向金融机构提出融资请求，以此完成收购活动，并购活动完成后，其融资过程中所筹集的贷款由并购公司产生的收入进行支付，此种行为称为杠杆收购。杠杆收购在并购规模很大的情况下可以利用财务杠杆通过较少自有资金完成并购，并获得较高回报。与此相对，主并企业主要依靠企业自有资金对目标企业进行收购的行为称为非杠杆收购。

（9）依据并购过程中的交易行为是否发生在证券交易所内，可以将海外并购分为要约收购和协议收购两种类型，其中，若主并企业通过在证券交易所进行买卖，已经持有达到法定比例的目标企业的股份，此种情况下，如果有加大股份持有量的需求，则主并企业需进一步向目标企业全部股东发出收购要约，此行为称为要约收购；若主并企业收购目标企业股份的并购行为发生在证券交易所之外，双方协议完成并购事项，此并购行为称为协议收购。

### 三、海外并购绩效的定义

绩效即业绩和效率，是衡量企业综合业绩和效率的一个综合性指标，反映的是人们从事某一种活动所产生的成绩或成果，一般情况下，可以认为其是对企业或者组织目标的实现程度的衡量，比如用于衡量活动的效率或者结果。

并购绩效反映的是主并企业在对目标企业实施并购后，经过一系列整合和资源优化配置后企业整体业绩和效率的变动。海外并购绩效顾名思义则是将并购绩效的要素运用于海外并购活动中，延伸了其适用范围，反映的是企业实施海外并购后的业绩和效率的变化。这种效果可以划分为财务效果、非财务效果，其中，并购行为的发生对公司经营业绩和效率的改变称为财务效果，而并购行为的发生对公司核心能力的改变称为非财务效果。依据研究的角度，海外并购绩效也可以划分为财务绩效与交易绩效，其中，财务绩效即财务效果，主要通过会计研究法对并购后公司的各项财务指标进行考察，而交易绩效主要通过市场研究法，衡量并购行为的发生为经营者带来的市场效益。

本书主要研究资源型企业的海外并购行为为企业带来的影响，主要表现为海外并购活动的发生为并购双方带来财务绩效方面的变化以及公司发展甚至社会影响方面的改变。关于运营效果的评价，李宝仁和逯明（2015）借助管理学、经济学和统计学理论，基于现代产业体系的各个角度建立了完整的运营效果评价体系，并据此对企业的经营效果进行了评价。与传统的并购绩效评价不同，经营效果的评价不仅需要反映企业的财务绩效，而且还要综合反映企业的非财务绩效，而传统的绩效评价只进行财务评价。企业在实施并购后，并购双方都会进入并购整合阶段，使得公司业务恢复到有序状态需要一个过程，而在这个过程中，并购为企业带来的业绩或长远发展的影响可能无法充分体现。因此，在对企业并购绩效进行研究时，可以将其分为短期绩效和长期绩效进行考量。

## 四、海外并购风险的定义

在中国现有的经济和政治体系下，中国企业所进行的海外并购活动呈现出如下特征：首先，在社会制度上，中国与其他市场经济国家不同，西方国家出于意识形态的本能和对自身经济安全的考虑，它们通常会通过各种借口和方式约束中国企业的跨国并购行为，增大了中国企业进行海外并购的风险。其次，中国与西方发达国家之间的文明存在差异，两者的发展进程也存在矛盾，发达国家担心中国企业的海外并购会对它们构成威胁，因此中国企业实施海外并购的难度增大。最后，中国经济目前处于转轨时期，国有企业在国际并购市场上比较活跃，但西方国家目前还没有完全承认我国的市场经济地位，对我国企业的海外并购行为依然存在偏见，以致目标企业所在国家政府与利益相关者很难信任我国企业。以上特征表明，我国企业在进行海外并购时除了面临一般风险外，还面临着与其他国家企业不同的海外并购风险。

资源型企业对自然资源的依赖性很强，自然资源禀赋对企业发展起着决定性作用。由于自然资源具有区域性，在各地区的分布十分不均衡，在数量或质量上存在显著的地域差异，所以资源型企业在发展过程中对海外并购的需求比较迫切。资源型企业对自然资源和环境资源的消耗量较大，存在较严重的环境负外部性。

伴随着世界经济的高速发展，地球资源的消耗速度在不断加快，不可再生资源总量在大幅减少，环境问题也日益严峻。结合中国企业海外并购的一些具体表现可知，中国资源型企业在进行海外并购时存在更多的不确定性，会给并购带来一定的风险。

海外并购风险的定义是由企业并购风险延伸而来的，由于企业在进行海外并购时存在各种不确定性因素，这些因素对企业未来收益的影响也具有不确定性，而现阶段海外并购的风险主要是指因各种不利因素而对企业未来收益产生不利影响，甚至导致企业破产崩盘。

想要对并购风险有更深刻的认识，则需要对并购风险进行评价。在风险评价的过程中，一方面，需要进行风险的识别，以此为基础衡量发生风险的概率和损失，并采取相应的措施，以便达到及时规避和控制风险的目的；另一方面，需要根据内外部环境变化对风险进行管控，调整风险管理策略。据此，本书构建了资源型企业并购风险控制示意图，具体如图 2-1 所示。

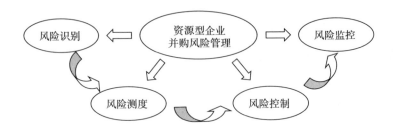

**图 2-1　资源型企业并购风险控制示意图**

（1）风险识别。风险识别在风险事故发生之前进行，企业运用各种方法对潜在的和客观存在的风险进行系统的识别和归类，并对风险产生的原因进行分析。当企业进行海外并购时，企业风险管理者应在并购行为实施之前对其可能存在的风险进行全面、系统的分析，制定能反映并购风险的指标体系，并以此为基础初步识别企业并购面临的风险类型，为企业并购过程中的风险识别提供指导。

（2）风险测度。在风险识别完成后，需要以此为基础进行风险的测度，可采用定性与定量相结合的方法对收集到的资料与数据进行分析，估计和预测风险事故可能发生的概率和风险事故发生后可能造成的损失大小。在此过程中，软件的数据分析功能可以大大降低测度的难度，可以从微观层面衡量并购风险，为企业风险管理提供借鉴。

（3）风险控制。风险控制指的是企业的风险管理部门在风险发生的整个过程中通过采取有效措施降低风险发生的概率或者消除风险发生的可能性，并对企业可能造成的损失进行控制，将风险损失控制在可接受范围之内的过程。

（4）风险监控。风险会随着内外部环境不断变化，在并购进程中可能存在风险的增大、衰退乃至消失的情况，也可能出现新的风险。风险监控是指在并购活动进行的过程中，全程监控风险的变化与风险管理策略、风险防控措施的实施效果，并根据实际情况对策略进行调整。

## 第二节　海外并购的理论基础

随着经济全球化的趋势不断增强，跨国并购在对外直接投资中逐渐占据主要的地位，与国内并购不同，跨国并购由于并购双方地理位置的不同，其面临的政治环境和市场环境以及文化环境都具有很大的不确定性。除此以外，跨国并购的内涵和外延也随着全球经济的变化而不断延伸，随着各国学者对跨国并购动因的深入研究，其中涉及的相关理论在分析跨国并购行为时也取得了良好的效果。然而，由于跨国并购行为的动因较为复杂，且并购企业所面临的环境具有多重性，因此单一的理论无法对其进行充分的解释，这就需要对学者的多重理论体系进行适度融合。

## 一、交易费用理论

交易费用理论（Transaction Cost Theory）在跨国并购的研究中影响较大，该理论由著名经济学家罗纳德·科斯（Ronald Coase，1937）首次提出，并在 20 世纪 70 年代开始兴起。该理论认为，企业和市场都是一种资源配置机制，并将两者放置在可以相互替代的平等位置，而这种资源配置机制可以通过经济业务和市场之间的交易关系实现。现实中完全理性的人并不存在，而由于市场面临各种不确定性，加上机会主义的因素，市场的交易费用会因此变高，而为了降低交易费用，由此产生了企业的组织形式，为了进一步最小化交易费用，企业会采取不同的组织形式。

交易费用理论中提及的交易费用是指企业在发展前期需要支出一系列费用。企业必须寻找搜索合适的交易对象，并与其订立合同，随后执行交易，并需监督整个交易过程的进行，这一系列活动的成本都属于企业的交易费用。从动态角度来看，交易成本理论之所以应用广泛，是因为在所有成本中，生产成本只占25%，而交易成本的占比高达75%，通过并购和重组等方式，企业自身的市场范围得以扩大，市场中存在的不确定性得以降低，因此交易费用也相应减少。

许多研究者用交易费用理论来研究企业并购，其初衷是探究并购是否可以创造新的价值以改善公司自身的发展。随后越来越多的研究发现，企业并购重组能否有效降低交易费用与很多因素有关，由于信息不对称的存在，并购企业无法完全掌握被并购企业的信息，而被并购企业也存在隐瞒内部信息的动机，造成并购企业对被并购企业资产的评估无法顺利进行，增加了额外成本。除此以外，诸多学者在并购方面的相关研究也表明，被并购企业内部化程度的提高与并购企业的整合和管理能力正相关。

## 二、资源基础理论

资源基础理论在并购理论中影响深远，该理论认为，企业由各种资源组成，而企业的竞争优势正是来源于不同企业所拥有的资源在数量和质量上存在的差异。在并购活动发生后，企业的资源整合至关重要，它可以促进资源的有效利用，进而在企业之间产生协同作用，改善企业运营效果。

由于不同的资源具有不同的本质属性，而且不同资源之间的相互作用也会产生不同的效果，所以不同企业即使拥有同样的资源也会创造出不一样的价值。鉴于并购双方拥有的资源及其相互关系会对实施并购后企业的特性有影响，因此，在进行匹配分析之前，首先应该了解双方拥有的资源及其相互关系。由于并购后双方会对资源进行优化配置，对资源关系进行有效调整，在并购后的新系统具有的结构和其产生的功能大于先前两个系统的结构和功能之和的前提下，双方才能进行有效匹配。

很多学者的研究表明，并购双方无论是在产品上还是在市场上都存在一定程度的相关性，因此并购的实施有利于企业运营效果的进一步改善。如果并购双方的业务存在较大的相关性，被并购方则很容易吸收主并企业的运营经验，掌握更多的运营知识，企业的时间成本则被无形地降低。除此以外，主并企业在顺利实施并购后会获得更多的并购经验，加深对并购过程的了解，为企业日后实施其他并购打下坚实的基础。由于并购双方在实施并购后要进行资源和业务的整合以实现优化配置，企业间存在的相关性可以帮助并购双方资源得以更好地整合，并购双方的原有业务可以在新的配置机制下得以改善，从而使得双方都获得更好的发展。

## 三、制度理论

根据 North（1990）的定义，制度是指"在社会中的博弈规则（Rule of Game），是人为设计的来形塑人们互动关系的约束"。在新制度经济学中，制度被分为正式制度和非正式制度，其中，体现国家间在法律和法规方面的区别被称为正式制度距离，体现国家间在价值观、规范以及信仰等方面的区别被称为非正式制度距离。制度理论表明，任何经济行为都被包含于特定的制度或社会环境中，其中，上述环境可以是各种专家或代表公共利益的社会团体，它是社会规章制度的体现。置身于这样的环境中，由于企业是否遵守规章制度会受到严格的监督，因此企业会有更大动机履行社会责任。

在新兴国家中，制度因素对企业的行为影响很大，企业的战略制定和业绩会受到直接或间接的影响，而由于企业战略的差异，其对应的合法性也会产生区别。企业的制度环境会由于并购行为的发生延伸开来，企业在实施并购后，将会面临更大的社会责任，必须承受来自社会各方的监督。因此，在并购双方存在一定制度差异的情况下，企业的并购力求获得目标企业所在地政府的支持，否则，来自政府和市场的阻碍会由此增多。显然，随着制度距离的变大，企业并购会面临更大的不确定性，极易导致企业并购的失败。

外部监管机构为了判断企业是否严格遵守社会规章制度会对企业的行为进行相应的监督，因此，企业的业务能否顺利开展与外部监管机构对企业履行社会责任的认可程度紧密相关，企业的合法性越高，并购后的业务整合会越顺利，相应的业务绩效也会得到显著改善，从而提高企业并购的成功率。

## 四、市场势力理论

市场势力理论有两个关键的观点：企业并购行为的发生导致竞争对手减少，提高了企业的市场占有率，增强了企业的竞争优势，使得企业更具有竞争力；除此以外，企业间的并购也会扩大企业的规模，企业经营能力得以改善，可以较好地应对市场风险，有利于企业的长远发展。其中，企业竞争优势的来源可能是品牌的知名度、技术的先进性、产品的独特性、管理方式以及服务的差异性等，主并企业通过吸收被并购企业的先进经验，将其融入自身的经营发展中，可以极大地降低企业成本，增强企业在本行业中的竞争力。

主并企业若以筹资为目的对目标企业展开并购，则其可通过目标企业资本市场的优越性获得融资，除此以外，并购双方可以共同担保债务以缓解资金压力；并购活动还可以帮助企业顺利开辟新市场，增大市场份额，提高企业的影响力。随着资本跨国流动趋势的不断加强，各国市场份额的争夺也愈加激烈，在这种情况下，大多数企业为了开辟海外市场会逐渐加入跨国并购的行列。

综上所述，市场势力理论认为，企业并购是以不断增强竞争力、扩展市场份额以改善自身经营环境为目的，从而提高自身的经营利润，为企业的长远发展奠定基础。

## 五、国际投资风险理论

国际投资风险理论是国外研究者在原有海外投资理论发展的基础上提出的投

资诱发因素理论。该理论打破了原有对外投资理论的束缚，通过创新的研究方式，将国际对外投资活动概括为一种在直接诱发和间接诱发因素共同作用下的一种企业间经济活动。国际投资风险理论从更加直接、更加广阔、更加全面的角度强调国与国之间政治、经济、法律、管理模式等方面的差异对国际资本流动的影响。该理论的后期研究发现，国内外研究者常将直接诱因归为国际投资活动的主要诱因，间接诱因作为辅助潜移默化地影响着直接诱因的发生和发展。但是，也存在二者互换位置的国际资本流动行为，例如，当资本流动在两个发展中国家的大型公司之间时，直接诱因在企业间技术和资本积累的过程中处于劣势地位，这样的对外直接投资行为在很大程度上是间接诱因起作用的结果。

## 六、产品生命周期理论

Vernon（1966）对产品的生命周期进行了研究，形成了产品生命周期理论，他将产品的生命周期划分为创新、成熟以及标准化三个阶段。在产品生产的创新阶段，企业需要投入大量技术人才和研发经费进行新产品的开发，因此面临巨大的投资风险，若国内有强烈的需求市场，企业的投资风险会大大降低。因此，产品的创新阶段最适合在国内完成。当产品的生产进入成熟阶段，很多国家开始仿制新产品，使得新产品不断流入其他国家，导致产品的创新国失去竞争力，无法把握对产品技术的垄断性，直接导致市场上该产品的生产者越来越多，使得产品原生产企业面临巨大的竞争压力。当产品的生产进入标准化阶段，新产品发展为标准化产品，产品的生产技术趋于稳定并随处可得，为了节约成本，产品的生产逐渐向发展中国家进行转移。以此为基础，美国学者约翰逊提出区位因素的作用，他对产品生命周期理论进行了补充和完善，认为区位因素是实行对外直接投资的充分条件。

产品生命周期理论对直接投资的发展具有重要的指导意义。第一，将贸易和对外直接投资两种对外经济活动方式结合在一起，并以此为基础分析不同产品生产阶段企业选择不同对外经济活动方式的原因。第二，反映了在产品发展的各个阶段其比较优势的动态变化，并以此作为企业选择何种经济活动方式的依据。第三，不仅揭示了企业进行对外直接投资的动因，还解释了企业的投资阶段和投资指向，综合考虑了寡占因素和区位因素。此外，产品生命周期理论也在某种程度上对我国企业尤其是家电和手机等行业的对外投资热潮进行了解释，这些行业发展较为成熟，但在国内面临着激烈的竞争压力，必须开辟国外市场以扩大市场份额，从而增强企业的竞争力。

## 七、垄断优势理论

美国麻省理工学院教授斯蒂芬·海默（Stephen H. Hymer，1960）首次提出了垄断优势理论，最早被用于对外直接投资。与证券投资不同，该理论认为市场缺陷是导致公司进行对外直接投资的动因，海默还指出，跨国公司可以抵消东道国当地企业的优势，减少东道国的市场阻碍。海默的导师金德尔伯格在此基础上提出，可能存在的补偿优势包括商标、营销技巧、专利技术、融资渠道、管理技能、规模经济等。

通过对美国的跨国公司进行研究，海默发现，资本密集以及技术较为先进的领域是这些跨国公司的聚集地，因此，海默得出：美国公司拥有的垄断优势是其进行对外直接投资的根本原因。正是由于垄断优势理论开创了国际直接投资这一新的领域，因此其作为一门独立的学科在跨国公司的研究中扮演着越发重要的角色。该理论一方面揭示了跨国公司进行横向投资的目的是发挥自身的垄断优势，另一方面也揭示了跨国公司将劳动密集型工序转移至海外生产的目的是维护自身的垄断地位。由此可见，在对外直接投资中，垄断优势理论具有重要的指导意义。

在资源型企业海外并购中，垄断优势理论可以发挥重要的指导作用，主并企业可以通过资源型海外并购，利用目标国的资源优势和自身的技术优势使得企业自身在未来的发展过程中拥有更强大的优势，逐渐形成霸主地位，以获得更大的收益价值。在资源型海外并购中，垄断优势理论提供了巨大的指导作用。在我国的资源型海外并购案中，主并企业一般都是我国的大型国有企业，有着政府的支持和雄厚的资金实力，要想获得对目标国家的资源、技术的绝对控制权，就必须实行自己的垄断计划。在这种情况下，垄断优势理论得到了充分的印证和发挥，即主并企业的国有股份越高，对资源型海外并购的优势就越明显。

## 八、内部化理论

内部化理论由巴克利（Buckley Peter J.）和卡森（Casson Mark）（2005）共同提出。该理论认为：产品交易成本的提高是因为外部市场存在的不完全性，所以，跨国并购可以将外部交易内部化，这样既保持了垄断优势，又在一定程度上减少了交易的成本。上述交易成本主要由企业在搜寻适当的交易价格的过程中所支付的成本与企业在市场交易中的应付税项等成本组成。除此以外，产品自身所具有的特点决定了跨国企业交易会产生内部化行为。在产品的价格很难由市场确定并且拥有该产品的人可以获得垄断优势这两种情况存在的前提下，企业为了独占产品会通过跨国并购行为将产品内部化。

除此之外，跨国公司在市场内部化的过程中也会产生相应的成本，具体如下：第一，资源成本。企业实现了市场内部化后，原先完整的市场将被分成若干个独立的小市场，在此种情况下，由于市场内部化不能实现资源的有效配置，企业很可能无法实现规模经济，进而造成成本的提高和资源的浪费。第二，通信联络成本。企业会通过建立独立的通信系统以规避技术的外泄，此过程必然导致通信成本的增加。第三，国家风险成本。东道国政府为了防止跨国公司对当地市场或企业的经营活动造成损害会通过采取特殊政策对其生产活动进行干预，比如限制外资股份或者将其进行国有化。第四，管理成本。由于跨国公司的子公司遍及全球，其发展要受到总公司的时刻监督，此过程必然导致跨国企业监督成本的提高，增大公司的成本支出。因此，跨国公司实行市场内部化必须以该行为的收益大于其成本为前提。

内部化理论在解释跨国公司的对外投资活动中具有战略性指导意义，但该理论也存在某种局限性，主要表现在其无法具体解释西方大型跨国公司的垄断行为。尽管存在这一局限性，但该理论在解释资源型企业海外并购动因方面意义依然重大。由于资源型企业具有的特殊属性，其可以通过市场内部化减少资源价格在国际市场上的波动，降低了价格风险的发生概率，有效规避了资源市场上的不利影响。除此以外，资源型企业的海外并购可以进一步增加主并企业所在国的资源储量，使得其在世界资源市场上具有更大的竞争优势。

## 九、国际生产折衷理论

在垄断优势理论的基础上，英国雷丁大学教授约翰·邓宁（J. H. Dunning，1974）结合内部化理论和区位理论首次提出了国际生产折衷理论，也被称为 OIL 范式。约翰·邓宁认为，现实市场存在两种失效类型，分别为结构性失效和交易性失效。其中，国际投资者进行跨国投资的动机是规避东道国设定的关税与非关税壁垒，这些壁垒所造成的市场失效称为结构性失效；由于交易风险过高或者交易渠道不通畅造成的市场失效属于交易性失效。国际生产折衷理论强调，企业进行对外投资的前提是必须同时具备所有权优势、内部化优势以及区位优势。

国际生产折衷理论强调的三种优势具体如下：①所有权优势（O）。所有权优势指的是拥有超过当地企业的独有优势，比如在获取投入或者市场信息以及管理经验等方面的支付相对少于当地企业，除此以外，还表现为拥有当地企业或新进企业没有的无形资产，尤其是专有技术、专利等，或者在利用不同国家的市场条件或者要素差异等方面产生的国际化优势。②内部化优势（I）。内部化优势是指拥有无形资产所有权的企业为了降低交易成本和交易风险发生的概率而扩大自己的经营范围和组织力并将其优势内部化的能力。③区位优势（L）。区位优势是指由于某些国家对他国出口设置的阻碍使得他国转而进行直接投资以代替出口，再或者是使直接投资优于出口的各种因素，包括要素禀赋、政策以及市场环境优势等，其中，低廉的劳动成本和专有的原材料等属于要素禀赋因素，市场优势具体表现为东道国稳定的市场环境带来风险的降低，减少不必要的成本损失，或者由于东道国原材料、生产地和市场三者之间的货运便利使得成本的减少。约翰·邓宁认为，跨国公司对其经营方式的选择可以依据对上述三个因素的拥有程度，拥有程度越高，企业选择独资进入等高控制进入方式的可能性越大。随后，约翰·邓宁在此基础上又拓展和深入研究了国际生产折衷理论，认为在 OIL 范式中还应该纳入竞争优势、动态的环境等。

由于生产折衷理论是三个理论的结合体，因此，与以上提到的理论相比，该理论在解释企业跨国发展方面具有更全面、更强的说服力，但其在某种程度上具有一定的片面性，因为约翰·邓宁认为，企业进行跨国投资必须以其同时满足三种优势为前提。然而，目前许多发展中国家在并没有同时具备这三种优势的情况下依然进行对外直接投资，甚至只向发达国家进行投资。我国不少企业近年来也加入了跨国并购的行列。这种情况的出现对约翰·邓宁提出的生产折衷理论造成了极大的冲击。由此可见，以发达国家跨国企业为研究对象所形成的理论体系无法有效解释发展中国家企业的跨国投资行为。

## 十、动态比较优势理论

亚当·斯密最早提出了绝对比较优势，大卫·李嘉图在绝对比较优势的基础上发展了相对比较优势理论，随后瑞典经济学家赫克歇尔和俄林提出了要素禀赋理论，又称 H-O 理论，该理论的中心思想是比较成本的差异来源于要素的相对稀缺性。其中，比较优势理论强调，判断一个国家是否具有比较优势的决定因素是要素禀赋结构与劳动生产率，而这两种因素又会随着科学技术的不断进步而动态变化，劳动生产率会随着科学技术水平的提高而提高，而要素禀赋结构也会随之改善，导致比较优势也处于动态变化的过程中。

有学者以静态比较优势为基础对其进行延伸发展，最终形成了动态比较优势理论。该理论认为，比较优势可以通过专业化学习、投资创新及经验积累等后天因素人为地创造出来，是强调规模报酬递增、不完全竞争、技术创新和经验积累的理论。

显而易见，随着科学技术水平的不断提高，从动态的角度对比较优势理论进行研究在当今的信息经济时代尤为重要，这样可以更好地解释现阶段国际贸易的格局。技术水平的发展和要素禀赋结构决定了一国的比较优势，因此动态比较优势理论研究的是技术的进步和要素结构对比较优势的动态作用。动态比较优势理论主要用于解释两种现象：①从长期来看，一国静态比较优势和贸易形式的上述两种决定因素所发挥的作用是否具有持续性；②静态理论对一国福利的增加起到了明显的作用，而动态理论是否可以像静态理论一样起到增加福利的效应。简而言之，动态比较优势理论综合考虑了贸易与经济增长的因素，其实质是研究决定长期比较优势变化的因素及其对福利的影响。

## 十一、价值低估理论

价值低估理论指出，如果被并购企业价值被低估，并购行为发生的概率将加大。有三种情况可能导致企业的价值被低估：一是目标企业由于管理层能力的不足，企业本身的经营潜力无法得到充分发挥，影响企业的发展前景，导致企业价值被低估。二是信息不对称导致的价值低估，市场价格可能无法反映企业的真实经营情况，而部分竞价者由于获得了内部消息，可能以高于市场价格的估值对其股票进行收购。三是由于经济因素比如通货膨胀的发生造成企业资产的市场价值与重置成本产生差异，这种现象可以用托宾比率进行解释，托宾比率代表企业股票市场价格与企业重置成本的比值。若比值超过 1，则企业有较大的可能参与并购；反之则反是。

然而在实际并购中，大部分企业的价值存在被严重高估的现象，因此，价值低估理论解释企业并购行为的作用受到了限制。

## 十二、技术创新相关理论

美国经济学家威尔斯的研究表明，相对于发达国家的跨国企业，发展中国家拥有三个方面的比较优势：第一，适合小市场、小规模的生产技术在发展中国家的跨国公司较为成熟；第二，发展中国家民族产品类型的海外投资独具优势；第三，发展中国家具有低廉的劳动力和原材料，可以在多元竞争的市场中占得一席之地。

小规模技术理论以发展中国家的跨国企业为研究对象，将其竞争优势与自身的市场特征相结合来分析跨国公司行为，引导落后国家利用现有技术并与自身特点结合起来以形成比较竞争优势。然而，其本质上属于技术被动论，在该理论的指导下，发展中国家只能使用降级技术，在国际生产的位置上永远处于边缘化状态。

与小规模技术理论相同，技术地方化理论也是关于发展中国家跨国公司竞争优势获取的基本理论，拉奥（1983）的研究表明，有四个因素决定了发展中国家是否可以形成自身的独特竞争优势：其一，发展中国家的技术环境不同于发达国家，而要素的质量和价格与当地的技术环境息息相关；其二，发展中国家企业的产品依赖于本国的经济发展和需求状况；其三，在发展中国家的小规模生产环境下，其创新活动中产生的技术将为企业带来更大的竞争优势；其四，从产品特征来看，与发达国家的名牌消费品不同，发展中国家开发的产品更具有多样性，尤其是对于消费者品位多元化及购买能力有较大差异的东道国来说，其产品具有广阔的市场。因此，技术地方化理论在强调发展中国家竞争优势的基础上分析了其形成根源，与小规模技术理论相比，技术地方化理论着重强调在技术引入时其进行再生的过程。

与前两者相似，发展中国家是技术创新和产业升级理论的主要研究目标。英国学者 Cantwell 和 Tolentino（1990）提出了发展中国家对外直接投资的技术创新升级理论，该理论可以用于解释 20 世纪 80 年代以来兴起的发展中国家对发达国家的直接投资浪潮。技术创新产业升级理论认为，发展中国家跨国公司的对外直接投资行为严重依赖于其技术等能力的发展状况，而这些能力可以通过后天不断习得。该理论强调，不同于发达国家在研究开发上的高投入，发展中国家的研发投入较低，其主要通过吸收和学习发达国家的先进技术以形成自己的独特优势。技术创新产业升级理论有效指导了发展中国家的对外投资行为，使其在对外投资的过程中不断积累经验，促进本国产业的发展，并在国际竞争市场中具有更大的话语权。尽管如此，技术创新产业升级理论在解释对外投资行为的过程中也存在一定的局限性，无法有效解释发展中国家企业逆向跨国并购欧美发达国家高科技企业的举动。

### 十三、海外并购的多元化理论

多元化理论强调，企业的跨国并购行为可以为企业带来扩大市场、丰富资源、降低关税等回报，企业通过多元经营以规避单业务或单市场的风险。企业进行跨国并购可能消除的风险如下：首先，并购活动发生后，企业的业务范围和市场可能随之扩大，使得经营呈现多元化趋势，以避免风险；其次，企业在实施跨国并购后，由于吸收了被并购国家的资源和材料，其经营中可能存在的风险被消除；再次，跨国并购的发生使得外部交易内部化，成功规避了目标国家的关税壁垒以及政治壁垒，减少了交易冲突；最后，对于被并购企业已经拥有的商誉等无形资源，并购行为的发生使这些无形资产被企业直接获取，除此以外，对有形的设备等生产资源的获取也进一步加快了企业的生产进度。

多元化理论成立的前提是企业的经营管理能力可以在其相关产品领域得以拓展，否则企业在组织资本和声誉资本上的优势难以得到发挥。主并企业在实施并购行为后会扩大自己原有的业务领域，拓展经营范围和市场空间。该理论无法解释一些极端情况，比如说，该理论指出，企业的业务领域随着跨国并购得以不断拓宽，而企业的经营领域也会随之拓展甚至覆盖所有领域，然而至今都没有出现过一家企业可以在大部分业务领域成功发展的现实案例。

## 第三节　国内外文献综述

### 一、企业并购动因研究

目前，对跨国并购动因研究较多的是发达国家。小岛清（1987）研究表明，企业进行对外直接投资的动因主要包括三种，分别是自然资源寻求型动因、市场寻求型动因以及生产要素寻求型动因。企业的并购动机分为三种，分别是经济动机、个人动机和战略动机。其中，为了扩大自身营业规模、降低经营风险以及增加利润等相关九项动机属于企业并购的经济动机；增加管理特权等四项相关动机属于企业并购的个人动机；而致力于企业的长远发展、改善竞争优势、扩大市场份额等四项动机属于企业并购的战略动机。关于发展中国家对外投资动机的研究，联合国国际投资与跨国公司委员会指出，获取资源与技术、扩大市场份额、向第三国出口是发展中国家对外直接投资的主要动机。刘易斯·威尔斯（1986）研究表明，追求低成本、保护本国企业的出口市场、越过配额限制、谋求低成本、种族纽带侨缘关系、分散资产等促进了发展中国家的对外投资行为。

随着我国市场经济不断完善，企业自身的长远发展逐渐成为我国企业进行海外并购的主要动机。其中，魏江（2002）对多家企业的并购活动进行调查后发现，我国企业的并购动机可以分为五大类：①企业本身处于完全被动状态，其并购行为完全由政府推动；②企业并购是为了获取其资源，尤其是稀缺资源；③通过并购企业，将自身经营范围扩展至目标公司所在国家，实现了业务范围和市场的扩张；④合理利用优惠政策；⑤实现规模经济，有利于长远发展。蔡宁等（2002）将我国并购案例与美国企业的并购案例进行了对比研究，结果表明，实现规模经济、降低企业成本、扩大市场范围等逐渐成为我国优势企业实现对外扩张的动机。张新（2003）的研究表明，我国企业的并购行为可从西方的一些经典的并购理论中得到解释，并对比分析了这些经典理论在中国市场和西方市场的解释力，以此为基础，提出了符合经济体制转型时期具体实际的并购假说理论，即关于特定体制条件下的价值转移与再分配。除了以上因素以外，蒋冠宏和蒋殿春（2017）在检验企业异质性对其对外直接投资方式的影响的过程中发现，是否具有"可转移优势"是中国企业对外直接投资选择进入方式的重要决定因素。

另外，由于中国是战略性资源相对贫乏的国家，依靠传统贸易来获取战略性资源的风险越来越大，海外并购势必成为我国获取安全、可靠的海外资源的主要方式。赵静（2007）以2001年兴起的并购热潮为背景，在全球化视角下，将资源型企业进行海外并购归因于资源产品的三点特征：①资源产品本身具有由地理位置产生的储量不均衡特征；②资源产品具有供给垄断程度较高的特征；③资源产品具有生产周期长的特征。正是资源产品具有这些区别于其他产品的特征，导致资源型企业海外并购浪潮兴起。李洪涛（2009）指出，在"走出去"战略的推动下，放松外汇管制以及税收优惠、融资优惠等政策的实施，对我国资源型企业海外并购起到了一定的激励作用。同时，商业银行对企业提供的并购贷款政策也提高了该类海外并购的积极性。我国企业在全球经济一体化趋势加强和国家政策导向明显的背景下，因受技术提高、市场扩大和企业国际形象提升等需求的驱使，海外并购也被越来越多的企业所重视。另外，受到2008年全球金融危机的影响，海外企业的估值变低，我国很多有能力的企业都选择进行大规模和大手笔的海外并购活动。蔡文（2006）指出，我国企业进行海外并购的六大动因分别是战略驱动、国内竞争驱动、路径依赖驱动、市场寻求、技术寻求和战略资产寻租。娄亮华（2010）将我国资源型企业开展海外并购归因于四个方面：一是国内资源稀缺；二是政府大力支持；三是金融危机带来的影响；四是企业实力增强。不仅如此，我国企业大规模海外并购活动的成功推进，也在某种程度上要归功于外部因素。宋林和彬彬（2016）对 A 股上市公司的 182 笔海外并购数据展开了研究，结果表明，对企业海外并购行为有重要影响的不仅是并购企业的自身因素，还包括东道国的特征。其中，具有国有控股、企业规模大以及资产负债水平低等特征的企业，其进行海外并购主要是资源与技术寻求；而当一个企业是民营控股且资本收益率越高时，其进行海外并购主要是市场寻求与战略需要；当企业与东道国距离比较遥远的情况下，其海外并购动因可能是市场和资源寻求；在低收入国家，资源动因占主导地位；在高收入国家，技术获取动因占主导地位。

在与西方并购理论的比较研究方面，苏敬勤和刘静（2013）在比较了西方理论和中国企业对并购动机的认识后发现，二者既有共同点，也有不同点。共同点在于二者都主要从资源基础理论出发来探求企业并购的动机，不同点则是西方理论更强调对企业的管理能力、管理经验和品牌资产等无形资源的有效利用，而中国企业则更侧重于外部知识产权、管理经验、技术、品牌和销售渠道等资源。唐晓华和高鹏（2019）则从全球价值链的视角进行研究，发现当企业处在转型的进程中时，其进行海外并购的主要原因是技术获取、市场扩张、多元化经营、品牌获取以及全球价值链重构，并依据动因，分析指出了在当今宏观经济形势背景下我国企业海外并购的趋势。显然，在激烈的竞争环境中，企业实施并购行为对于提升竞争优势而言成效显著，西方成熟的并购理论对现阶段中国企业的并购行为仍能起到较大的指导作用。

## 二、企业并购绩效研究

国外较早开展了对资源型企业海外并购绩效的研究，现已形成了较完善的研究体系。其中，主要的研究方法有四种：一是从会计的角度出发，通过分析企业的财务指标来判断企业绩效；二是通过研究股市中的重大事件来判断并购绩效；三是访谈研究法，是对企业管理层进行访谈调查；四是个案研究法，是对管理咨询界的专家经验进行整合分析。其中，会计研究法和事件研究法是典型的学术研究方法。具体而言，在会计研究法的应用方面，Muller（1969）通过对企业业绩进行分析，其研究结果表明并购行为可以改善业绩；Meeks（1977）研究表明，企业并购效益显著。在基于事件研究法的研究成果中，学者们关于并购活动对目标公司的股东收益的影响的研究结果趋于一致，即并购活动对目标公司股东收益有显著正向的影响（Asquith et al.，1983），而关于主并企业股东收益的影响的研究结果却大相径庭。一些研究表明，主并企业并没有产生显著为正的收益率；另一些研究则表明主并企业可以获得微小的收益率，但微小收益率显著为正和显著为负的情况都会存在。Jensen 和 Ruback（1983）对企业并购方面的诸多文献进行了综合分析，其研究结果表明，在 1983 年之前，并购行为给被并购企业带来了 50% 的平均收益率，并且并购双方的合并收益增加了 8.4%，即企业的海外并购活动效果显著。

国内对企业海外并购绩效的研究起步较晚，且大都是在已有理论和研究方法的基础上展开。但近些年来，国内学者也在积极探索新的研究方法，这一点从近几年的研究成果中可以看出。

从研究方法来看，国内学者早期主要是从会计的角度出发，或者基于股市的事件研究对企业的并购绩效进行评价，研究结果表明：我国企业的并购确实显著地提高了企业绩效并且对企业的价值有一定的促进作用。冯根福和吴林江（2001）在研究并购绩效时，以 1994～1998 年我国上市公司为研究对象并采用会计研究法进行研究，其研究结果表明：从整体上看，上市公司并购绩效呈现出先上升后下降的趋势，且对于不同并购类型而言，并购后公司的业绩存在差异；此外，上市公司并购绩效会正向影响其并购活动发生前公司第一大股东的持股比例。梁岚雨（2002）从股票市场的角度出发对我国企业主导的并购事件进行了分析研究，其研究结果表明：我国企业的并购行为没有使公司效率得到提升。张新（2003）的研究比较全面，不仅采用了事件研究法，还运用了会计研究法。其以我国 1993～2002 年的上市公司为研究对象，对在此期间的 1216 个企业并购事件进行了分析研究，其研究结果表明：在我国的资本市场中目标公司和并购企业对并购的反应程度大不相同。对目标公司而言，并购活动为企业创造了价值，使股票溢价达到 29.05%，甚至超过了 20% 的国家的平均水平；而对于并购公司而言，并购活动却带来了负面影响，股票溢价降至−16.76%。在基于案例研究法的研究中，苑泽明等（2018）基于"蛇吞象"的并购模式和并购动机，以吉利集团 2009～2016 年发生的全部海外并购事件为研究对象，从企业盈利能力、管理效率、技术创新能力和国际化水平等维度构建了"蛇吞象"海外并购绩效评价体系，并采用纵向案例研究法进行了研究，其研究结果表明：吉利集团"蛇吞象"并购模式在提升企业技术创新能力方面效果显著；但在盈利能力和管理效率方面，"蛇吞象"并购模式影响甚微；在提升企业国际化程度上"蛇吞象"并购模式虽有一定促进作用，但稳定性较低。

随后学者热衷于构建综合评价指标体系以探究企业海外并购前后的绩效变化，高世葵和王雪飞（2013）以我国1998~2008年进行海外并购活动的石油企业为对象，对其并购的原因进行了分类研究，发现企业绩效在并购活动前后没有明显变化。杜群阳和项丹（2013）以2001~2011年沪深两市的上市公司数据为研究样本，在因子分析法的基础上加入数据包络法，构建了资源获取型海外并购绩效的二次相对评价模型，对并购活动发生前后公司的绩效进行了分析研究，结果发现：并购行为对企业的绩效带来了相反的影响，其虽然提高了经营效率，但同时也降低了经营业绩。徐琴（2018）则分别从盈利水平、资源型企业的发展潜力、企业的偿债能力和营运水平四个角度出发，并对四者进行了综合考虑，评价了A股部分资源型企业海外并购的绩效。其研究结果表明：并购活动完成后短期内，并购企业的盈利水平和运营能力相较之前有所下降，债务风险有所提升；并购企业的发展潜力指标表现良好，表明企业长期发展能力有所提升；从企业的发展潜力来看，并购企业对被并购企业的控股程度越高，话语权越大，并购企业未来的发展潜力也就越大；从东道国的状况来看，北美地区企业运营情况高于欧洲和澳大利亚。

除此以外，学者们也从行业角度出发，研究了各行业企业海外并购的影响，其中，对制造业企业海外并购的研究较为突出。在制造业企业海外并购方面，孟凡臣和陈露（2014）则综合了企业的发展潜力和盈利水平，将二者纳入同一考量体系，评价了制造业企业海外并购的绩效，发现企业的绩效在并购前后并未发生明显变化。周凤秀和温湖炜（2019）则采用了2000~2017年28个制造业行业数据以及中国企业的跨国并购数据库，共同分析了企业的跨国并购对行业技术创新效率的影响。他们通过理论与实证分析，得出了以下结论：①中国企业跨国并购能够显著地提高行业的技术创新效率，并且存在行业之间的溢出效应；②基于不同的动机而出发的跨国并购，其对创新效率的影响也具有显著差异，其中基于技术搜寻动机而出发的跨国并购对行业创新效率的影响最显著；③制造业企业的跨国并购对行业的技术创新效率有显著的正向影响。但是，中国企业跨国并购的创新效应主要针对专利创新产出，对产品创新产出绩效并无明显影响。

目前，我国对企业跨国并购绩效的研究与国外已有的研究相比还不够成熟，在日后的研究中，应注重研究方法的创新。

### 三、企业并购风险研究

在国外资源型企业海外并购风险管理研究中，Amihud Yakov（2002）评估了银行跨国并购风险及并购价值，发现并购银行的异常回报显著为负，海外并购对并购银行的风险无显著影响。Jeffery S. Perry（2004）对如何降低跨国并购中的风险提出了改进方向和具体措施，他认为，应该进一步完善尽职调查制度，在签订合同前，应评估并购成本和协同收益，关注价格合同的绩效，并制订整合计划；在签订合同时，应注重整体价值商议的细节等。Louise Esola（2006）将并购研究对象聚焦于芝加哥谷物交易所和商品交易所，其研究发现二者合并有利有弊，一方面降低了成本，但另一方面也加剧了恐怖主义风险。More Keith M.（2006）则将研究落脚于并购过程中套利者的套利行为，通过分析揭示了风险套利过程。McColl Stewart（2007）分析了设计公司 SMC 跨国并购战略制定中存在的风险，发现跨国并购活动可能会降低 SMC 公司盈利水平，并指出对海外并购活动可能产生的风险应加强管理。

在国内资源型企业海外并购风险管理研究中，由于资源型企业的特殊性，其跨国并购行为比本土的并购更加复杂，所以要对风险进行分类评价。宋维佳和许宏伟（2010）通过构建我国资源型企业海外并购的 AHP-GRAP 风险评价模型，从宏观角度指出了我国资源型企业海外并购存在的主要风险，并提出了相应的风险管理建议以降低风险可能造成的损失：①政治风险，在发生政治突发事件时，企业不能自乱阵脚，要提升应变能力来化解风险；②法律政策风险，企业要注重对东道国法律政策的学习；③决策风险，要制定合适的企业长期发展战略；④汇率风险、目标企业定价风险，要采取科学的定价方法。曹松威和何艳（2010）指出，我国资源型企业在进行海外并购活动时常见的风险有政治、法律、融资、反并购以及价格等风险，因此应采取规避措施，加强风险防范，以促进海外并购的顺利运行。詹小颖（2015）以中海油并购尼克森为例分析了我国石油企业海外并购的风险，这些风险主要包括民族情绪障碍、政治风险、并购融资风险、并购后的整合风险以及生态环境保护风险，并基于该案例并购成功的因素，得出经济新常态下我国石油企业海外并购的策略。武礼英（2019）则把企业的并购理论与实践相结合，从财务的角度出发构建了核心导向、主要风险以及相应的防范措施的"三维一体"的风险矩阵，并将其应用到了我国民营企业的实际海外并购之中，从完善评估体系、精准掌握信息，强化财务监控、确保资金流动性，规范融资行为、降低汇率风险，完善风险管理、加强绩效考核四个方面细化分解了海外并购生命周期全过程风险点。

## 四、企业并购影响因素研究

在东道国政治环境对企业并购的影响的研究中，刘明（2008）认为，东道国政府会设置各种壁垒阻碍他国企业对本国企业的并购，保护国内企业发展。施一丹（2011）指出，企业并购的失败与东道国设置的较高壁垒有关，东道国出于对国家安全问题和国内产业政策的考虑对一些行业实施保护，对于矿产、石油、天然气等资源型行业，国家会加强保护措施，因此资源型企业成功进行海外并购的阻力更大，并购目标的完成面临重重阻碍。李平和徐登峰（2008）指出，我国企业在对发展中国家进行海外投资或者并购时，要尤其谨慎，对当地的政局、文化以及政策都要进行详细的调查研究，仔细评估风险、成本以及可能的收益情况。程立茹和李书江（2013）指出，国有企业的政治背景和海外流传的"中国威胁论"以及不被认同的市场经济地位均增大了东道国政治势力对我国企业并购行为的抵制，导致我国海外并购面临极大的政治风险。

在东道国经济环境对企业并购的影响的研究中，汪旭晖和夏春玉（2005）以零售行业为研究对象，重点研究了其海外并购的进入模式，指出东道国经济环境与企业业绩呈明显的正相关关系。黎平海等（2009）指出，企业在海外并购和经营过程中，经济因素会严重影响跨国经营绩效，当前许多国家尤其是发达国家对电信、运输、电力和金融等服务领域的管制出现了一定程度的放松，有利于企业实施海外并购活动。陈菲琼和黄义良（2011）认为，东道国的经济制度和市场体系越完善，并购企业的经济效益越能得到保证。刘艳春和胡微娜（2014）采用了多元协整模型，分析了宏观经济指标对我国海外并购的交易额的影响，其以金融危机发生时间为断点，分别研究了 1988～2008 年以及 2009～2011 年两个时间段的影响，并对其结果进行了对比，研究发现：汇率、商品进口增长率和利率与交易额之间有显著的负相关性；GDP 增长率、通胀率和广义的货币供给量与交易额之间有显著的正相关关系；利率与交易额的相关性在危机后得到加强；而 GNP 增长率与交易额的相关性在次贷危机前后并未发生明显变化；汇率和广义的货币供给量与交易额的相关性则在危机后显著减弱。在东道国文化差异对企业并购的影响的研究中，Bruton 等（1994）发现，并购企业所在国与东道国文化差异与并购完成后人力资本的整合成本有正相关关系。

另外，有学者提出了关于并购失败的"七七定律"，认为有 70% 的企业并购行为结果并未达到企业的期望值；还有 70% 的并购活动都因两国的文化差异而失败。陈俊颖（2007）的研究结果也表明，文化差异会严重影响公司海外并购成功的概率，差异越小并购成功的可能性越大。

在企业并购经验对企业并购的影响的研究中，Haleblian 和 Finkelstein（1999）认为，企业应及时总结并购经验，以便在日后并购活动中运用，这样会有利于企业海外并购活动的进行。Han（2002）则从韩国企业的角度出发，对投资于中国的韩国企业进行了研究，结果表明：企业的并购经验越丰富，企业收益提高的程度越显著。其原因在于：在并购谈判过程中，并购经验能够使企业定价更加合理，并掌握并购活动的主控能力；在并购交易过程中，丰富的并购经验能够保障交易的顺利进行；在企业运营过程中，企业的并购经验在整合和管理、适应东道国文化和树立良好企业形象方面都有极大的促进作用。Markides 和 Oyon（1998）也认为，丰富的并购经验有利于企业进行管理和并购整合。阎大颖（2009）研究了 2000~2007 年在上海证券交易所、深圳证券交易所和中国香港上市的非金融类企业的海外并购活动，得出了中国企业的综合国际经验和跨国并购经验越丰富其海外并购的效果就越好的结论。

在企业治理结构对企业并购的影响的研究中，Oyan（1985）研究了 236 起美国企业的海外并购案例，结果表明：一个企业的股东拥有较大股权的话，有利于该企业的并购活动取得成功，其原因在于，股东履行监督管理职能时会更加尽职尽责，既提高了企业资源配置的合理性，也减少了不必要并购活动的发生。另外，企业董事会成员人数会对并购活动产生影响，董事会成员人数越多对企业监管越不利，从而对并购活动也会带来不利影响。

在支付方式对企业并购的影响的研究中，学者们的研究结果分歧较大。Eckbo 等（1990）对加拿大企业的并购活动进行了研究，结果表明：通常情况下，混合支付方式相较单一支付方式给企业带来的利润更大。Harris 和 Ravenscraft（1991）发现，现金收购与股票收购在企业回报方面没有差异。Warner 等（1995）研究了日本企业收购美国企业的案例，发现采用现金收购通常比股票收购给企业带来的回报更高。李继伟（2003）运用事件研究法和财务指标法对并购支付方式与并购效果二者的关系进行了综合分析，得出了并购效果与并购支付方式无显著相关性的研究结论。

在企业整合对企业并购的影响的研究中，国内外学者关于企业的整合情况对企业运营效果的影响的研究结论具有一致性，大都认为前者会直接影响后者。Haspeslagh 和 Jemison（1991）认为，企业的整合程度体现了并购活动的大部分价值，因此企业整合后的整体质量会对企业未来的经营产生重大的影响，两个企业前期整合的质量越高，二者的协同效应越高，能给企业带来较大利益，较低质量的整合则相反。程慧（2016）指出，由于企业与被并购的海外企业存在文化差异，我国企业在整合资源与业务时存在较大风险。

在其他影响因素的研究中，张昕（2005）分别从微观、中观、宏观三个角度剖析了企业海外并购过程中的影响因素。孙大维（2006）指出，并购企业主体的经济实力、核心竞争力和并购经验以及并购企业双方的文化整合程度等都是影响中国企业海外并购的主要因素。张英（2007）认为，影响企业并购的主要因素分成内部、外部、互动和支撑因素四部分。她认为，企业应在明确长期发展战略的基础上，根据战略选用合适的并购方式并购目标企业，只有这样才能实现长期战略目标。

## 五、资源型企业海外并购相关研究

通过梳理国内学者对资源型企业跨国并购的早期研究成果发现，关于研究现状的文献数量较少。廖运风（2007）汇总了历年来资源型企业的海外并购活动，并结合并购案例深入剖析了资源型企业海外并购的动因、企业并购方式、海外并购活动存在的风险以及并购成功与失败的原因。黄中文（2004）将石油、天然气、矿产和有色金属等资源型行业作为研究对象，分析了其行业并购特点与将来企业发展的可能走势，还采用个案研究法对比分析了中海油收购优尼科和中石油收购哈萨克斯坦这两个经典案例，根据二者的共同点与不同点，系统性地提出了我国资源型企业在海外并购过程中存在的区位选择、目标公司选择、融资方式及手段、东道国政治环境和法律制度等共性与非共性影响因素，指出政府关系在影响资源型行业并购的因素中占核心地位。张洪和刁莉（2010）说明了资源型企业海外并购的意义及重要性，且从微观、宏观两个角度分析了并购活动中存在的问题，并针对性地提出了相应的对策。王翔等（2010）运用比较优势理论探究了50个资源型企业海外并购的案例。马建威和余芹（2012）借助中石化成功并购美国康菲的案例，提出了资源型企业海外并购的对策与建议。李晨曦（2018）对资源型企业海外并购的政治风险、法律风险、财务风险、整合风险、经营管理风险进行了一一识别，并提出了相应的防范措施。陈芳益（2018）认为我国资源型企业跨国并购现状主要是资源型企业并购活动活跃以及国内政策环境支持，并指出我国资源型企业海外并购的动因主要是中国经济发展速度加快以及经济全球化进程加快。陈芳益还指出了我国资源型企业进行海外并购存在的有利因素和不利因素，并给出了相应建议。

在定量研究方面，杜群阳和项丹（2013）基于2001~2011年沪深两市上市公司数据，首先，在因子分析法的基础上加入了数据包络法，构建了资源获取型海外并购绩效的二次相对评价模型，研究了并购活动发生前后并购公司的经营业绩和经营效率，其研究结果表明，海外并购对企业的业绩与绩效会造成相反的影响，其虽提高了经营效率，但同时也降低了经营业绩。其中，高层人员持股比例、并购规模、管理成本占比、流通股占比四个变量影响着海外并购的绩效与业绩。该研究为中国企业提升资源获取型海外并购绩效指明了方向。

## 六、文献评述

总体来看，国内外学者在海外并购绩效与风险方面已有很多研究成果，形成了较为系统的并购理论体系，其中不仅包含丰富的并购理论模型，而且还容纳了不同国家的经验论证。然而，对于中国而言，企业海外并购的研究起步较晚，目前研究工作多侧重于介绍和引用国外理论，并未有学者提出适用于中国特色社会主义制度背景的海外并购理论体系，也较少有关于中国企业海外并购的相关指南产生。因此，可以看出，我国与国外在企业海外并购的研究水平上尚存在较大差距，我国现有的并购研究主要有以下三点不足：

（一）整体研究较多，个体研究较少

我国整体的海外并购活动和制造业行业的海外并购活动样本量大且相关数据易获得，这不仅降低了学者们开展研究时数据收集的困难程度，而且保证了研究结论的说服力与普适性。因此，目前我国学者对中国整体的海外并购活动和制造业行业的海外并购活动的研究比较丰富，而对其他行业，尤其是对资源型行业的研究还比较欠缺。资源型行业研究较少的一个主要原因是缺乏资源型企业海外并购案例，2005年以后，我国资源型企业海外并购活动才呈现出了大规模的增长。所以，样本量的缺失增加了学者研究资源型企业海外并购的困难程度。另外，虽然中国整体和制造业行业的海外并购研究成果比较丰富，但因各行业的特性，其研究结论对其他行业海外并购的指导意义不具有针对性。因此，本书认为，应在找准各行业特性的基础上展开针对性的研究。

（二）缺乏定性研究和定量分析的结合

过去学者们主要通过事件研究法和会计研究法衡量企业海外并购绩效，然而，这两种方法都属于定量分析，学者们很少进行定性研究。定性研究因其主观性强、调研强度大等特点，研究成果相对较少，仅停留在理论分析的层面。在现实情况中，各行业的并购活动对企业绩效的影响都具有滞后性，因此，短期的财务指标不能够准确评判企业经营绩效，与实际绩效存在差异。因此，应进一步深入研究如何从定性和定量两方面出发构建更加科学、客观的绩效评价体系。另外，在风险测量方面，国内外研究仍以定性分析为主，涉及定量的研究很少，并且所用的实证研究方法也过于简单，这也是该研究一直处于瓶颈期的关键原因。所以，如何采用合适的定量研究方法研究企业的海外并购风险成为一个技术性难题。

（三）分类别风险研究多，整体研究少

通过文献梳理不难发现，国内外学者分行业研究海外并购风险的文献较少，现有文献的研究普遍侧重于研究某一类风险，对资源型企业海外并购整体风险的研究比较缺乏。然而在实际的并购活动中，各类风险贯穿于并购活动的整个过程中，而且不同行业的并购特点也不尽相同，所以应分行业研究海外并购风险。本书力图研究某一行业在海外并购过程中面临的所有风险的合理评价对策。

根据已有研究成果以及企业并购领域的研究现状，本书认为，研究资源型企业海外并购绩效、风险评价和对策是很有必要的。因此，本书在并购理论和研究综述的基础上，将对资源型企业的并购绩效以及风险评价进行深入全面的分析，结合 JDC 加拿大资源有限公司海外并购的实际案例进行实证分析，以更加清晰地展现和分析 JDC 加拿大资源有限公司海外并购的成功经验，为我国资源型企业海外并购提供成功案例与现实依据，以此促进我国经济和对外贸易活动的健康发展，并在此基础上提出资源型企业海外并购绩效评价、风险测量的对策。

# 第三章 我国资源型企业
# 海外并购现状分析

受金融危机的影响，资本的负面效应在 2008 年开始显现，金融危机降低了全球资本市场的流动性，并使世界范围内出现信贷大幅度收紧的状况，在金融危机氛围下，多数企业盈利较几年前有所下降，伴随而来的是全球经济向极低增长甚至负增长阶段发展。根据联合国贸易和发展会议的数据，2007 年的全球外商直接投资流出量达到 1183 万亿美元，比 2006 年增加了 30%；而 2008 年全年全球外商直接投资减少至 1145 万亿美元，与 2007 年相比下降幅度约 21%，其中跨国并购下降幅度近 28%。但是，随着国际经济局面的逐渐好转，金融危机对国际资本流动的负面影响得到了缓解。

近年来，随着经济全球化程度不断加深，我国经济也借此机遇得到了迅速发展，许多企业的经济实力实现了大幅提升，开始探索海外市场，踏上了海外并购的道路，尤其是那些资源型国有大型企业，借着金融危机的机遇更是掀起了大规模的海外并购浪潮。这主要是由于金融危机背景下世界范围内的资源价格下降、人民币升值等因素推动了我国自然资源型企业海外并购的发展。根据商务部公布的数据，2012 年 1~11 月，通过并购方式我国实现直接投资 155 亿美元，占我国同期投资总额的 25%，其中并购领域以采矿业、制造业、电力生产和供应业为主。同时，与这一波中国资源型企业海外并购浪潮相伴随的，还有一些国家对中国资源型企业海外并购活动的警惕与猜疑，中国资源型企业大规模、集中式的海外并购活动使得一些国家出现了"中国要买下世界"的惊呼声，这将导致中国资源型企业海外并购的后续活动受到更多的猜疑与阻碍，会给我国资源型企业海外并购带来一系列的并购风险。在此背景下，分析中国资源型海外并购的现状和特点，凝练总结中国资源型企业海外并购的成功经验与失败教训，对于中国资源型企业进一步规范自己的并购行为、提升并购绩效具有重要的现实意义。

本章主要研究我国资源型企业海外并购的现状：首先，对我国资源型企业海外并购的发展历程进行总结；其次，概括我国资源型企业开展海外并购活动的动因和特点；最后，从中找出中国资源型企业海外并购现存的主要问题，并进一步剖析，增强对现阶段我国资源型企业海外并购情况的深入了解。

# 第一节　我国资源型企业海外并购的发展历程

相较于发达国家，我国资源型企业的海外并购之路起步较晚。虽然早在 20 世纪 80 年代，中国领导人在访问澳大利亚时就提出了并购海外资源型企业、开发国内和国际两个市场的想法，但受到了当时我国基本国情的限制：一是外汇短缺；二是对资源的需求程度不高，资源主要用于出口，因而这一想法的可行性不高，没有得到贯彻实施。从 20 世纪 90 年代开始，我国的石油资源需求日益增大，国内资源不足以满足内需，我国开始从国外进口石油资源，变成了石油净进口国。国内石油资源的短缺驱使石油企业前往海外寻求资源，自此，我国石油企业开始了海外并购的步伐。在国内能源短缺的背景下，我国国家领导人也提出，海外拥有丰富的矿产资源和石油资源，我们要充分利用这些海外资源。1993 年，中国化工进出口公司和沙特阿拉伯签订了石油进口协议，该协议的落地实施得到了我国政府的大力支持，自那时起，我国资源型企业开始在海外寻求并购。

本书通过对我国资源型企业的海外并购发展史进行回顾发现，我国资源型企业海外并购活动经历了起步阶段（20 世纪 90 年代初期）、发展阶段（20 世纪 90 年代中后期）、活跃阶段（21 世纪初）、突飞猛进阶段（21 世纪初至今）四个阶段。

## 一、起步阶段（20 世纪 90 年代初期）

中国历史上最早的一次海外资源并购活动是在 1992 年，首钢集团收购了秘鲁铁矿公司 98% 的股权，自此，首钢集团可以永久使用和开发马克那区域内的自然资源。20 多年以来，首钢集团的实力得到了很大提升，并成了南美洲地区最大的中国实体企业。本书对该案例进行分析后发现，首钢集团此次并购的特点有两个：一是并购规模小；二是并购数量少。

总体而言，在这个时期，我国国内资源可以满足企业的需求，对国外资源的需求尚不迫切。因此，企业的跨国并购动机并不强烈，并购交易较少。另外，该时期的并购活动以大型国有企业为主，东道国主要是非洲、南美洲和拉丁美洲等地区和国家。

## 二、发展阶段（20 世纪 90 年代中后期）

在国内能源和资源供应形势恶化的情况下，中国自给自足的方式已经不能满足国内发展对自然资源的需求。社会主义市场经济体制建立后，我国开始以更加积极的态度支持资源型企业海外并购活动。1996 年，我国领导人对非洲进行了访问，在访问期间，我国领导人提出，我国要充分利用海外资源，积极实行海外并购，推动中国企业"走出去"，让我国的资源型企业更快走上国际舞台。1997 年，我国政府出台的"走出去"发展战略支撑和引领了我国企业去海外发展。自此，在政策的支持和实际需求的引领下，我国资源型企业海外并购进入发展阶段。本书整理了此阶段我国资源型企业海外并购发生的典型案例，具体如表 3-1 所示。

表 3-1　20 世纪 90 年代资源型企业海外并购代表案例

| 并购年份 | 并购金额 | 并购企业 | 被并购企业 |
| --- | --- | --- | --- |
| 1994 | 1600 万美元 | 中国海洋石油集团有限公司 | 美国阿克公司位于印度尼西亚的一个油田 |
| 1997 | — | 中国石油天然气集团有限公司 | 哈萨克斯坦的一家石油公司 |
| 1997 | — | 中国石油天然气集团有限公司 | 委内瑞拉的两家油田 |

除了表 3-1 中所列案例之外，2002 年，中国有色矿业集团有限公司作为主发起人组建了中色国际矿业股份有限公司，该公司的成立使我国在海外有了最早的矿业投资平台，该平台的建立标志着我们国家"走出去"的时机和条件更加成熟。

总体而言，与前一阶段相比，我国资源型企业在这一阶段跨国并购的规模逐渐增大，并购活动数量也在逐渐增多，并购东道国范围也逐渐扩大。东道国不再局限于拉丁美洲等国家，伊朗、伊拉克、澳大利亚和欧美发达国家都成为我国资源型企业海外并购的东道国。但该时期并购主体仍然以国有大型企业为主。

## 三、活跃阶段（21 世纪初）

自 2001 年中国加入世界贸易组织（WTO）以来，我国与世界经济的接轨程度加深，我国的经济发展速度逐年加快。另外，2001 年，"走出去"战略第一次被写入《政府工作报告》，并成为"十五"计划要达到的重要目标之一。同时，2002 年前后，我国经济迈进重工业化阶段，能源资源需求急剧增加，这一阶段，我国对石油进口的依存度达到 44%，成为世界第二大石油消费国。在能源资源短缺的压力下，我国资源型企业为了寻求战略上的生存与发展，开始积极实施对海外资源型企业的并购活动。随后，国家发改委、国家外汇管理局为加强我国企业与海外企业的沟通合作，调整了与企业境外投资有关的政策以支持资源型企业海外并购活动，解决国内资源短缺问题。

这一阶段企业并购活跃，典型案例数不胜数，如中国石油天然气集团有限公司以 2.16 亿美元收购戴文能源公司在印度尼西亚的油气资产，中国石油天然气集团有限公司的子公司和马来西亚一家公司以 50%的股权联合收购了赫斯公司旗下的印度尼西亚控股公司等。本书整理了此阶段我国资源型企业海外并购发生的主要代表案例，具体如表 3-2 所示。

表 3-2　21 世纪初资源型企业海外并购代表案例

| 并购年份 | 并购金额 | 并购企业 | 被并购企业 |
|---|---|---|---|
| 2002 | 2.75 亿美元 | 中国海洋石油集团有限公司 | 英国石油公司在印度尼西亚东固液化天然气项目部分股权 |
| 2002 | 5.85 亿美元 | 中国海洋石油集团有限公司 | 西班牙瑞普索公司在印度尼西亚的五大油田部分权益 |
| 2002 | 2.16 亿美元 | 中国石油天然气集团有限公司 | 美国戴文能源集团在印度尼西亚的油气资产 |
| 2002 | 78 亿港元 | 中国海洋石油集团有限公司 | 英国石油公司持有的印度尼西亚东固气田的股权 |
| 2003 | 3.48 亿美元 | 中国海洋石油集团有限公司 | 澳大利亚西北大陆架天然气上游油田的权益 |
| 2003 | 12.3 亿美元 | 中国石油天然气集团有限公司、中国石油化工集团有限公司 | 英国天然气公司在哈萨克斯坦里海北部项目的权益 |
| 2003 | 0.82 亿美元 | 中国石油天然气集团有限公司、马来西亚国家石油公司 | 赫斯印度尼西亚控股公司 |

在这一阶段，我国资源型企业积极参与全球矿产能源战略调整的重新布局，

通过大规模海外并购活动，不断提升其海外影响力。在此期间，资源型企业的海外并购规模和数量都大大增加，并购区位也遍布全球各大洲。

## 四、突飞猛进阶段（21世纪初至今）

近年来，我国重工业开始深入发展，对天然气、石油以及矿产资源的需求也与日俱增。与此同时，全球大型跨国集团意图控制资源类商品的定价权，纷纷加快了对矿产资源型企业的收购节奏，意图在中国等发展中国家出现国内矿产资源与能源缺口的情况下，趁机获取高额收益。此外，金融危机的爆发为我国企业进行海外并购活动提供了难得的历史机遇，金融危机影响了很多国家的经济，其中，大多数企业不得不降低门槛，迎接被收购的命运，我国企业把握住了时机，越来越多的资源型企业在全球范围内开展并购活动。本书整理了此阶段我国资源型企业海外并购发生的典型代表案例，具体如表3-3所示。

表3-3 突飞猛进阶段资源型企业海外并购代表案例

| 并购年份 | 并购金额 | 并购企业 | 被并购企业 |
|---|---|---|---|
| 2005 | 1875万加拿大元 | 宝钢集团股份有限公司 | 加拿大Court集团 |
| 2006 | 10亿美元 | 宝钢集团股份有限公司与金川集团股份有限公司 | 菲律宾棉兰一家镍矿 |
| 2008 | 24.78亿美元 | 中海油田服务股份有限公司 | 挪威海上钻井公司 |
| 2009 | 49.9亿美元 | 中国石油天然气集团有限公司 | 加拿大Verenex Energy石油公司 |
| 2009 | 72.4亿美元 | 中国石油化工集团有限公司 | 瑞士公司Addax Petroleum |
| 2010 | 47亿美元 | 中国石油化工集团有限公司 | 美国康菲石油公司的加拿大Syncrude油砂项目 |
| 2011 | 19.5亿美元 | 中国铌业投资控股有限公司 | 巴西矿冶公司 |
| 2011 | 37.9亿美元 | 兖州煤业股份有限公司 | Whitehaven Coal Limited |
| 2012 | 13.3亿加拿大元 | 中国五矿集团有限公司 | Anvil矿业有限公司 |
| 2012 | 24.4亿美元 | 中国石油化工集团有限公司 | Devon Energy Co. |
| 2013 | 151亿美元 | 中国海洋石油集团有限公司 | 加拿大尼克森能源公司 |
| 2013 | 50亿美元 | 中国石油天然气集团有限公司 | 哈萨克斯坦KazMu-naiGaz |
| 2013 | 50亿美元 | 中铝矿业有限公司 | 瑞士嘉能可铜矿 |
| 2014 | 38.45亿卢布 | 中国石油天然气集团有限公司 | 俄罗斯亚马尔液化天然气项目 |
| 2014 | 130亿元 | 日新发展有限公司 | 智利铁矿 |

| 并购年份 | 并购金额 | 并购企业 | 被并购企业 |
|---|---|---|---|
| 2015 | 52.9亿美元 | 中国化工橡胶有限公司 | 意大利倍耐力集团 |
| 2015 | 4.12亿美元 | 紫金矿业集团股份有限公司 | Kamoa Holding |
| 2016 | 26.50亿美元 | 洛阳钼业集团股份有限公司 | FMDRC |
| 2016 | 2.09亿美元 | 天齐锂业股份有限公司 | 智利锂盐生产公司 SCP |
| 2017 | 18亿美元 | 中国石油天然气集团有限公司 | 阿布扎比陆上石油公司8%股权 |
| 2017 | 11亿美元 | 北京燃气集团有限责任公司 | VChNG |
| 2018 | 40.66亿美元 | 天齐锂业股份有限公司 | 智利锂生产商 SQM |
| 2018 | 13.9亿美元 | 紫金矿业集团股份有限公司 | 加拿大矿业公司 Nevsun |
| 2019 | 18.39亿加拿大元 | 紫金矿业集团股份有限公司 | Nevsun |

与前一阶段相比，这一阶段资源型企业海外并购的特点主要体现在四个方面：首先，从并购规模和数量来看，资源型企业海外并购成交数量增多、成交金额增大，最初中国资源类领域的并购活动所涉及的资金不到几亿美元，而如今百亿美元的并购案例频频出现；其次，从并购企业数量来看，最初参与并购活动的资源型企业只有少数几家，而如今越来越多的企业加入到海外并购的队伍中来；再次，从并购主体行业范围来看，进行跨国并购的中国企业越来越多，并购主体逐步多元化，不仅仅局限于石油行业，除了中国石油化工集团有限公司（以下简称中石化）、中国石油天然气集团有限公司（以下简称中石油）和中海油田服务股份有限公司（以下简称中海油），宝钢集团股份有限公司、首钢集团有限公司等矿业国有企业也开始了跨国并购，并成为中国矿业海外并购的主力军；最后，从并购主体类型来看，并购企业也不仅仅局限于国有企业，民营企业也逐渐开始了跨国并购。

## 第二节　我国资源型企业海外并购动因分析

我国加入世界贸易组织后，国际化进程逐渐加快，中国经济在此背景下得到了快速发展，国内企业也得到了快速成长，越来越多有实力的中国企业开始进行海外并购。我国资源型企业纷纷走向海外、开始海外并购活动，一方面是受到了国内因素的影响，另一方面国际因素也在一定程度上刺激了我国企业的海外并购活动。2007 年，美国次贷危机爆发，其引发的全球金融危机席卷全球，在金融危机的影响下，许多发达国家的股票市场价格急剧下跌，股市市值蒸发，国内资金匮乏，对国外资本的需求增大，这些国家通过放宽一些领域的投融资限制，增强了与中国投融资合作的意愿，中国企业获得了并购优质资产和先进技术的机会。

## 一、经济全球化推动海外并购发展

相比其他国家，我国经济虽然也受到金融危机的冲击，但是得益于我国经济体制的优越性，我国经济得以迅速复苏，在经济危机背景下，我国一些经济实力雄厚的矿业企业有能力在此阶段进行海外并购活动，于是在国家政策、资金、成本等多重利好因素的共同作用下，我国企业加快了海外并购的步伐。

企业的跨国并购决策，是企业在经济全球化背景下，基于市场环境、产业环境与内部环境共同影响下重要的投资选择，也是企业在经济全球化的复杂环境中重要的成长方式。本书可以从不同的角度来看待企业的海外并购活动：

### （一）市场环境角度

在经济全球化趋势不断加强的背景下，各国市场的股票价格和汇率不断波动。根据价值低估理论，当企业的价值被低估时，收购成本因此降低，会招致以实现自身扩张为目的的他国企业对该国企业的收购行为。

1. 经济全球化、股票价格与跨国并购

根据资本市场理论，股票价格可以体现公司的实际价值，因此，股票市场可以作为公司股票定价的合理参考。然而，由于市场的不完全有效性和非理性假说，会造成股价与公司实际价值的偏离。当股价不能准确反映公司的实际价值时，会使得公司价值被高估或低估，影响企业跨国并购活动的实施。其主要原因包括：①随着经济全球化的发展，全球宏观经济环境不确定性因素增加。例如，经济增长速度下降会给投资者带来经济可能下滑的信号，降低投资者对经济增长的信心，会使得投资者急于抛售股票，进而导致公司价值被低估；或当公司所在国资本市场发展不完善，尚未形成准确的市场定价机制时，政府出台的各项财政或货币干预政策也可能造成股价与公司实际价值的背离。②由于信息不对称，投资者对公司的经营与管理等情况无法完全了解，进而无法对公司进行合理估价。在国际资本市场上，当东道国股市处于低迷状态，公司的价值由于非理性投资而被低估时，外国投资者在很大程度上会为了扩张而对东道国公司进行收购，由于公司价值被低估，公司的收购成本会降低。

2. *经济全球化、汇率变动与跨国并购*

经济全球化虽然促进了国家与地区之间经济的融合与发展，但也形成了不完全金融市场。投资母国与东道国货币之间的汇率难以准确地体现两国货币的实际价值。以汇率变动为例，实行外汇管制的国家会出于出口或者吸引外资的需要而调整汇率，造成东道国公司目标企业价值由于汇率变动被低估。外币升值后，其实际购买力会超过名义价值，更有利于国外投资者以低成本并购东道国企业，实现市场扩张。由此可见，在东道国货币贬值、股票市场青黄不接等原因导致东道国目标企业价值被低估时，有利于我国企业开展跨国并购活动。

（二）产业环境角度

贸易和市场的全球化会提高跨国公司面临的产业壁垒，当国际市场竞争更加激烈时，技术壁垒和企业规模壁垒会更高。从政策方面来看，东道国的产业政策是一种产业壁垒，其在很大程度上会限制外资流入；从产业组织理论角度来看，产业壁垒包括政府对产业进入的限制、企业的核心技术以及企业的最低有效生产规模等形成的准入政策壁垒、技术壁垒和规模壁垒等，这时，若并购有产业壁垒的行业内原有企业，就会获得其技术和生产能力，从而达到消除产业壁垒的目的。因此，在国际市场上，随着经济全球化的加快，东道国产业壁垒将会影响跨国并购活动的实施。

（三）企业内部因素角度

经济全球化将国内外的消费者和生产者直接联系在了一起，企业的纵向生产阶段在全球范围内存在结为一体的可能，这会大幅减少市场的潜在交易费用。从交易费用理论的角度来看，当企业进行纵向交易的成本增大至高于企业进行并购后的管理成本时，企业就会进行纵向并购。通过交易费用变化来分析企业的并购行为，本书可以发现：当一个企业具有技术优势和管理优势时，该企业反而不利于实施本行业并购活动，因为并购活动会增加交易成本；但若目标企业为其他非相关行业企业，该企业实施并购活动则可以有效降低交易费用和投资风险。

企业进行跨国并购的一大动因是实现经营协同效应。然而，因为存在交易费用，企业资源和能力的转移对并购之后企业间经营协同效应的发挥会产生非一致影响。具体来说，企业资源可分为有形资源和无形资源两大类，其中，人力资源、财务资源、生产设施资源、销售资源和采购网络资源等属于有形资源；技术研发能力、市场挖掘能力和组织管理能力等属于无形资源。企业通过新建投资或并购投资转移企业的资源和能力,但是二者的转移效率却大不相同。新建投资受到的约束相对并购投资而言较少,不仅可以自主选址,还可以获取新的厂房、设备、工艺、员工等有形资源,有利于企业的资源与能力完整有效转移;并购投资则会被上述因素所限制,而且在并购完成后还需整合目标企业的资源、能力、组织结构、企业文化等,由于要整合的内容不仅包括物质层面,还包括精神层面,因此,整合难度不容小觑,企业资源与能力的转移成本因整合难度的升高而升高,不利于企业完全实现经营协同效应。一些能力与资源没有优势的外国企业,往往会通过跨国并购的方式获取目标企业的能力与资源,整合后实现经营协同效应。

## 二、金融危机导致海外并购步伐稳中有升

金融危机会降低跨国并购成本,因此,金融危机在一定程度上为我国资源型企业海外投资提供了条件。众所周知,2008 年金融危机的爆发,许多外国企业资产严重缩水,其中,最具代表性的是石油矿产资源型企业。因石油、铁矿石等各类资源产品价格急剧下降,企业为了维持生存纷纷低价出售资产。因此,对于我国企业而言,此时是一个以较低并购成本获取海外优势资源、缓解国内资源短缺压力的好时机,我国政府为了推动国内企业海外并购的发展,对资源型企业进行海外并购给予了众多扶持政策。本书对其中的主要政策进行了整理,具体如图3-1 所示。

2012 年出版的《中国境外投资实务指南》一书解读了海外投资风险与管理等一系列措施,给中国企业跨国并购创造了更多有利条件,使跨国并购成功概率增加,中国企业也有了更多的信心进行跨国并购。

我国为资源型企业提供了许多激励措施,如税收优惠和融资优惠。中国的两家主要政策性银行,即国家开发银行和中国进出口银行,都为中国企业向海外发展提供了有力的融资支持。其中,中国进出口银行的主要融资支持措施有两个:①对"国家鼓励的境外投资重点项目"提供境外投资专项贷款;②使企业享受更优惠的出口信贷利率。国家开发银行对资源型企业"走出去"项目的顺利开展做出了重大贡献,为中石油、中石化和中海油等企业开展重大海外并购项目提供了巨大的融资支持。

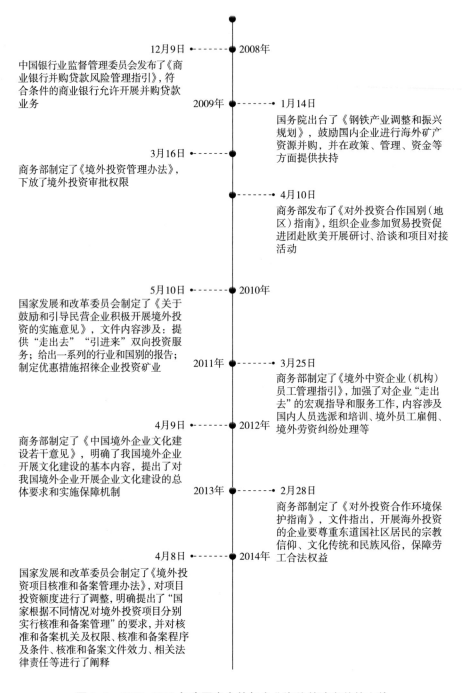

图 3-1　2008~2019 年我国出台的与企业海外并购有关的文件

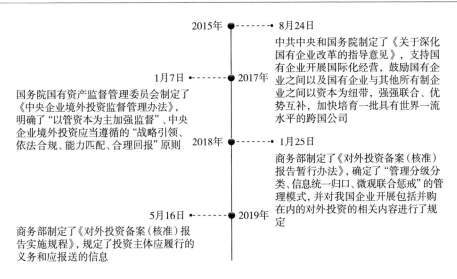

图 3-1　2008~2019 年我国出台的与企业海外并购有关的文件（续）

### 三、各国对全球资源的争夺掀起资源型企业海外并购浪潮

伴随着工业化进程的加速，全球矿产资源匮乏局面加剧，导致国际社会开始争夺矿产资源，且愈演愈烈。2000~2018 年，涌现了很多发生在矿产资源领域的跨国并购事件，2018 年全球范围内发生的跨国并购事件数量有 6.2% 出现在采矿、采石和石油业等矿产资源领域（按被并购方）①。在国际能源消费市场上，非经济合作与发展组织（OECD）国家是国际能源消费的主体。《2030 世界能源展望》预计，2030 年之前，中国的经济体量可能位居全球第一，印度将成为世界第三大经济体，在能源和消费方面，将会占到全球总量的 35%②。伴随着世界各国逐渐认识到资源获取对一个企业发展的重要性，全球各地开始出现各种规模的资源型企业跨国并购事例。

当前阶段，我国经济获得了较快的发展，能源资源与外部市场之间形成了更紧密的关联，而此时，矿产资源市场在国际上的交易价格受到了极大程度的垄断，跨国巨头在价格制定中发挥了主导作用。因此，中国矿产资源受到了国际资源价格的影响，许多矿产企业在经营中面临诸多困境。在此情况下，中国矿产企

---

① 资料来源于《2019 年度中国对外直接投资统计公报》。
② 资料来源于英国石油公司（BP）2013 年发布的《2030 世界能源展望》。

业为了改善经营环境，亟须从国际市场上获得资源储备。19世纪末到20世纪初期，资源是我国企业的主要海外目标，从2010年开始，其海外目标从资源转移到资产。简单来看，对国外先进企业技术的学习和引入、获得足够的资源储备、进行财务投资、对自身品牌和市场进行挖掘已经成为中国资源型企业跨国并购的主要出发点。

## 四、扩大发展空间成为推动海外并购的重要因素

《中国企业"走出去"发展报告（2011）》显示[①]：受访的中国企业（包括资源型企业）探讨了企业在日常经营的过程中受到的来自政治法律环境以及市场环境的影响。可以看出，该报告将企业在国内发展受到的限制因素归结为11个[②]，根据受访企业反馈问卷发现，在这11个受限因素中，经营成本的大幅上涨、激烈的市场竞争以及专业人才的缺失是突出的三个因素（见图3-2）。这在一定程度上反映出我国企业"走出去"的重要原因是扩大发展空间。

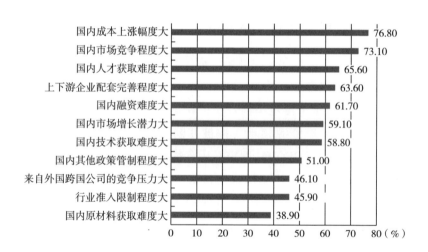

图3-2　国内市场环境和政策环境对企业发展的限制程度

---

① 资料来源于中国国际贸易促进委员会主编的《中国企业"走出去"发展报告（2011）》。
② 企业在国内发展受限的11个因素包括：国内成本上涨幅度大、国内市场竞争程度大、国内人才获取难度大、上下游企业配套完善程度大、国内融资难度大、国内市场增长潜力大、国内技术获取难度大、国内其他政策管制程度大、来自外国跨国公司的竞争压力大、行业准入限制程度大、国内原材料获取难度大。

由图 3-2 可知，国内成本上涨幅度、国内融资难度、专业人才的缺失、技术的缺乏以及恶劣的市场竞争对企业的日常经营产生了阻碍。其中，国内成本上涨幅度大这一因素对企业发展的限制最大①。

对于资源型企业来讲，扩大发展规模是一个决定企业发展前景的重要原因，一方面，企业需要通过扩大发展空间为自己寻求更多的市场份额；另一方面，成功的海外并购可以从某种程度上提高企业的知名度，为日后的发展提供一个更好的平台。我国早已成为原油、天然气、铁矿砂等重要能矿资源的消费大国，由于我国国内可供开采的资源有限，且多为品位较低的贫矿，实施能源与矿产资源海外并购就成为弥补我国资源缺口、扩大我国资源型企业规模和发展空间的重要手段。

## 第三节　我国资源型企业海外并购的特点

### 一、并购规模

资源型企业海外并购的规模近年来呈增长趋势，其原因包括：①我国整体经济实力近年来不断提升，资源型企业的综合实力也在提升，为其实行海外并购活动提供了物质保障。在经济全球化的背景下，我国经济实力增强，吸引了大量外资，丰富了我国的外汇储备。国家外汇管理局数据显示，2019 年，我国的外汇储备高达 3.11 万亿美元。其他国家利用外汇储备进行海外并购的经验丰富，给我国企业的海外并购提供了相关建议，为资源型企业海外并购的发展起着重要的支持作用。②国家对国有企业进行了产业结构调整，加上资源型企业并购活动的不断开展，为更大规模的并购活动奠定了基础，使得我国的企业更有能力开展大规模海外并购。财富中心网的数据显示：2016 年以来，中国企业在财富榜的上榜数量呈增长趋势，2019 年，中国上榜企业数量已达 129 家，较 2018 年增加了 9 家。

中国对外投资结构中，资源类领域的海外投资活动一直保持前三位，处于不可或缺的地位。2009 年至 2018 年前三季度，资源型企业的海外并购活动发生了

---

① 与成本因素驱动我国企业"走出去"相对应的是，我国利用外资继续向"轻型化"转型：近年来，服务业利用外资的比重不断提高，并于 2011 年首次超过制造业。

81 起，且交易金额全都超过了 5 亿美元；能源矿业企业超过 1 亿美元的海外并购活动达到 116 起，并购金额占总量的比例达到了 2/3。资源型企业海外并购活动越来越多，且大都取得了显著成效，不仅促进了中国资源类行业的发展，也对我国经济的发展、国家间友好关系的建立有极大的促进作用。例如，武钢矿业对加拿大汤普逊铁矿的入股投资以及中化集团对挪威石油公司油田的投资，不仅满足了我国能源的需求，同时也促进了我国外交关系的发展。

采矿业对外直接投资存量及其增长趋势如表 3-4、图 3-3 所示。

表 3-4　采矿业对外直接投资存量

| | 2009 年 | 2010 年 | 2011 年 | 2012 年 | 2013 年 | 2014 年 | 2015 年 | 2016 年 | 2017 年 | 2018 年 |
|---|---|---|---|---|---|---|---|---|---|---|
| 采矿业存量（亿美元） | 405.8 | 446.6 | 670.0 | 747.8 | 1078.4 | 1237.3 | 1423.8 | 1523.7 | 1576.7 | 1734.8 |
| 对外直接投资总存量（亿美元） | 2457.5 | 3172.1 | 4247.8 | 5319.4 | 6604.8 | 8826.4 | 10978.6 | 13573.9 | 18090.4 | 19822.7 |
| 占比（％） | 16.51 | 14.08 | 15.77 | 14.06 | 16.33 | 14.02 | 12.97 | 11.23 | 8.72 | 8.75 |

注：其中采矿业既包含石油、天然气资源，也包含矿产及金融资源。

资料来源：《2019 年度中国对外直接投资统计公报》。

图 3-3　采矿业对外投资存量及其变化趋势

注：其中采矿业既包含石油、天然气资源，也包含矿产及金融资源。

资料来源：《2019 年度中国对外直接投资统计公报》。

由表3-4、图3-3可知，2009~2018年，中国采矿业对外直接投资存量呈持续稳定增长趋势，在2018年高达1734.8亿美元，在对外直接投资总存量中占比8.75%，十年间的平均增速为32.75%。采矿业在对外投资中的占比呈现出逐年下降的态势；但从存量来看，采矿业在我国对外投资结构当中占据重要地位。纵观资源型企业并购的发展进程，最初并购金额不到1亿美元，而如今超过百亿美元的并购活动都已变得不足为奇。越来越多的资源型企业都将投资海外资产、控股海外资源型企业当作企业竞争的重要行动，进一步加剧了资源型企业的跨国并购行为。

采矿业可以划分为能源业（石油、天然气）和金属及矿业，本书对统计所得的海外并购事件及其交易金额按行业进行了细分，具体如表3-5所示。

表3-5　2009~2018年各行业资源型企业并购明细

| 行业 | 数量（笔） | 比重（%） | 交易金额（亿美元） | 比重（%） |
|---|---|---|---|---|
| 能源业 | 74 | 43 | 1174.8 | 62.7 |
| 金属及矿业 | 98 | 57 | 699.5 | 37.3 |
| 总计 | 172 | 100 | 1874.3 | 100 |

从表3-5中可以看出，金属及矿业海外并购事件比能源行业的并购事件更多，占比达到了57%，能源行业占比为43%，差距较小；交易金额方面，能源业虽交易事件少，但交易金额占比为62.7%，远远高于金属及矿业的37.3%，成为资源型并购的领头行业。2009年以来，中国企业陆续开始了跨国并购的探索，出现了大批量、大规模跨国并购活动。迄今为止，中国企业最大规模的海外并购发生在2013年2月26日，中海油以约达151亿美元的总对价完成了对加拿大尼克森公司的收购，收购了尼克森的普通股和优先股，打破了中国之前的海外并购纪录。通过回顾中国能源行业海外并购历史可以发现，在我国油气资源短缺时，我国石油企业多以资源获取的方式收购海外石油公司，以满足国内石油需求，促进经济发展。

## 二、并购主体

在资源型企业跨国并购的进程中，国有企业等中大型企业一直占有主导优势。清科数据中心发布的报告指出，中央企业近年来频频在资源市场上出手，掀起了中国参与海外并购的浪潮，其中，中石油、中石化、中海油的并购行为最具代表性，除此之外，有几家较为强大的国有矿产企业也参与其中。从收集到的具体数据来看，中央企业参与并购的金额占据了整个并购市场一半以上，尤其是与民营企业相比有较大的差距。究其原因，与民营企业相比，中央企业以国家为支撑，资金规模庞大，因此，其在参与海外并购中具有较大的并购实力。在《财富》500 强报告中，前几名多为国有企业，且大多为资源型企业，具体变化如表 3-6 所示。

表 3-6　中国主要资源型企业在《财富》500 强中的排名变化

| 企业 ＼ 年份 | 2009 | 2010 | 2011 | 2012 | 2013 | 2014 | 2015 | 2016 | 2017 | 2018 | 2019 |
|---|---|---|---|---|---|---|---|---|---|---|---|
| 中石化 | 9 | 7 | 5 | 5 | 4 | 3 | 2 | 4 | 3 | 3 | 2 |
| 中石油 | 13 | 10 | 6 | 5 | 6 | 4 | 4 | 3 | 4 | 4 | 4 |
| 中海油 | 318 | 252 | 162 | 93 | 101 | 79 | 72 | 109 | 115 | 87 | 63 |
| 中国五矿 | 331 | 332 | 228 | 192 | 169 | 133 | 198 | 323 | 120 | 109 | 112 |
| 宝钢集团 | 220 | 276 | 211 | 222 | 197 | 211 | 218 | 275 | 204 | 162 | 149 |
| 中国铝业 | 499 | 436 | 330 | 273 | 298 | 227 | 240 | 262 | 248 | 222 | 251 |

资料来源：根据 2009~2019 年《财富》公布的历年数据整理而成。

从表 3-6 中可以看出，进入《财富》500 强的中国企业军团中，有着国有企业背景的石油企业起着"领头羊"的作用。在世界上遥遥领先的一直都是中石油和中石化，相对这两家而言，中海油略显逊色。同时，矿产业也在世界 500 强中占有一席之地，其中以中国五矿、中国铝业、宝钢集团三大国有企业为代表。除此以外，从表 3-6 中还可以看出，2009~2019 年，中国实力雄厚的资源型企业排名逐渐提升，国有企业在强大的国家背景的支撑下，依靠良好的内控机制获得了不断提高的国际地位。除此以外，其强大的资金规模和企业规模都为其顺利运营提供了保障，为其开展海外并购奠定了基础，并拓宽了中国资源型企业的跨国并购之路。

如图 3-4 所示，资源型国有企业参与海外并购具有以下几个特点：①资源特性。由于资源型国有企业在生产运营过程中面临的问题较为普遍，其所需的自然资源不同于一般的原材料，具有不可再生性；除此以外，各地区资源禀赋存在差异，资源分布不均，使得某些地区资源不断减少并进一步导致其整体的资源实力不断减弱。②投资特性。资源型企业以资源为基础，前期投入资金巨大，因此其退出的成本过高，导致资源型企业面临较大风险。③开发特性。由于资源型企业在开发过程中会与生态环境规划产生矛盾，会对生态环境造成一定程度的破坏，因此，资源型企业在此过程中必须协调好与当地经济社会发展之间的关系。④实力雄厚。资源型企业依靠国家背景，在具备较大规模的同时有较强的资金实力，在国际上影响力巨大。⑤战略目标特性。与一般企业的海外并购不同，由于资源型国有企业在并购中有其战略性目标，因此，其在国际市场中具有较大的影响力。

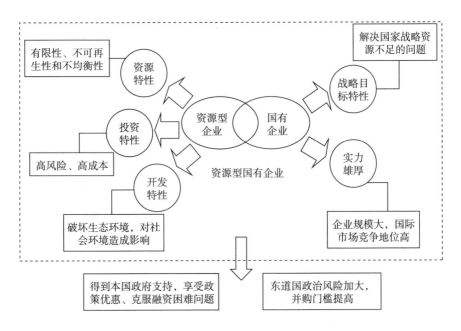

**图3-4　资源型国有企业参与海外并购的特点**

资源型国有企业在海外并购中具有较大优势的同时也面临着较大的风险。一方面，其依靠国家背景，资金雄厚，融资能力较强，面临资金困境的情况较少，因此其在参与海外并购中也具有较大的规模。另一方面，由于其依靠国家背景，带有一定的政治色彩，因此其在参与海外并购的过程中必然会吸引东道国的注意力，与一般企业相比面临较大的政治风险。2011年，中国五矿对加拿大矿产公司伊奎诺克斯提出了收购请求，在当时的情况下，目标公司高层都同意并购的进行，但五矿集团具有国有背景，因此，加拿大政府认为其并购可能会对本地市场造成一定的威胁，以此为理由驳回了该方案，导致并购失败。

与国有企业不同，由于并购资金一般较大，而民营企业资金规模较小，因此，民营资源型企业在参与海外并购中面临较大的融资困境。加之海外并购市场面临激烈的竞争，因此，民营企业在参与海外并购中会谨慎分析相关决策。但由于近年来整个世界经济面临衰退，资产面临贬值，创造了民营企业参与海外并购的契机，提升了民营企业参与海外并购的积极性。2009 年，广州顺德日新对智利 30 亿吨特大铁矿进行了收购，收购价为 150 亿元，除此以外，济南域潇集团也通过跨国并购实现了大规模海外资源的收购。由此可见，近年来民营企业取得了较快的发展，实力不断提升，也不断参与到海外并购的浪潮中。

### 三、并购手段及方式

本书通过对 2009～2018 年披露的资源型企业海外并购事件进行整理发现，大多数的并购行为都采取股权并购方式，只有少部分使用资产并购方式。其中，在能源资源型企业中，有 20.3% 的企业采用资产并购方式，相比于能源企业来说，金属及矿产资源型企业采用资产并购方式的较少，占比为 7.1%。在采用股权收购时，收购股权在 10% 以上的有三种主要类型：全部股权收购（对目标企业所有股权的收购）、多数股权收购（对目标企业 50%～99% 的股权进行收购）和少数股权收购。本书所整理的能源资源与金属及矿产资源型企业的具体收购形式如图 3-5 和图 3-6 所示。

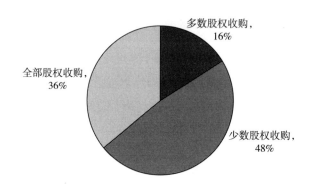

**图 3-5　能源资源（石油、天然气）型企业海外并购股权收购类型百分比**

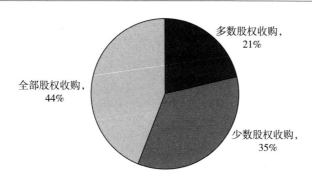

**图 3-6　金属及矿产资源型企业海外并购股权收购类型百分比**

从图 3-5 和图 3-6 中可以看出，通过股权方式完成收购的类型中，占比较多的为少数股权收购与全部股权收购这两种，均在 30%~50%，其余 20% 左右为多数股权收购类型。可以看出，随着收购规模的不断扩大，之前主要以少数股权收购为主的现象逐渐发生变化。其主要原因包括：其一，随着中国企业规模的不断扩大，其应对风险的能力显著提高，使得其参与海外并购的积极性增强，并购规模也逐渐扩大；其二，金融危机使全球经济下滑，大量企业面临破产，为企业的海外并购之路提供了契机，使得其在并购过程中可以以较低的成本收购大量的股份。

除此以外，本书通过分析 2009~2018 年已公开的资源型企业海外并购事件发现，中国企业开始与他国企业合作完成海外并购的行为，比如在对乌德穆尔特石油公司进行收购时，中石化联合俄罗斯石油公司共同参与了收购行为，对其96.86% 的股份进行了收购，在并购过程中，东道国企业的配合可以大大提高并购成功的可能性；除此以外，在对阿富汗艾娜克铜矿进行收购时，江西铜业与冶金科工集团联合完成了收购行为，收购价为 28.7 亿美元。联合收购一方面可以有效降低双方的财务风险，提高并购成功的概率；另一方面进一步为收购后的顺利运营打下了合作基础。

## 四、交易支付方式

在并购双方达成一致协议后，主并企业在获取目标企业股权及资产的同时需要对价支付，此过程主要涉及两种支付方式：一是现金支付，即主并企业支付现金换取目标企业股权；二是综合证券支付，即主并企业支付的不是现金而是债券、股票等一系列金融工具。

在上述两种方式中，现金支付手段占据主要地位的原因主要有两点：一是现金支付相对于金融工具支付所履行的程序较为简单且安全；二是鉴于目前中国资本市场存在不完善、不透明的弊端，导致通过金融工具支付流程繁杂、可信度低，因此其在海外并购支付方式中很少被用到。企业在完成现金支付行为时，主要资金来源为自有资金、企业债券或者银行贷款。现金支付的方式可以使被收购方企业直接获得巨额资金，从而帮助企业顺利渡过难关或者满足生产管理的需要。现金支付的方式有利于并购方企业击败实力强劲却面临流动性资金短缺的企业，从而实现收购的目的。

虽然在海外并购的支付方式中现金支付占据主要地位，但其也存在某些较难克服的劣势。资源型企业在参与并购时一般涉及金额较大，企业在自有资金不足时会选择银行贷款，而此过程会增加企业的财务负担，当企业资金链发生问题时，会对企业的运营造成不利影响。因此，以现金支付方式发起的并购活动，会使企业在跨国并购中出现较大的经营风险。

## 五、分布区位

资源型企业选择海外并购主要出于丰富资源储备、扩大市场份额以及进一步在资源市场定价中获得话语权的目的，因此，在选择目标企业时，首先要考虑的就是其当前的资源储备，这也决定了企业选择投资的具体区域。从当前全球资源的分布情况来看，在石油和天然气的储量上，南美洲、非洲和中亚地区占绝对优势；在金属及矿业资源的储量上，北美洲、大洋洲、非洲占优势。本书对2009～2018年资源型企业海外并购事件进行了收集整理，并分析了并购行为发生的区域分布（见图3-7、图3-8）。

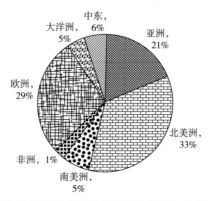

**图3-7 能源资源型企业海外并购区位百分比（按交易笔数）**

资料来源：根据公开披露的资料整理而得。

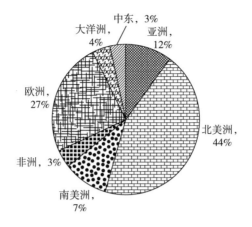

**图 3-8　能源资源型企业海外并购区位百分比（按交易金额）**

资料来源：根据公开披露的资料整理而得，并购交易金额统一换算为亿美元。

　　由图 3-7 和图 3-8 可以看出，在对石油、天然气等资源型企业进行并购时，并购活动主要发生在北美洲，占比高达 33%，而在北美洲发生的并购金额高达 44%，由此可见，北美洲是石油、天然气企业并购行为的集中地。《中国企业海外发展报告（2020）》和麦肯锡分析报告显示，美国和加拿大占据了并购交易投资对象的主要部分。本书对 2009~2018 年发生的并购交易事件进行分析整理后发现，在加拿大发生的对石油、天然气的并购行为多达 11 起，并且这些交易活动涉及金额巨大。其中，2013 年发生的中海油对加拿大能源企业尼克森的并购事件引起了巨大的轰动，并购金额高达 151 亿美元，这对中国资源型企业的海外并购之路产生了深远的影响。加拿大之所以成为中国参与海外并购的主要目标国，是因为加拿大政治环境稳定、经济环境良好，具有较大的投资价值，除此以外，两者稳定的合作关系进一步推动了海外并购。相比于发生在加拿大的 11 起石油、天然气并购事件，发生在美国的较少，为 7 起，但相对于其他国家来说已算多数。

　　中东的石油与天然气储量较为丰富，但发生在该地的海外并购行为较少，并购金额也相对较低。中东地区政治局势较为复杂，参与中东地区海外并购的企业会面临较大的政治风险。因此，资金实力雄厚的企业在该地区进行并购行为的概率比一般企业大。除北美洲以外，能源资源并购事件发生最多的地区为南美洲与欧洲，由于该地区的政治局势较稳定，且有丰富的资源储量，这些对于海外并购活动的顺利进行具有重要意义。

　　金属及矿产资源海外并购的目标区位主要集中在北美洲和大洋洲，从本书对交易数量或者交易金额的统计数据整理中均可以看出（见图3-9、图3-10）。本书通过对2009~2018年发生的并购事件进行整理后发现，金属和矿产资源并购活动发生的主要地区为北美洲的加拿大与大洋洲的澳大利亚。究其原因，是两国政治局势较为稳定、政策的接纳度较高、拥有健全的法律体系、并购程序简单。除此以外，两国的矿产资源储备较为丰富，进一步吸引了我国资源型企业的目光。与此同时，受经济危机的影响，加拿大与澳大利亚的企业亟须回血，中国参与两国企业的海外并购可以帮助其走出困境。在此过程中，加拿大与澳大利亚两国不仅可以获得资金助力企业回血，而且还可以获得中方银行的优惠贷款。

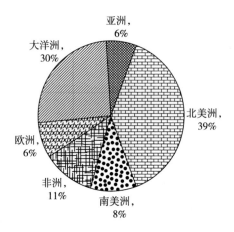

**图3-9 金属及矿产资源型企业海外并购区位百分比（按交易笔数）**

资料来源：根据公开披露的资料整理而得。

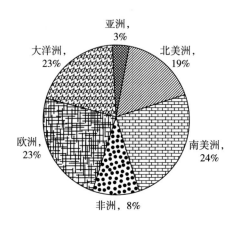

**图3-10 金属及矿产资源型企业海外并购区位百分比（按交易金额）**

资料来源：根据公开披露的资料整理而得，并购交易金额统一换算为亿美元。

中国和加拿大已经签署了投资促进与保障协议，并对双方的经济互补性进行了研究，加拿大领导人对海外企业投资的进一步开放做出了承诺。德勤中国矿业合伙人卡贝尔曾经说过，虽然过去澳大利亚政府意图阻碍中国企业的海外投资，但其承诺将欢迎中国资源型企业的投资。未来，中国金属及矿产资源型企业海外并购的重点区域仍将放在北美洲与南美洲地区。

# 第四节　我国资源型企业海外并购发展中存在的问题

就现阶段我国资源型企业"走出去"的状况而言，石油类企业已经顺利打开了国际市场，大量的成功并购案例比比皆是。然而，非石油类资源型企业在国际市场上却屡屡受挫，即使并购成功，但由于缺失对国际相关法律的了解，在后续的经营中也受到了较大的阻碍。本书通过整理发现，我国资源型企业在实现资源外拓的过程中仍旧存在一些突出的问题，本节将对这些问题进行一一解释。

## 一、我国有关海外并购的法律法规不够完善

现阶段，国内针对企业对外直接投资，尤其是针对资源型企业海外直接投资的法律法规非常有限。尽管我国制定了一些与对外直接投资相关的法律，但从整个投资环境角度来看，我国法律体系仍不完善。同时，我国专门针对海外投资设立的咨询机构、律师事务所、担保机构仍存在一定空缺。除了法律环境不够健全外，我国资源型企业在实施跨国并购活动过程中的审批程序较为烦琐、审批时间较长。这些现象直接影响到我国资源型企业"走出去"的成本，国家对外投资审批需要的时间越长，我国企业流失的投资机会就越多。

同时，东道国法律环境也影响着跨国企业发展，模糊的政策表述将为投资者的战略造成阻碍。我们都知道，法律法规的变化时常发生，我国资源型企业需要紧跟目标国政策环境和市场环境的变化，并在有利条件下找准并购时机。许多中国企业在从事海外并购时均遭遇了对方的法律方面的障碍，归根结底还是由于不熟悉当地法律造成的。

## 二、并购完成后的跨文化整合管理问题

海外并购成功后，如何进行管理是摆在我国资源型企业面前的又一个重要课题。这一点并不难理解，因为中西方文化存在不小的差异，在企业管理理念、经济发展体制、法律法规制定思路等方面存在各种差异，两种文化背景的企业进行合并势必不是一件易事，这也是并购企业"走出去"必须要注意的风险——整合风险。要控制此类风险，中国企业就必须在面对跨国经营中的多元差异性时，将跨国公司经营理念置于全球化发展的视野中，在保证跨国并购顺利落实的前提下，尽可能地将由于文化差异带来的风险降到最低，减少企业不必要的运营成本。

本书通过对中国企业"走出去"的相关研究报告中统计数据进行整理发现，我国企业"走出去"的经济文化风险高于政治政策风险（见图3-11）。企业的海外投资过程面临三个主要的经济文化风险：首先，本土消费者对中国品牌不了解；其次，中国企业在目标国寻找合作伙伴的难度较大；最后，中国与目标国之间存在或多或少的文化差异。而政治风险在整个企业并购风险中占比较小。从中国资源型企业海外并购的现状来看，其在并购过程中应加强内控，对经济文化风险进行重点防范，以保障海外并购的顺利进行。

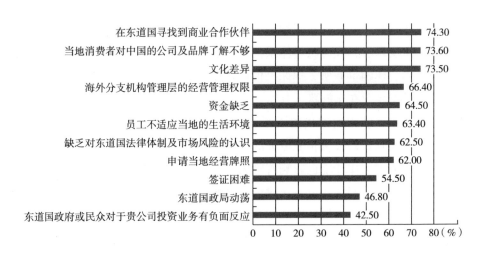

图 3-11　中国资源型企业海外并购面临风险占比

### 三、东道国的干扰

当一国经济处于萧条期时，该国企业和政府往往都希望通过提供各种优惠政策来吸引海外投资，这对于想要实现跨国并购的企业来说无疑是一个利好消息，整个并购活动也比较容易完成。但是，随着跨国公司的经营状况逐渐步入正轨，东道国政府及人民往往开始陷入忧虑，尤其是当跨国企业的发展与东道国国家利益开始相悖的时候，东道国政府总是担心外来资本会对本国经济产生巨大冲击和威胁。这时，原本的热情早已散去，东道国政府会想方设法对并购方企业设置障碍，甚至对原有的投资政策和协议进行根本性修改，这样做就是为了保护东道国的利益及资源的安全。石油、矿产等资源一直以来都与国家政治、民族、宗教紧密相连，资源类的跨国并购总能引起东道国政府的警惕。

除了政府的干扰外，大部落及原住民的干扰也不容忽视，这种现象在中东一些国家体现得尤为明显，政府其实对当地资源并没有实际的控制权力，并购企业与东道国政府达成了投资协议，但当地原住民一旦站出来反对，并购行为将大大受阻。

社会舆论的力量也常常会给并购企业带来不少麻烦。众所周知，我国企业生产的产品通常以较低的价格畅销各国市场，物美价廉本应作为我国企业"走出去"的优势，但是我国企业生产的产品始终无法摆脱技术落后、质量不佳的形象。这也常被东道国企业员工、媒体等作为舆论炒作的热点，怀疑、过激言论等随之而来，这不仅会降低并购成功率，而且无形中也会影响我国企业的国际地位。除此之外，目标国干预外来资本的行为可能会使并购企业原先拟定的并购成本加大。同时，如果企业间的并购上升到民族主义高度的话，由此产生的排斥情绪也将为并购方企业带来不小的社会风险。大量失败的海外并购案例显示，不能很好地处理与东道国政府的关系想要并购成功是难上加难。所以，我国资源型企业在"走出去"的时候，一定要做到合理审视东道国政府可能带来的并购风险。

## 第五节　本章小结

本章在分析资源型企业海外并购现状的基础上，总结了海外并购的发生背景、海外并购的阶段特征、海外并购的发展历程，并对海外并购中存在的问题进行了分析，本章的结论大致有以下几点：

（1）我国资源型企业海外并购主要经历了两个阶段，20世纪开始，进入早期发展阶段，21世纪开始进入加速发展阶段。此阶段的主要特点为：交易规模不断提高，而且主要发生在金融危机之后，交易金额明显增多，从不足1亿美元上升到上百亿美元。至此，资源型企业海外并购获得了新的发展，多样性的并购主体逐渐产生。

（2）我国资源型企业进行海外并购的出发点主要有四个方面：①为了丰富自身的资源储备；②为了对国际市场的资源定价产生影响；③在市场萎靡的时候进行投机行为获取收益；④符合并购企业的发展战略。海外资源型企业在金融危机的影响下面临资产大幅缩水的现状，以及国际市场上资源的定价会受到企业未来发展规划的影响等成为中国企业实施海外并购的重要推动因素。除此以外，企业并购的动因不同，其参与并购的方式以及项目管理的方式也会存在差异。

（3）我国资源型企业在海外并购中表现出基本一致的特征趋势。大型国有企业在并购中占主导地位，交易方式主要是现金支付，海外并购的数量以及交易金额在不断提升。除此以外，收购手段主要为股权收购方式，且收购行为的主要发生区域为北美洲、大洋洲，除此以外，欧洲也是其主要区域。不同种类的能源资源型企业、金属及矿产资源型企业的海外并购活动有较为微小的差别，但其主要的特征趋于一致。

（4）随着全球并购活动的日渐活跃，中国参与海外并购的规模与日俱增。但资源型企业属性特殊，在跨国并购中所遇到的问题也会随之增多。因此，结合中国资源型企业自身禀赋特征，对影响此类企业海外并购的因素进行全面分析，对于进一步规范我国资源型企业海外并购行动、降低并购风险、提升并购绩效具有重要意义。

# 第四章　资源型企业海外并购
# 动因的模型选择

选择合适的资源型企业海外并购动因研究模型，需要充分借鉴经济学的基本理论，在经济学基本理论的基础上，系统地对企业并购动因进行分析，并进一步去探究企业海外并购的动因模型。资源型企业海外并购研究是对一系列海外并购企业的重要并购案例进行系统剖析，研究资源型企业海外并购对于了解企业海外并购的发生逻辑具有重要意义。资源型企业海外并购过程中会表现出某些一致性特征，包括并购动因的某些一致性特征，因此建立相关模型对资源型企业海外并购的动因进行研究，对于探索相关企业在海外并购时的驱动机制以及相应的并购策略具有重要意义。

## 第一节　海外并购动因模型

目前，关于海外并购的动因模型有基于 OLI 范式的跨国并购动因模型、跨国并购驱动轮模型、跨国并购动因十二要素模型、HFI 模型（诱发因素模型）、基于目标企业价值构成的并购估价模型等。这些模型都是在不同时期由各个学者根据不同阶段并购行为的具体特征，基于对并购活动进行评析的不同视角而提出的。

### 一、基于 OLI 范式的跨国并购动因模型

OLI 范式是英国经济学家邓宁提出的国际生产折衷理论，他主要是对并购过程中与并购企业相关的决定因素进行分析，从而确定企业并购的动因。其中，O、L、I 分别表示三种决定因素，O 表示所有权优势，L 表示区位优势，I 表示内部化优势。基于 OLI 范式的跨国并购动因模型又称 OLI 模型，其综合了产品周

期理论、内部化理论以及竞争优势理论的观点，是目前被广泛接受的国际直接投资理论，在一定程度上可以称为"通论"。

OLI 范式中各个字母代表不同的优势，具体含义为：①O 代表所有权优势（Ownership），即为公司所特有的、占据垄断地位的一些优势资源，如企业的专利和专有技术、规模经济等，它也包括无形资产优势和企业规模优势；②L 代表区位优势（Location），即跨国公司在对外直接投资时，要选择最能够发挥企业垄断优势的厂址，它是决定国际投资在何处落脚的关键因素，主要受到要素成本、运输成本、市场规模和特征等的影响；③I 代表内部化优势（Internalization），即要充分发挥公司特有的组织优势，以降低营销、技术诀窍与研发等在跨国界的中间产品市场转移时所产生的高额费用。在发挥内部化优势的过程中需要注意以下三点：①一般合同的签订与执行都需要高昂的费用；②买方出售专利技术的价格是不确定的；③对产品的使用需要加以控制。

Dunning（1981）认为，企业只有具备了 OLI 范式所代表的三种优势才会有意愿进行海外并购，即具有所有权优势、内部化优势和区位优势是企业对外直接投资的充分条件，它们相互关联、相互影响，共同决定企业的海外直接投资。若一家企业只有垄断优势与内部化优势，缺乏区位优势，则其只能通过产品的进出口贸易来打开国际市场；若企业缺乏内部化优势，仅有垄断优势与区位优势，则其只能通过将非股权资源或技术资源转让给他国企业来进入国际市场，以此输出技术与服务；若企业三种优势都不具备，则该企业缺乏 FDI 的基础，无法进行跨国并购活动。

随着世界格局的不断变化，邓宁的 OLI 范式也在不断完善，邓宁最早简单地将企业并购的动因归结为 O、L、I 三类优势，这是从静态的角度进行解释，后来邓宁逐渐开始从动态角度对企业并购问题进行研究。邓宁分别在 1988 年、1993 年和 2001 年发表了《企业的全球化》系列文献，对企业的战略及战略所反映的问题进行了解释与研究。例如，企业的 OLI 构架、企业战略中对 OLI 构架比较敏感的战略、战略与架构之间的反复作用，这些在一定程度上决定了企业内部化的路径，在给定的某一时间段内，跨国公司 FDI 的程度与范式是此路径上的一点，对于一个连续的时间段而言，企业的战略会影响到 OLI 构架。

## 二、跨国并购驱动轮模型

按照目前学术界与实践界对跨国并购的概念认定，跨国并购是一种以并购为手段的对外直接投资行为。按照决策过程的逻辑顺序来看，并购和对外直接投资与跨国并购的决策过程紧密相连，因此，由跨国并购驱动轮模型的机理可知，跨国并购包含并购与对外直接投资两个过程，即跨国并购面临着 FDI 轮和 M&A（并购）轮的双轮驱动（见图 4-1）。

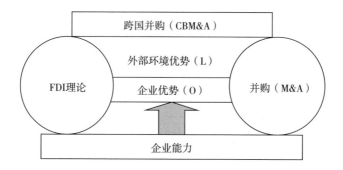

**图 4-1　跨国并购的驱动轮模型**

此模型主要研究了两个关键问题。FDI 轮回答了企业驱动力的问题，也就是企业为什么要进行 FDI 的问题；M&A 轮解决了企业投资方式的问题，可以选择以并购的手段来达成投资或者以新建企业的手段来达成投资。

（一）跨国并购两轮共同的驱动基础——基于企业优势和环境优势匹配的战略驱动

企业是否进行跨国并购决策与企业的发展战略紧密相关。从跨国并购的根本目的来看，企业进行跨国并购决策是为了适应不断发展变化的环境，以追求市场竞争中可能的长期战略优势，而非单纯的短期财务盈利，因此其决策会受到企业发展战略的影响。战略驱动型的跨国并购一般隐含了长期价值，虽然说在短期内此类跨国并购会使公司产生财务损失，但从长期来看，战略驱动型跨国并购的长期价值是远远高于短期价值的。

从跨国并购的驱动轮模型来看，只有实现企业优势与企业外部环境之间的匹配，才能发挥好 FDI 轮与 M&A 轮的所有力量。企业能力是一种非静态的发展观念，是企业优势产生的前提条件，具有丰富的内涵，如竞争、创新、技术、决策、学习、抗风险等均属于企业能力该有的内涵。企业优势则是在企业能力的基础上建立起来的，包括资金优势、规模优势、管理优势和技术优势等。在适合的环境条件下，一家企业只要具备了其中一种或几种优势，就有可能会进行跨国并购。外部环境则一般包括竞争者在东道国或母国所感受到的发展机会与生存压力，是企业进行跨国投资决策的环境拉动力。对于企业的跨国投资决策而言，其驱动力来源于企业内部优势与外部环境优势两个方面，只有实现这种内外优势的匹配，跨国并购行为才可能发生。

(二) 跨国并购的驱动机理——基于价值链的增强、互补或重构

跨国并购从决策逻辑上来说是一种战略驱动型的并购行为，从跨国并购的主体公司本身来说，这种决策要服从企业最终盈利目标的实现。并购的结果一般分为两种：一是两家公司通过平等或法定合并等方式，合并为一家公司；二是某一企业通过收购国外子公司或当地企业，从而占有了另一家企业的经营权，达成了两家公司的资源共享。从公司价值链的角度来研究分析，并购聚合了各企业的优势，并通过价值链的交互作用增强了企业的竞争力。具体来说，纵向并购使价值链达成了互补，横向并购使价值链达成了增强，而混合并购则重构了价值链。也可以说，正是由于价值链的交互作用可以增强企业的竞争能力，因此其驱动了跨国并购的产生。

## 三、跨国并购动因十二要素模型

从大多数的并购案例可以比较明显地看出，企业发生跨国并购最直接的动因是其自身发展的内在需求，因此，可以从企业层面上通过十二要素模型建立企业并购动因模型的理论框架。根据十二要素模型的构建理念，中国企业跨国并购拥有许多动因，不同的行业有其各自的特殊性，不同的企业也具有差异性，而这种差异性除了与公司自身情况有关以外，也与行业、地域分布、政策等其他客观性影响因素有关。十二要素模型是一种适合于分析中国企业状况的模型，它一方面结合了前人的相关理论研究；另一方面在对近年来中国企业跨国并购的大量案例进行研究的基础上，对资源型企业海外并购动因做了更为具体和细致的总结。十二要素模型将并购动因分为三大类：经济管理动因、战略动因、投机动因，且每一大类又被分为不同的小类，具体模型如表4-1所示。

表4-1 跨国并购动因的十二要素模型

| | 并购动因 |
|---|---|
| | 规模经济 |
| | 内部化（降低交易费用） |
| 经济管理动因 | 分散风险 |
| | 经营协同效应 |
| | 效率寻求 |
| | 增强市场势力 |

续表

| | 并购动因 |
|---|---|
| | 市场寻求 |
| 战略动因 | 资源寻求 |
| | 技术寻求 |
| | 战略资源寻求 |
| 投机动因 | 获取低价资产 |
| | 获取壳资源 |

资料来源：李萍，刘永泉. 中国企业跨国并购的动因研究——跨国并购动因十二要素模型［J］. 时代经贸，2007（5）：64-65.

由表4-1可以看出，企业海外并购动因具体可分为：①经济管理动因。主要表现在规模经济、内部化（降低交易费用）、经营协同效应、增强市场势力、效率寻求和分散风险六个方面。②战略动因。主要表现在市场寻求、资源寻求、技术寻求和战略资源寻求四个方面。③投机动因。主要表现为获取低价资产和获取壳资源两个方面。

企业跨国并购动因十二要素模型是在特定时空下，根据前人已有研究成果建立的一个整体性的、一般化的理论框架，其容纳了目前主流学派的观点，因此要将其整体结合起来才能较好地解释跨国并购的动因。

## 四、诱发因素模型

诱发因素模型（HFI）是基于企业在并购过程中获得净收益的情况来进行构建和分析的，其具体的理念是：从要素的理念来看，企业是一系列来自内部与外部要素契约的集合体，这些要素之中的一部分要素对企业的生存和发展起着至关重要的作用，而另一部分要素则对企业影响不大。但这些因素的变化会直接影响企业契约的稳定性，尤其是在发生剧烈波动时，企业部分要素的即期、远期收益率会发生变化，这种变化的幅度越大，契约的稳定性也就越差。但企业并不会过分追求契约的稳定性，特别是当把社会的整体性纳入考量范围时，某些因素的波动反而会诱导企业跨国并购的发生。

企业的跨国并购行动本质上是一种对外直接投资，根本动因是追求利润。在诱发企业并购的因素中，一些因素的增加会使企业产生正收益，而另一些因素的增加则会使企业产生负收益，于是，我们把促进并购成功的因素定义为 $V_i$，把不利于并购成功的因素定义为 $V_t$。这些促进企业并购成功，或对企业并购不利的因素均被称为企业并购行为的"诱发因素"，由这些因素构成的模型即诱发因素模型：

$$NRV\&F = \sum_{i=1}^{n} (NPR_i - NPC_i) + \sum_{i=1}^{m} (NPR_t - NPC_t) = RV + RF \tag{4-1}$$

其中，$R_i$、$R_t$ 分别为 $V_i$、$V_t$ 的收益，$C_i$、$C_t$ 分别为获得 $V_i$、$V_t$ 的 $R_i$、$R_t$ 所需支付的成本，$NPR_i$、$NPR_t$ 分别为 $R_i$、$R_t$ 按一定资本成本的折现值，$NPC_i$、$NPC_t$ 分别为 $C_i$、$C_t$ 按一定资本成本的折现值，$RV$、$RF$ 为所有 $V_i$、$C_t$ 的净收益折现之和，且 $NPR_i$ ($i$，…，$n$)，$NPC_i$ ($i$，…，$n$)，$NPR_t$ ($t$，…，$n$)，$NPC_t$ ($t$，…，$n$)，以及

$$RV = \sum_{i=1}^{n} (NPR_i - NPC_i) \tag{4-2}$$

$$RF = \sum_{i=1}^{m} (NPR_t - NPC_t) \tag{4-3}$$

在诱发因素模型中，促进并购成功的因素（$V_i$）的净收益（$R_i$）的折现值与不利于并购的因素（$V_t$）的净收益（$R_t$）的折现值共同构成了企业并购诱发因素的净收益。企业在实施并购之前，会由并购企业估测即期、近期与远期净收益这三部分的折现值之和，而这也就是企业"估测并购诱发因素的净收益"，但其往往与企业实施并购后的"真实并购诱发因素净收益"有所偏差。对于参加并购的双方企业来讲，并购会为其各自带来或正或负的收益，但有时即便两方的获益皆为正，并购活动也可能会被政府禁止，此时多半是由于此并购行为并未给社会带来任何效益。

## 五、基于目标企业价值构成的并购估价模型

依据并购估价模型，并购成功后目标公司往往不会保持其原有的技术与规模水平来经营，因为出于战略型跨国并购的需要，并购成功后跨国企业会对目标公司进行整合，若整合成功且目标公司业务顺利进行扩大，则企业会对其追加投资，这一系列的并购后投资行为共同组成了一个序列即并购投资链。也正是由于投资链的存在，目标企业才得以成长并创造价值，而产生这些价值的最直接原因是跨国并购行为的发生。因此，在对并购项目进行评估时，除了要考虑并购时点上目标企业的静态价值外，还应该把一系列并购后投资而形成的投资链所创造的价值考虑在内。

企业的并购后投资大致可分为两类：一是并购方支付给目标公司的所有者，以获得目标企业的实际控制权；二是获得了控制权后，直接投入到目标公司的合并经营中，以期达到并购的协同效应。并购估价模型就是通过对目标企业价值构成元素进行探索与分析，列出目标企业的各类价值表达式，包括整合投资阶段产生的价值、巩固投资阶段产生的价值、战略扩张投资阶段产生的价值等，从而计算出每个价值的结果，判断并购给企业带来的影响。

## 六、海外并购动因模型的比较

依据企业并购的不同阶段，本节将其大致分为三个阶段：第一阶段主要是指企业在真正实施并购行为前完成准备、谈判直至签约成交的一系列环节的阶段；第二阶段是指对并购方目标企业正式实施并购的阶段，在此期间并购方会对目标企业实施一系列整合行为；第三阶段即并购行为完成后企业开始投入生产并逐渐实现效益的阶段。

本书通过对相关文献进行总结提炼发现，企业并购的理论主要集中于对企业并购第一阶段动因的研究，基于 OLI 范式的跨国并购动因模型、跨国并购驱动轮模型、跨国并购动因十二要素模型这三种模型是并购前的三种较典型的动因模型，它们主张从较广阔的角度出发，尽量涵盖可以影响企业并购行为的各个方面。根据这三种并购动因模型中具体动因产生角度的差异性，可以将其分为外部因素和内部因素两大部分。根据到底是寻求单方企业的并购效益还是双方企业共同的并购协同效应，内部因素又可分为单方动因因素和双方动因因素两个方面。本书对企业海外并购动因模型进行了对比分析，具体如表4-2所示。

表4-2　企业海外并购动因模型对比

| 模型名称 | 所属并购阶段 | 动因来源 | 模型涉及范围 | 具体动因要素 |
|---|---|---|---|---|
| 基于 OLI 范式的跨国并购动因模型 | | | 企业所有权、区位、内部化优势 | 所有权优势、区位优势和内部化优势 |
| 跨国并购驱动轮模型 | 第一阶段 | 单方企业内/外部 | 企业优势、外部环境优势、企业能力 | 企业优势和外部环境优势匹配的战略因素、价值链的增强、互补或重构因素 |
| 跨国并购动因十二要素模型 | | 单/双方企业内部 | 经营管理、战略资源、投机因素等多个方面 | 经济管理动因、战略动因、投机动因 |

| 模型名称 | 所属并购阶段 | 动因来源 | 模型涉及范围 | 具体动因要素 |
|---|---|---|---|---|
| 诱发因素模型 | 第二阶段 | 单方企业内部 | 净收益 | 企业净收益大于零 |
| 基于目标企业价值构成的并购估价模型 | 第三阶段 | 单方企业内部 | 企业整合效益、再投资收益 | 整合投资阶段的价值、巩固投资阶段的价值、战略扩张投资阶段的价值 |

从表4-2中可以看出，依据不同的模型解释跨国企业海外并购，其动因来源也各不相同，跨国并购驱动轮模型的动因不仅来自企业内部，也来自企业外部，其中企业的环境因素属于外部因素。跨国并购驱动轮模型中的动因既包括并购企业对并购效益的追求，也包括目标公司欲实现协同效应的目的。跨国并购动因十二要素模型中的动因既包括并购企业对经营管理效益、战略因素以及投机所含利益的追求，也包括目标公司对双方通过协同效应达到共赢的寻求。诱发因素模型（HFI）和基于目标企业价值构成的并购估价模型分别是来自单方企业内部的两种并购动因模型，其中的具体动因分别是为了实现正的净现值、整合效益和再投资价值。

以上模型涉及的并购动机涵盖了企业经营管理、价值链、所有权等方面，这些动因对于目前企业的海外并购行为而言十分具有代表性。另外，以上几种海外并购动因模型均不是针对特定的企业类型提出的，而是囊括了所有海外并购企业的并购动因，即它们也均适用于资源型企业。

## 第二节　资源型企业海外并购动因研究的模型选择及适用性分析

### 一、资源型企业海外并购动因的特征

近年来，资源型企业跨国并购大多以海外投资、国内外市场竞争、自然资源需求、新技术和高额利润为驱动，跨国并购逐渐呈现出频次、金额、范围不断扩大的趋势，由于资源型企业自身禀赋的独特性，资源型企业的海外并购逐渐呈现出区别于其他类型企业并购行为的特征。

中国资源型企业为了寻求更大的发展空间，主动将自己纳入全球生产体系以顺应经济全球化的时代潮流，并且为了充分利用国内外资源，在开拓市场、品牌建设、获取技术以及资源等的驱使下，纷纷通过跨国并购行为来进行企业全球化战略布局，逐步成为跨国并购中的主角。因此，国内经济环境改变、市场竞争、资源驱动、技术支持以及全球竞争压力驱动是我国企业跨国并购的五大主要动因。我国企业海外并购动因主要有以下特征：

（1）受到全球性资源需求增长的影响。全球性资源的需求逐年增长，亚洲经济也呈现出不断上升趋势，并成为拉动全球性资源需求增长的动力之一，在这样的发展背景下，中国资源型企业也不断走出国门，走向世界。

（2）资源分布及储量对企业并购动因产生影响。中国资源分布不均，且一些传统型不可再生资源储量逐年下降，而随着国内经济的快速发展，对自然资源的需求程度越发强烈，这种供不应求的现象必然会促使资源型企业考虑通过海外并购实现对资源的寻求。

（3）寻求扩大市场占有率。我国资源型企业需要不断寻找资源以实现企业的持续发展，从而强化对全球资源的获取与控制，这是这些企业进一步寻求市场先机、扩大市场占有份额、增加资源禀赋的重要方式。

（4）采用高新技术达到降低成本、提升价值的目的。由于资源的价值不仅体现在其作为原材料的稀缺性上，也体现在开采、加工等环节所带来的增值收益上，因此，大多数资源型企业选择寻求高新技术以进行资源开发、利用，从而达到降低成本、提升资源价值的目的。

（5）增强市场营销能力，实现规模经济。目前由于新发现的大型矿山资源日益减少，新矿山的建设费用逐步提高，金属资源的质量与品位也逐步下滑，矿用设备的交付周期大大延长，自有矿山资源的开发风险大幅增加。对于企业来说，在成本大幅提高的大环境下收购已经成熟的资源型企业，无疑更加具有时效性与经济价值，其可以帮助企业实现规模经济。

## 二、模型选择及适用性分析

从本章第一节中可知，目前国际上关于海外并购动因的模型有很多，且各具特色，它们都是从不同视角来探析企业海外并购的动因，适用于不同阶段、不同特点的并购案例研究。本书对各模型的优缺点进行了总结，具体如表4-3所示。

### 表4-3　海外并购动因模型优缺点汇总

| 模型名称 | 基本内容 | 优点 | 缺点 | 是否适合资源型企业 |
|---|---|---|---|---|
| 基于OLI范式的跨国并购动因模型 | 通过对并购过程中与并购企业所有权优势、区位优势和内部化优势这三种相关决定因素进行分析，从而确定企业的并购动因 | 综合多项理论的研究成果，并能结合不同时期并购特征不断修改和完善 | 缺陷较多，分析结果与实际状况有一定差距 | 比较适合 |
| 诱发因素模型 | 基于企业在并购过程中获得净收益的情况来进行构建和分析，即通过测定企业并购诱发因素的净收益对并购活动的影响情况来衡量企业并购是否成功 | 通过合理、完善的模型计算企业并购收益，直观地体现出企业的并购效益 | 需要获得企业大量的相关数据，耗时耗力 | 不太适合 |
| 跨国并购驱动轮模型 | 基于FDI轮和M&A（并购）轮的原理，通过FDI轮主要回答企业为什么要跨越国界进行直接投资，即企业FDI的驱动力问题；通过M&A轮主要回答如何选择投资方式，主要是新建与并购的选择问题 | 视角广阔，较完善地考虑到了企业并购行为的多方影响因素 | 需要收集企业并购的相关数据，且有一定的计算难度，不易操作 | 不太适合 |
| 跨国并购动因十二要素模型 | 在总结归纳全球企业并购案例的基础之上，将并购动因总结为三类型，每种类型之下又细化为多种具体动因，以此基本全面涵盖企业并购过程中存在的所有因素 | 基于多项相关理论和案例，涵盖动因最完善，包括对资源型企业的动因，且适合于我国企业并购的具体情况 | 没有具体说明对这些动因的划分依据 | 适合 |
| 基于目标企业价值构成的并购估价模型 | 从目标企业价值的角度对企业并购动因进行研究，它认为并购公司在并购后会对目标公司进行整合和投资，创造出更多的价值 | 视角新颖，能够关注到企业海外并购的实质所在 | 对并购价值的结果衡量方法及标准不明确，无法精确表示 | 不太适合 |

根据表4-3，同时结合资源型企业海外并购的特点，可以分析得出十二要素模型是适合研究资源型企业海外并购行为的最佳模型，其适用性具体表现在以下三个方面：

（1）企业并购动因具有多因素的特点，但针对资源型企业的动因直到目前还没有十分确定，通过对几种研究并购因素的模型比较来看，十二要素模型已经涵盖了各种可能性，因此能够全面分析资源型企业海外并购的动因。

（2）十二要素模型更符合"资源型"这一特征，由于仅针对资源型企业并购的模型很少，而十二要素模型最能全面涵盖资源型企业的相关并购动因，因此选择十二要素模型，利用其中的动因对收集到的资料进行归类是比较适合的研究方法。

（3）由于资源型企业的并购动因不仅体现在经营管理等一般化企业并购目的方面，还体现在资源寻求等具体的战略需求方面，而资源型企业的海外并购是一种涵盖综合性并购目的的较为复杂的企业行为，十二要素模型对并购动因的分类合理、详细，适合分析具体行业企业的并购动因。

# 第三节　基于十二要素模型的资源型企业海外并购动因研究

企业海外并购的因素往往是多种多样的，对于中国资源型企业进行海外并购的原因也是不尽相同的，这种不同不仅与企业自身情况有关，也与行业、地域分布、政策等其他客观性影响因素有关。十二要素模型是一种适合分析中国企业海外并购事件的相对比较成熟的模型，该模型就是基于中国企业海外并购分析的理论诉求而不断建立与完善的，已经多次被用于中国企业海外并购动机分析，该模型可以说是专为中国企业海外并购案例分析定制的模型。十二要素模型将并购动因分为三大类：经济管理动因、战略动因、投机动因，而每一大类又被分为若干小类。下面就对这些动因进行具体的描述与分析。

## 一、经济管理动因

经济管理动因表现在规模经济（投入产出比）、内部化（交易成本）、分散风险、经营协同效应、效率寻求和增强市场势力六个方面。

（1）规模经济，是指在一定的技术条件下（技术条件不发生变化），企业通过并购实现其某一产品在产量范围内的平均成本下降。

（2）内部化，是指企业建立内部市场。在经营实践中，企业为了避免出现信息不对称和对价格变化不敏感的现象，会通过建立内部市场的方式来保证企业正常的供需交换活动，以此来遏制出现产品、技术以及管理劣势的情况，并提高企业的竞争力。内部化理论是目前解释对外直接投资与跨国公司成立的一种比较流行的理论，常常被西方跨国公司的研究者认为是为了解释跨国公司成立而提出和形成的理论。

（3）在混合并购中，分散风险的动因表现得尤为显著。很多企业进行混合并购主要是为了避免经营行业过于单一或行业趋于成熟而带来的风险，企业可通过混合并购把经营领域拓展到与其原经营领域相关性较小的行业，实现多元化经营，而经营的多元化可有效降低风险。

（4）协同效应常被企业认为是并购的主要动机，是价值增值的源泉。企业并购的主要价值追求就是经营协同效应的实现，通过并购可以实现两家企业商业价值的有效整合。所以，并购可行性研究最重要的一部分工作就是对并购后的经营协同效应进行评估，评估标准一般遵循两个基本条件：一是并购后整体的商业价值要大于并购前两个独立企业个体商业价值的简单加总，超过两个独立个体商业价值总和的部分归属于经营协同效应的实现，也就是说经营协同效应必须是大于零的；二是经营协同效应需大于并购双方在经营过程中支付的溢价。经营协同效应是衡量并购后经营绩效的重要尺度。有研究发现，跨国并购后并购双方可以通过经营协同效应达到提高绩效的目的。Gugler 等（2003）通过对比 1981~1998 年日本、美国、澳大利亚、英国等一些发达国家进行跨国并购和未进行跨国并购企业的财务数据后发现，并购企业在并购后的 1~5 年内利润得到了一定程度的提升，并购在一定程度上实现了范围经济和规模经济，企业利润额和销售额的增加幅度均很显著。

（5）效率寻求的主要目的是产生协同效应，并购是将两个独立个体进行整合的活动，是利用优势互补的办法激发企业原本效率的过程，协同效应是并购的价值体现，效率提升是协同效应产生的直接表现。企业进行效率寻求的形式有并购和资产重组。并购活动相较于新建投资具有明显的速度优势，对于企业而言，并购活动才是实现生产资源快速获取以及市场份额迅速扩大的有效途径。

（6）增强市场势力是指企业借助并购活动实现其减少竞争对手和提高市场占有率的目的。并购一方面是为了使企业在原有的基础上能够进一步壮大，另一方面是为了实现市场整合的目标，并购一般发生在同类企业之间，不管是企业之间的横向并购（经营业务相似的企业之间），还是企业之间的纵向并购（生产过程互补的企业），并购总能使企业具有更高的市场控制力。

联合并购是海外并购活动展开的主要形式，特别是对于资源型企业那样的重资产企业，组建并购联合体能有效避免资金约束与风险控制，是资源型企业海外并购的主要形式。顾名思义，联合并购就是让多家企业按照某种协议组建并购联合体，然后以并购联合体为并购主体去实施并购活动。从表面上看，每个企业的并购行为都是独立的，因此可以规避法律规定的行为。联合并购通过多元主体共入的方式，通过技术与资源的互补，不仅可以壮大并购联合体的实力，还可以极大地提高并购成功的概率，降低单一主体进行并购活动的风险。联合并购方式在我国资源型企业的海外并购活动中应用较广，如中国冶金科工集团公司与江西铜业集团联合对阿富汗艾娜克铜矿进行收购，中石化联合中海油收购安哥拉油田，中石油联手中石化对加拿大恩卡纳石油公司进行收购，中国宝钢联合金川集团收购菲律宾棉兰的一家镍矿等。

## 二、战略动因

战略动因主要表现为市场寻求动机、资源寻求动机、战略资源寻求动机、技术寻求动机等方面：

（1）市场寻求动机。企业经营扩张的主要手段就是不断提升自身的市场份额，包括国内市场和国际市场，企业想要扩大市场份额的动机就构成了企业市场寻求的动机。在当前国际经济形势下，许多国家纷纷采用非关税壁垒的手段限制进口以保护本国市场，因此绕过壁垒进行直接投资成为许多企业的必然选择。

（2）资源寻求动机。资源寻求就是企业为了降低交易成本，实现资源配置，通过海外并购方式获得国外的自然资源和劳动力等资源，寻求的资源一般具有在本国价格较高或较为稀缺等特征。

（3）战略资源寻求动机。企业经营战略是企业发展的规划设计，是企业成长目标的决策基础，达成战略目标是企业经营的重要目的。企业在战略规划中，需要对一系列的人力、物力、财力等资源进行战略分配，在企业自身战略资源不足以支撑企业战略蓝图实现的情况下，企业就会寻求外部战略资源的获取，这就是战略层面上企业实施并购活动的主要原因。

（4）技术寻求动机。技术寻求就是并购企业通过并购活动获得相关技术的过程，主要目的是提高其技术实力。企业的主要生产活动是产品与服务的供给活动，技术是支撑企业产品与服务竞争力的关键所在，因此，企业需要不断地进行技术创新活动，不断改进产品与服务质量，以保证企业竞争优势具有持续性。但是，技术研发活动并不是企业技术获取的唯一途径，企业可以通过并购等手段获取已有技术来实现技术储备的跨越式积累，相比于单纯的研发活动，技术并购在产生经济效益的时机上会更有利。企业实施并购活动是出于对两家独立个体企业各种资源整合的考虑，不乏进行技术寻求的动机。

以上四种动机是企业并购活动的常见动机，对于资源型企业这种重资产企业的海外并购实践活动来说，资源寻求动机可能是资源型企业进行海外并购活动的主要动机。2002 年以来，全球对煤、天然气、石油和矿产等稀缺性资源的需求量逐年增加，能源价格在逐年抬升，通过海外并购实现对海外资源的开发利用，是资源型企业海外并购活动的常见理由。据不完全统计，2002～2009 年，全球发生了 234 起资源型企业海外并购活动，且并购活动的数量呈现出逐年递增的态势，并购规模呈爆发式上升，特别是 2007 年 8 月英国力拓有限公司对加拿大铝业公司的收购活动，其最终达成的并购金额高达 381 亿美元，实现了 66% 的并购溢价。

同样地，我国资源型企业海外并购活动的战略动机中，主要还是资源寻求的动机，这主要是由我国矿产资源储量约束造成的。相比于我国，西方国际大型石油公司的跨国经营经验丰富，且已经垄断或控制了全球大多数探明矿产资源和优质石油的储量，而且西方大型资源型企业在开采条件和与消费市场之间的距离上都比我国资源型企业具有优势，我国资源型企业实施海外并购活动，不仅可以在资源获取上得到收益，还可以在管理经验、开采技术与海外市场扩张等各方面都获得收益。因此，自 2008 年金融危机以来，我国资源型企业集中对澳大利亚和美洲的企业进行并购，东道国主要是澳大利亚、加拿大、巴西等自然资源禀赋比较丰富的国家。2011 年，中国资源型企业在能源业和矿业的海外并购事件中占比分别为 43% 和 57%。

## 三、投机动因

资源型企业海外并购的投机动因表现在获取低价资产和壳资源两个方面：

（1）获取低价资产动机。并购企业最理想的并购姿态就是以较低的价格去达成并购目标，以此获取低价并购资产。资源型企业海外并购通常选择的标的企业为经营发生困难或者亏损的企业，通过获取低价资源能使并购企业迅速在当地市场占有一席之地。

（2）获取壳资源动机。并购活动的动机除了为获得低价资产外，最常见的一种动机是对标的企业"壳资源"的获取。这种情况下并购企业通常是为了达到借壳上市的目的而实施并购活动,标的企业一般选择那些具有"壳资源",但是经营业绩较差的企业,对这种企业直接进行并购,可以很容易获得其资源并实施并购后的相应措施,如企业重组等。

2009 年,我国实施宽松货币政策,促进了企业并购活动的开展,在世界各国采取零利率之际,我国被禁 12 年之久的银行并购贷款政策重新开闸,银行资金首次合理合法地进入中国股市,表明二级市场并购可获得商业银行信贷支持。在这种政策背景下,当年壳资源逐渐成为上市公司重组的"香饽饽",尤其是 ST股的壳资源,ST 股的企业主体为了避免退市存在重组需求,而各地方政府都希望能完成保牌,会通过更换公司壳资源促进重组的进行。

# 第五章　资源型企业海外并购绩效评价研究

近些年来，我国资源型企业海外并购热情高涨，纷纷开始实行"走出去"战略，海外并购活动逐年增加。在此背景下，海外并购可研究样本增多，也便于对资源型企业海外并购绩效进行深入研究。

目前，关于企业并购绩效的研究方法主要有两种：一是会计研究法；二是事件研究法。对于会计研究法而言，主要是通过衡量企业在并购过程中对企业经营业绩的影响来反映企业具体的并购绩效，研究的对象主要是上市企业，依据的数据主要来源于上市公司披露的财务报表，通过财务报表来构造一些与并购绩效相关的财务指标（可以是单一指标，也可以是多指标组合运用），然后根据这些财务指标来分析并购企业的经营业绩。在会计研究法的具体分析中，将涉及综合财务指标评估以及多指标权重确立的问题，相对来说比较复杂。就事件研究法来讲，该分析方法是将并购活动当成一个具体的事件来看待，分析并购活动事前与事后的差异性，通过差异偏离来反映并购的绩效问题。相比较于会计研究法，事件研究法操作比较容易，而且通过对比来判断并购绩效更有直观性。

本书则采取两种方法组合运用的方式来研究企业并购绩效。首先，本书运用事件研究法直接判断出企业并购活动对绩效有没有影响，确定资源型企业海外并购带来的短期绩效。其次，在此基础上，本书使用会计研究法构建基于数据层的综合指标体系，从而实现对并购绩效问题的深入分析，以此衡量资源型企业海外并购的长期绩效。在本书中，这两种方法是相辅相成的，组合运用有助于我们更精准地了解资源型企业的海外并购绩效，这些具体方法的思路如图5-1所示。

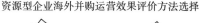

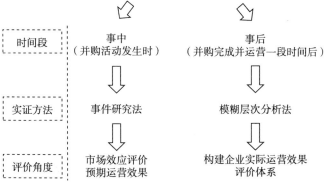

**图 5-1 本书关于资源型企业海外并购绩效评价方法的选择**

# 第一节 样本选取及数据来源

## 一、样本选取

由于本书采取事件研究法与基于会计研究的模糊层次分析法组合的研究方法，所以在样本选择方面需要考虑两种方法的特性。事件研究法的主要思路就是根据并购公司在并购前后股票价格的异常变动来直接反映该并购事件是否带来并购绩效的变动。一般来讲，现有研究一般选取并购事件发生前后 20 天左右的收益率指标来进行分析，所以事件研究法的样本需要是上市公司且能获得并购前后股价变动的公司。模糊综合评价法是基于会计研究法的相关指标构建过程，需要保证研究样本指标数据的可获得性。

本书的研究对象是实施了海外并购活动的中国资源型企业，本书选取 2005 年 1 月 1 日至 2014 年 12 月 31 日期间的并购活动作为研究样本，主要考虑到该时间区间是我国资源型企业并购活动井喷式爆发的时期，而且模糊层次分析法对样本数据有可滞后三年的时间期限要求。

本书就 2005～2014 年的样本区间共整理出 93 起中国资源型企业海外并购事

件，并根据研究方法适配性进行了二次样本筛选，本书中使用的具体筛选原则主要包括五个方面（见表5-1）。

表5-1 样本筛选原则

| 序号 | 内容要求 |
|---|---|
| 1 | 若一家公司在同一年内进行了多次海外并购，且多次并购活动的规模差异较大时，并购规模最大的案例作为本研究的样本 |
| 2 | 事件研究法需要知道公司的股票价格，模糊层次分析法需要使用公司的部分财务数据，上市公司的相关数据易获取，故只有被收购公司上市且迄今为止尚未终止上市的并购活动才能被选作样本 |
| 3 | 为考量并购活动对企业经营效果的影响，交易金额小于1000万元和并购规模小于5%的并购事件不具有代表性，本研究剔除了相应的样本 |
| 4 | 当两家或两家以上企业联合进行企业收购时，并购股权比例最大的并购企业作为研究对象 |
| 5 | 若并购公司在检验期（2005~2016年）内的股价数据和年度财务数据不完整，则将该样本剔除 |

本书将93起并购事件按照表5-1中的筛选原则进行了再次筛选，并选取了34家上市公司的并购事件作为研究样本。

## 二、数据来源

本书中的数据既有定量数据又有定性指标数据，所以数据收集工作繁重。事件研究法中的股价主要是通过相关上市公司信息披露媒体的公开披露获得的，数据来源包括上交所网站、深交所网站、新浪财经等。模糊层次分析法中的数据主要涉及指标权重的确定与指标分值的获得。本书通过专家打分法确定了指标的权重，选取的五位专家均是在研究样本对象发生海外并购事件中的海外并购中介机构工作的人员，他们参与过多起并购事件，具有丰富的并购经验，因此本书通过这些专家的经验判断来完成对定性指标评估与排序的确权矩阵构建工作。另外，本书针对各个指标的具体分值，通过问卷发送的方式，进行一对一的问卷发放与收回，由专家对相关指标进行打分。

## 第二节　基于事件研究法的资源型企业
## 短期并购绩效评价

### 一、研究假设的提出

本书采用事件研究法评价资源型企业海外并购的短期绩效时，主要基于以下假定：

（1）公司并购者决策理性。这一假定是指公司并购者在决策的过程中是理性的，决策者以所有者权益为出发点进行决策，因此公司在并购过程中的委托代理成本为零。

（2）市场有效性。市场有效指的是投资者在进行交易的时候可以充分掌握市场信息。在这种假设下，股价能够体现投资者对该企业的预期，这种假定对采用事件研究法衡量并购绩效至关重要。

（3）研究样本的代表性。该假定是指所选样本可以反映行业的平均经营水平，本书选取的参考样本为香港证券交易所和沪深两市上市的资源型公司。

（4）信息保密性。这一假定是指投资者在上市公司并购公告发布前并不知情，投资者调整投资策略的起点是上市公司并购的第一个公告日。该假设可以有效地反映并购公告前后收益率的变化情况，从而识别收益率变化是否是由并购事件导致。

### 二、计量模型及方法介绍

在使用事件研究法研究并购公告引起的市场反应时，我们通常把企业并购活动完成后企业自身的实际收益率和预期收益率的差值称为超额收益，通过观察累计平均超额收益与企业平均超额收益的变化来判断并购活动对企业带来的是正面影响还是负面影响。事件研究法的操作方法如下：

（一）选择事件期

确定事件期是事件研究法的第一步。学者们通常将首次公告日定为第 0 天，将并购事件发生前定为事前检验期，将并购事件发生后定为事后检验期。不同学者对事前检验期和事后检验期期限长短的选择存在差异。过长的检验时期会受到不相关因素的干扰，进而造成结果偏差；而过短的检验时间又不能反映事件的全部影响。一般来讲，事件期选择（-20，20）天最为合理。

（二）计算正常收益率 $E$（$R$）

本书综合分析了市场模型法、市场调整模型法、不变收益模型法以及均值调整模型法等各种计算正常收益率的常用方法的优点和缺点，并结合本书研究样本企业的特性，最终选择用市场模型法计算本书研究对象企业事件期内的正常收益率。该方法是将事件发生期前后一段时期当成不受事件影响的清洁期，然后以清洁期样本数据来预估不发生事件时的预期收益率，一般是构建以清洁期内的个股收益率为被解释变量，以市场收益率作为解释变量的回归模型来实现：

$$R_{it} = \alpha_i + \beta_i R_{mt} + \varepsilon_{it} \tag{5-1}$$

其中，$R_{it}$ 代表 $i$ 公司在 $t$ 日的日收益率，$R_{mt}$ 代表 $t$ 日市场大盘指数的日收益率，$\beta_i$ 代表 $i$ 公司股票的系统性风险，$\varepsilon_{it}$ 为随机误差项。假定 $\alpha_i$ 和 $\beta_i$ 在检验期保持稳定，则预期正常收益率为：

$$E（R）= \alpha_i + \beta_i R_{mt} \tag{5-2}$$

（三）计算超额收益率

超额收益率是公司并购后的实际收益率与未发生并购时预期"正常收益率"的差值，主要是通过以下步骤计算得到：

（1）计算日超额收益率。日超额收益率是事件期内公司每日的实际收益率与预期正常收益率的差额，计算公式如下：

$$R_{it} = \frac{P_{it} - P_{i(t-1)}}{P_{i(t-1)}} \tag{5-3}$$

$$AR_{it} = R_{it} - E（R） \tag{5-4}$$

其中，$P_{it}$ 代表个股 $i$ 公司在第 $t$ 日的收盘价，$P_{i(t-1)}$ 代表 $i$ 公司在第（$t-1$）日的收盘价，$R_{it}$ 代表 $i$ 公司在第 $t$ 日的实际收益率。式（5-4）中，$AR_{it}$ 代表 $i$ 公司在第 $t$ 日的超额收益率。

（2）计算日平均超额收益率。为了消除与并购事件无关的因素对股票超额收益率的影响，本书将各公司的日超额收益率加权平均后得到日平均超额收益率，计算公式如下：

$$AAR_{it} = \frac{\sum_{i=1}^{n} AR_{it}}{n} \qquad t \in （-20，20） \tag{5-5}$$

其中，$n$ 为公司中的样本数目。

（3）计算累计平均超额收益率。为了反映并购事件对总体股票收益率的平均影响程度，本书接下来将事件期内所有样本公司的日平均超额收益率累计叠加后得到累计平均超额收益率，计算公式如下：

$$CAR_t = \sum_{j=-20}^{t} AAR_t \tag{5-6}$$

（4）实行累计超额收益率的 t 检验。在计算得到全部样本公司股票的 $CAR$ 值以后，为了判断海外并购事件是不是引起 $AAR_t$ 和 $CAR_t$ 变化的影响因素，本书在完成上述计算步骤的基础上继续进行统计显著性检验。若检验结果显著，则说明事件期内海外并购事件对样本公司股价的波动有显著影响；反之，则没有影响。根据相关市场模型，本书假设当海外并购事件的发生不对股票价格产生影响时，$AAR_t$ 和 $CAR_t$ 都服从均值为 0 的正态分布，构造如下 t 统计量检验 $AAR_t$ 和 $CAR_t$ 是否显著等于零：

$$H_0: CAR(T_1, T_2) = 0 \qquad H_1: CAR(T_1, T_2) \neq 0$$

$$t_{CAR_t} = \frac{CAR_t}{S(CAR)/\sqrt{N}} \tag{5-7}$$

若 $H_0$ 成立，则表示 $CAR_t$ 未通过显著性检验，表明并购事件不会影响股东财富的变化；相反，若 $H_1$ 成立，则表示 $CAR_t$ 通过了显著性检验，说明事件期内股价不是随机波动，而是受并购事件的影响产生波动。若 $CAR_t>0$，则认为并购事件会带来股东财富的增加，$CAR_t$ 越高，市场反应越明显，说明投资者对企业的海外并购活动越看好；若 $CAR_t<0$，则认为并购事件使股东财富减少。

## 三、实证分析及结果讨论

本书设定：清洁期为（-150，-21）天，即并购事件发生前 150 天至并购事件发生前 21 天这一时期作为清洁期；考察期为（-20，20）天，即选择并购事件发生前 20 天至并购事件发生后 20 天这一时期作为考察期。对于深圳证券交易所（以下简称深交所）上市的公司，本书采取深证成指以及深交所个股指数为样本数据；在上海证券交易所（以下简称上交所）及香港上市的公司，本书分别采取上证指数和上交所个股指数，恒生指数和港股个股指数为样本。对于在多个证券市场上市的企业，以公司发行股票市值最大的交易所为准。其中，由于2005~2007 年的一些并购案例中，收购方企业当年未在沪深交易所上市，没有个股指数数据，因此，本书统一采用收购方企业在港交所的个股指数。

本书通过对所获数据进行筛选预处理，共得到 34 个样本数据。本书根据并购市场效率评价模型计算样本超额收益率：首先，对样本清洁期（-150，-21）天内的各个市场指数收益率和日收益率建立回归方程；其次，通过回归方程得到事件期的正常收益率 $E(R)$；最后，通过公式 $AR_{it}=R_{it}-E(R)$，得到超额收益率 $AR_{it}$（$R_{it}$ 为事件期的实际收益）。本书中 34 个样本的 $R_{it}$、$E(R)$、$AR_{it}$ 的统计与计算结果如表 5-2 所示（本书选择了 5 个重要时点的计算数据）。

表 5-2　样本收益率计算结果

| 公司 | 收益率 | t=-20 | t=-10 | t=0 | t=10 | t=20 |
|---|---|---|---|---|---|---|
| 1 | $R_{it}$ | 0.00583 | 0.00000 | 0.00000 | 0.00220 | 0.00907 |
| | $E(R)$ | 0.00207 | 0.00159 | 0.00058 | 0.00059 | 0.00162 |
| | $AR_{it}$ | 0.00375 | 0.00159 | 0.00058 | 0.00279 | 0.01069 |
| 2 | $R_{it}$ | 0.05639 | 0.00360 | 0.06432 | 0.03064 | 0.08173 |
| | $E(R)$ | 0.01008 | 0.00035 | 0.01516 | 0.01373 | 0.00865 |
| | $AR_{it}$ | 0.04632 | 0.00395 | 0.04916 | 0.01691 | 0.07308 |
| 3 | $R_{it}$ | 0.01432 | 0.00817 | 0.10005 | 0.01350 | 0.01259 |
| | $E(R)$ | 0.02905 | 0.00925 | 0.08682 | 0.04984 | 0.01125 |
| | $AR_{it}$ | 0.01473 | 0.01742 | 0.01323 | 0.06334 | 0.02384 |
| 4 | $R_{it}$ | 0.00107 | 0.06342 | 0.04277 | 0.05635 | 0.05397 |
| | $E(R)$ | 0.00665 | 0.00791 | 0.00145 | 0.00853 | 0.00445 |
| | $AR_{it}$ | 0.00558 | 0.05552 | 0.04422 | 0.06489 | 0.05842 |
| 5 | $R_{it}$ | 0.00078 | 0.01485 | 0.02174 | 0.02234 | 0.07111 |
| | $E(R)$ | 0.01389 | 0.00744 | 0.00173 | 0.04901 | 0.05483 |
| | $AR_{it}$ | 0.01311 | 0.00742 | 0.02001 | 0.02667 | 0.01628 |
| 6 | $R_{it}$ | 0.02778 | 0.01586 | 0.02520 | 0.01139 | 0.00453 |
| | $E(R)$ | 0.00550 | 0.00550 | 0.00550 | 0.00549 | 0.00550 |
| | $AR_{it}$ | 0.02228 | 0.01036 | 0.03070 | 0.01688 | 0.01003 |
| 7 | $R_{it}$ | 0.02503 | 0.05030 | 0.00964 | 0.01120 | 0.01615 |
| | $E(R)$ | 0.00481 | 0.04311 | 0.01012 | 0.00190 | 0.00139 |
| | $AR_{it}$ | 0.02022 | 0.00719 | 0.01976 | 0.00930 | 0.01475 |

续表

| 公司 | 收益率 | t = -20 | t = -10 | t = 0 | t = 10 | t = 20 |
|---|---|---|---|---|---|---|
| 8 | $R_{it}$ | 0.01205 | 0.04762 | 0.03704 | 0.01389 | 0.01754 |
| | $E(R)$ | 0.00496 | 0.01083 | 0.01026 | 0.00322 | 0.01892 |
| | $AR_{it}$ | 0.00709 | 0.05845 | 0.02678 | 0.01711 | 0.00138 |
| 9 | $R_{it}$ | 0.01538 | 0.03404 | 0.01357 | 0.01626 | 0.03139 |
| | $E(R)$ | 0.01340 | 0.00044 | 0.01124 | 0.00920 | 0.00050 |
| | $AR_{it}$ | 0.00914 | 0.01482 | 0.01524 | 0.01648 | 0.00082 |
| 10 | $R_{it}$ | 0.03959 | 0.05655 | 0.01325 | 0.02702 | 0.07309 |
| | $E(R)$ | 0.00507 | 0.03077 | 0.00843 | 0.00591 | 0.02287 |
| | $AR_{it}$ | 0.03452 | 0.02578 | 0.02169 | 0.02111 | 0.05022 |
| 11 | $R_{it}$ | 0.01158 | 0.00152 | 0.00878 | 0.00750 | 0.00539 |
| | $E(R)$ | 0.00919 | 0.00500 | 0.00040 | 0.00031 | 0.00617 |
| | $AR_{it}$ | 0.00238 | 0.00348 | 0.00838 | 0.00781 | 0.01155 |
| 12 | $R_{it}$ | 0.00905 | 0.02210 | 0.06470 | 0.00850 | 0.02354 |
| | $E(R)$ | 0.00620 | 0.01755 | 0.04009 | 0.03280 | 0.02461 |
| | $AR_{it}$ | 0.00284 | 0.00455 | 0.02461 | 0.04130 | 0.00107 |
| 13 | $R_{it}$ | 0.05488 | 0.02491 | 0.00416 | 0.00736 | 0.01762 |
| | $E(R)$ | 0.02941 | 0.02354 | 0.01123 | 0.02572 | 0.00370 |
| | $AR_{it}$ | 0.02546 | 0.00137 | 0.00707 | 0.01836 | 0.02132 |
| 14 | $R_{it}$ | 0.04923 | 0.00155 | 0.04956 | 0.02305 | 0.01855 |
| | $E(R)$ | 0.01105 | 0.01619 | 0.03463 | 0.00509 | 0.03273 |
| | $AR_{it}$ | 0.03818 | 0.01464 | 0.01492 | 0.01796 | 0.01419 |
| 15 | $R_{it}$ | 0.01036 | 0.02462 | 0.02235 | 0.00695 | 0.03997 |
| | $E(R)$ | 0.00068 | 0.00046 | 0.00265 | 0.00073 | 0.00139 |
| | $AR_{it}$ | 0.01104 | 0.02509 | 0.02500 | 0.00622 | 0.04136 |
| 16 | $R_{it}$ | 0.01609 | 0.06443 | 0.03191 | 0.00262 | 0.01279 |
| | $E(R)$ | 0.01169 | 0.04846 | 0.02022 | 0.00839 | 0.03375 |
| | $AR_{it}$ | 0.00439 | 0.01597 | 0.01169 | 0.00577 | 0.02097 |
| 17 | $R_{it}$ | 0.01106 | 0.03041 | 0.00106 | 0.00729 | 0.02121 |
| | $E(R)$ | 0.01282 | 0.02770 | 0.01065 | 0.00266 | 0.01017 |
| | $AR_{it}$ | 0.00176 | 0.00271 | 0.01171 | 0.00463 | 0.01104 |

续表

| 公司 | 收益率 | t=−20 | t=−10 | t=0 | t=10 | t=20 |
|------|--------|-------|-------|-----|------|------|
| 18 | $R_{it}$ | 0.03750 | 0.00943 | 0.05932 | 0.04895 | 0.02920 |
|  | $E(R)$ | 0.01448 | 0.00788 | 0.00217 | 0.01075 | 0.00242 |
|  | $AR_{it}$ | 0.05198 | 0.01731 | 0.05715 | 0.03820 | 0.03161 |
| 19 | $R_{it}$ | 0.00811 | 0.01693 | 0.04383 | 0.02853 | 0.01745 |
|  | $E(R)$ | 0.03165 | 0.00593 | 0.02157 | 0.00871 | 0.00806 |
|  | $AR_{it}$ | 0.03975 | 0.01099 | 0.02226 | 0.01982 | 0.00939 |
| 20 | $R_{it}$ | 0.01532 | 0.00820 | 0.01986 | 0.00599 | 0.00471 |
|  | $E(R)$ | 0.00952 | 0.00202 | 0.02267 | 0.00678 | 0.00016 |
|  | $AR_{it}$ | 0.00580 | 0.00618 | 0.00281 | 0.00079 | 0.00455 |
| 21 | $R_{it}$ | 0.00781 | 0.05733 | 0.00549 | 0.02074 | 0.03050 |
|  | $E(R)$ | 0.00041 | 0.02038 | 0.03086 | 0.00762 | 0.01626 |
|  | $AR_{it}$ | 0.00014 | 0.01735 | 0.02504 | 0.00004 | 0.02443 |
| 22 | $R_{it}$ | 0.01136 | 0.00701 | 0.00588 | 0.00581 | 0.00571 |
|  | $E(R)$ | 0.00391 | 0.00187 | 0.00175 | 0.00117 | 0.00372 |
|  | $AR_{it}$ | 0.01527 | 0.00888 | 0.00413 | 0.00698 | 0.00199 |
| 23 | $R_{it}$ | 0.00524 | 0.00339 | 0.00163 | 0.00547 | 0.02341 |
|  | $E(R)$ | 0.00267 | 0.00299 | 0.00056 | 0.00164 | 0.00159 |
|  | $AR_{it}$ | 0.00258 | 0.00638 | 0.00107 | 0.00384 | 0.02182 |
| 24 | $R_{it}$ | 0.06870 | 0.00000 | 0.16406 | 0.01163 | 0.05357 |
|  | $E(R)$ | 0.00644 | 0.00809 | 0.00905 | 0.00092 | 0.00107 |
|  | $AR_{it}$ | 0.07514 | 0.00809 | 0.15502 | 0.01070 | 0.05464 |
| 25 | $R_{it}$ | 0.00000 | 0.00000 | 0.00000 | 0.00000 | 0.05469 |
|  | $E(R)$ | 0.00340 | 0.00276 | 0.00377 | 0.00109 | 0.00144 |
|  | $AR_{it}$ | 0.00340 | 0.00276 | 0.00377 | 0.00109 | 0.05325 |
| 26 | $R_{it}$ | 0.00519 | 0.00727 | 0.01919 | 0.00362 | 0.00152 |
|  | $E(R)$ | 0.00846 | 0.00670 | 0.01324 | 0.01111 | 0.00102 |
|  | $AR_{it}$ | 0.00328 | 0.00057 | 0.00595 | 0.00750 | 0.00254 |
| 27 | $R_{it}$ | 0.01499 | 0.03481 | 0.03994 | 0.00769 | 0.00842 |
|  | $E(R)$ | 0.00428 | 0.00406 | 0.00399 | 0.00407 | 0.00405 |
|  | $AR_{it}$ | 0.01927 | 0.03075 | 0.04394 | 0.00362 | 0.01247 |

续表

| 公司 | 收益率 | t=−20 | t=−10 | t=0 | t=10 | t=20 |
|---|---|---|---|---|---|---|
| 28 | $R_{it}$ | 0.07533 | 0.02822 | 0.00639 | 0.00423 | 0.00967 |
| | $E(R)$ | 0.00003 | 0.00169 | 0.00284 | 0.00056 | 0.00584 |
| | $AR_{it}$ | 0.07537 | 0.02992 | 0.00923 | 0.00367 | 0.00383 |
| 29 | $R_{it}$ | 0.01932 | 0.00691 | 0.04732 | 0.00625 | 0.02608 |
| | $E(R)$ | 0.00621 | 0.00556 | 0.01706 | 0.00757 | 0.00593 |
| | $AR_{it}$ | 0.01311 | 0.00135 | 0.03026 | 0.00132 | 0.02015 |
| 30 | $R_{it}$ | 0.03267 | 0.00727 | 0.00495 | 0.00000 | 0.00244 |
| | $E(R)$ | 0.04139 | 0.00426 | 0.00367 | 0.00527 | 0.01235 |
| | $AR_{it}$ | 0.00872 | 0.00302 | 0.00128 | 0.00527 | 0.01480 |
| 31 | $R_{it}$ | 0.00142 | 0.01122 | 0.01215 | 0.00548 | 0.00270 |
| | $E(R)$ | 0.00144 | 0.00120 | 0.00145 | 0.00147 | 0.00149 |
| | $AR_{it}$ | 0.00286 | 0.01242 | 0.01359 | 0.00401 | 0.00120 |
| 32 | $R_{it}$ | 0.00000 | 0.02180 | 0.00295 | 0.02514 | 0.03240 |
| | $E(R)$ | 0.00062 | 0.00044 | 0.00057 | 0.00085 | 0.00095 |
| | $AR_{it}$ | 0.00062 | 0.02136 | 0.00352 | 0.02599 | 0.03145 |
| 33 | $R_{it}$ | 0.00812 | 0.01238 | 0.01114 | 0.00305 | 0.00896 |
| | $E(R)$ | 0.00594 | 0.00930 | 0.00370 | 0.01004 | 0.00426 |
| | $AR_{it}$ | 0.00218 | 0.00309 | 0.00745 | 0.00699 | 0.01323 |
| 34 | $R_{it}$ | 0.01006 | 0.00543 | 0.03212 | 0.02759 | 0.00264 |
| | $E(R)$ | 0.01486 | 0.01164 | 0.00633 | 0.02259 | 0.00534 |
| | $AR_{it}$ | 0.00480 | 0.00620 | 0.03845 | 0.00500 | 0.00797 |

表5-2列出了34个样本在首次公告日前20天（t=−20）、首次公告日前10天（t=−10）、首次公告日、首次公告日后10天（t=10）、首次公告日后20天（t=20）5个时间点的$R_{it}$、$E(R)$和$AR_{it}$。本书在计算时，测度了全样本在首次公告日前20天（t=−20）各个时间点的收益率，表5-2仅仅列出了一些特殊时间点的收益率。因为一些偶然因素可能会干扰到企业的个体样本，并且个体样本无法准确反映并购前后收益率的变化情况。

考虑到偶然因素会对企业个体样本进行干扰，仅仅通过个体样本无法准确反映出资源型企业海外并购后收益率的变化情况，因此，本书选择对全样本的超额收益率$AR_{it}$进行加权平均得到平均超额收益率$AAR$，进而计算得出累计平均超额收益率 CAR 并对其进行显著性检验，以此来判断投资者预期并购活动的绩效。表 5-3 为本书样本企业在事件期内的 AAR 与 CAR。

表 5-3　样本公司 AAR 与 CAR 统计

| t | AAR | CAR |
|---|---|---|
| −20 | −0.00214 | −0.00214 * |
| −19 | 0.002381 | 0.000236 |
| −18 | 0.016492 | 0.016728 * |
| −17 | −0.0038 | 0.012924 * |
| −16 | −0.00305 | 0.009869 |
| −15 | −0.00747 | 0.002397 * |
| −14 | 0.008343 | 0.010741 * |
| −13 | −0.00367 | 0.007072 * |
| −12 | 0.001459 | 0.008531 |
| −11 | −0.0007 | 0.007826 * |
| −10 | −0.00053 | 0.007294 * |
| −9 | −0.00506 | 0.002233 |
| −8 | −0.00464 | −0.00241 * |
| −7 | 0.000966 | −0.00144 * |
| −6 | 0.005492 | 0.004048 * |
| −5 | −0.01437 | −0.01033 |
| −4 | 0.000955 | −0.00937 * |
| −3 | −0.00478 | −0.01415 |
| −2 | −0.00583 | −0.01998 * |
| −1 | −0.00219 | −0.02218 |
| 0 | 0.014613 | −0.00756 |
| 1 | 0.010094 | 0.002532 |
| 2 | 0.007051 | 0.009583 |
| 3 | −0.00105 | 0.008537 |
| 4 | −0.00703 | 0.001503 |
| 5 | −0.00609 | −0.00459 |
| 6 | −0.00715 | −0.01174 |
| 7 | −0.00413 | −0.01587 |

| t | AAR | CAR |
|---|---|---|
| 8 | -0.00484 | -0.0207 |
| 9 | 0.001835 | -0.01887 |
| 10 | -0.00198 | -0.02085 |
| 11 | -0.00664 | -0.02749 |
| 12 | -0.00361 | -0.0311 |
| 13 | -0.00451 | -0.03562 |
| 14 | -0.00248 | -0.0381 |
| 15 | -0.0038 | -0.04189 |
| 16 | -0.00395 | -0.04585 |
| 17 | -0.00317 | -0.04902 |
| 18 | -0.00394 | -0.05295 |
| 19 | 0.007267 | -0.04569 |
| 20 | 0.003871 | -0.04182 |

注：* 表示在 5% 的水平下显著。

表 5-3 为全样本在各个时期的 AAR 与 CAR，以及对 CAR 的显著性检验结果，为了更直观地显示收益率的变化情况，评判投资者对企业并购后的预期绩效，本书基于表 5-3 中的数据对 AAR 和 CAR 进行进一步分析。

（一）平均超额收益率 AAR 分析

根据表 5-3 中的数据，本书绘制出事件期内样本企业整体平均超额收益率 AAR 时间序列图（见图 5-2），以观察资源型企业海外并购后的整体平均收益变化。

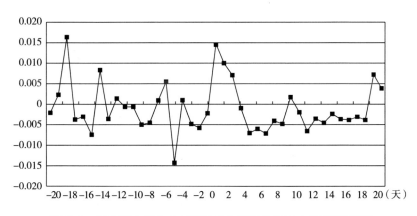

图 5-2 事件期内样本企业整体平均超额收益率 AAR 时间序列

如图 5-2 所示，在事件期（-20，20）内，平均超额收益率 AAR 大于 0 的时间期占总体的 31.7%。总体来看，所有样本银行整体平均超额收益波动较大，特别是在事件期（-5，5）内，样本平均超额收益率的波动最大，并且首次公告日当天平均超额收益率达到了最大值 0.014613。于事件期的前半期，即（-20，0）之间，在 t=-17、t=-16、t=-15 等共 13 日的平均超额收益率为负，其他时间的 AAR 均为正数，AAR 的波动性较大，其中在 t=-18 时，AAR 达到了最高峰 0.016492，在 t=-5 时，达到最小值-0.01437。在事件期（0，20）内，即事件期的后半期，在 t=4 到 t=18 之间，平均超额收益率 AAR 值基本上为负值，并且 AAR 变化较平稳。总的来说，在并购事件公告前后，样本平均超额收益率 AAR 出现了较为明显的变化，在并购事件发生后给银行带来的收益有正有负，但究竟这部分收益最终会给并购企业带来何种绩效结果，并且这部分收益是否是由并购行为带来的，还需要进一步分析样本平均累计超额收益率变化趋势和显著性检验结果。

（二）累计超额收益率 CAR 分析

本书根据表 5-3 中的数据进行分析，并绘制出事件期内样本企业整体累计平均超额收益率 CAR 时间序列图（见图 5-3），以观察资源型企业海外并购后的累计收益变化情况。

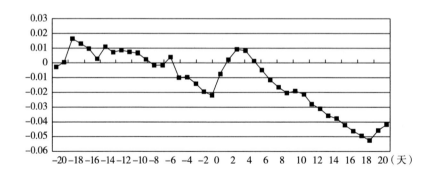

**图 5-3  事件期内样本企业整体累计平均超额收益率 CAR 时间序列**

从整体上看，在整个事件期内（-20，20）样本企业的累计平均超额收益率呈现出先平稳波动随后持续下降的趋势。在事件期前半期中的（-20，0），有 11 天的样本企业累计平均超额收益率 CAR 值大于零，并且 CAR 在整个事件期内变化比较平缓。在事件期后半期中，从 t=5 开始，CAR 值呈下降趋势，直到 t=18 时，达到最小值-0.05295，之后有小幅度反弹。根据 CAR 的检验结果，在资源型企业并购事件公告日前，已经有 13 日的 $CAR_t$ 通过了置信度为 5% 的显著性检验，说明投资者在公告日前就对目标公司的并购活动产生了较为明显的反应，可能的原因是并购消息被泄露。在并购事件公告日后，总样本中只有 8 天的 $CAR_t$ 值显著大于 0，说明公布日后投资者并未对其并购活动产生积极反应。总体而言，事件期内样本企业整体累计平均超额收益率 CAR 大部分为负值，并且显著地异于 0，这说明我国资源型企业海外并购并没有给股东带来财富效应。

（三）AAR 和 CAR 的综合分析

本书根据表 5-3 的数据绘制出事件期内所有样本公司的 AAR 和 CAR 两者综合的时间序列图（见图 5-4）。

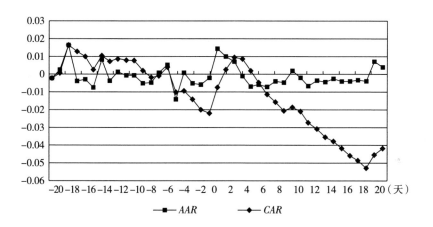

**图 5-4　AAR 和 CAR 的总体趋势**

从整个事件期来看，所有样本公司的 AAR 在 0 轴上下进行波动并且在（-20，4）内波动较为剧烈，而 CAR 则是在（-20，4）内围绕 0 轴上下波动，在（4，20）内呈明显的下降趋势。从对二者的综合分析来看，在 t=7 日之前，二者的波动趋势较为一致，围绕 0 轴上下波动，而在 t=7 日后，二者走势出现了明显的背离。可能的原因是，在 t=7 日前，AAR 有正有负，CAR 不会沿着一个方向波动，而在 t=7 日后，AAR 保持了一段时间较为均匀的负值，导致 CAR 出现了直线下降的趋势，二者出现了明显背离。

在整个样本研究的事件期内，二者的综合趋势图主要呈现出两个特点：一是在资源型企业并购公告日前 *CAR* 的值大都为正，在公告日附近股价出现了明显下跌；二是在公告日后 *CAR* 值小于0，并且近乎呈现出直线下降的趋势，*CAR* 的值为−0.04182，由此也可以发现，投资者对我国资源型企业海外并购并没有较乐观的预期，并购活动并没有增加股东的财富，海外并购活动短期绩效较差。究其原因：一方面，并购公告日前，可能由于大肆炒作或者信息泄露导致投资者在公告日前已经对并购消息做出了反应，在公告日时市场可能认为利好信息已经被消化，故股价随后出现了回调；另一方面，市场对并购公告发布的反应较弱可能是因为随着市场的发展，投资者已经对并购活动的态度趋于理性，这种理性也反映在股价中，这也使得并购短期财富效应并不明显。

## 第三节　基于模糊层次分析法的资源型企业长期并购绩效评价

### 一、计量模型与方法介绍

本书采用改进的模糊综合评价法对资源型企业海外并购的长期并购绩效进行评价，其无论是在一致性、权重方面，还是在相容性的计算方面都与以往的研究存在不同。主要方法如下：

（一）确定评价因素集，建立评价体系

其中 $X_i$（$i=1,2,\cdots,n$）是评价因素，$n$ 为同一层次上单个因素的个数，这一集合构成了评价的框架。

（二）确定指标因素的权重集

一般情况下，在衡量评价因素集中的各因素发挥的作用时，应该依据各因素对上一层因素影响程度的不同，来赋予相应权重。首先，需要定义模糊互补矩阵：

定义1：设矩阵 $A$ $(a_{ij})_{n\times n}$，如果满足：$0 \leqslant a_{ij} \leqslant 1$（$i=1,2,\cdots,n$；$j=1,2,\cdots,n$），则称 $A$ 为模糊矩阵。

定义2：模糊矩阵 $A$ $(a_{ij})_{n\times n}$，如果满足：$a_{ij}+a_{ji}=1$（$i=1,2,\cdots,n$；$j=1,2,\cdots,n$），则称 $A$ 为模糊互补矩阵。

1. 层次单排序

（1）模糊互补判断矩阵的构造。对于某一个确定的上层准则，将本层与之有关的各元素的权重，进行两两比较，可以构造模糊互补判断矩阵 $A=(a_{ij})_{n\times n}$，表示的是两两的相对重要程度。其中，$a_{ij}$ 表示第 $i$ 个元素 $a_i$ 与第 $j$ 个元素 $a_j$ 的相对重要性程度，表明的是"……比……重要得多"的关系，通常用 0.1~0.9 进行衡量。其中：$a_{ij}=0.5$ 表示两因素一样重要；$a_{ji}\in[0.1,0.5)$ 表示因素 $a_j$ 比 $a_i$ 重要；$a_{ij}\in[0.5,0.9)$ 表示因素 $a_i$ 比 $a_j$ 重要。

（2）模糊互补判断矩阵的权重计算。徐泽水（2001）推导出了模糊互补判断矩阵权重的计算方式：

$$\omega_i=\frac{\sum_{j=1}^{n}a_{ij}+\frac{n}{2}-1}{n\times(n-1)},\ i=1,2,\cdots,n \tag{5-8}$$

$W=\omega_{ij(n\times n)}$ 为 $R$ 的矩阵权重，其中：

$$\omega_{ij}=\omega_i-\omega_j+0.5 \tag{5-9}$$

（3）模糊互补判断矩阵的相容性一致性判定。若 $A$、$B$ 都是模糊互补矩阵，则称式（5-10）为 $A$、$B$ 的相容性指标。

$$CI(A,B)=\frac{1}{n^2}\sum_{i=1}^{n}\sum_{j=1}^{n}|a_{ij}-b_{ij}| \tag{5-10}$$

称式（5-11）为 $A$ 的一致性指标。

$$CI(A,W)=\frac{1}{n^2}\sum_{i=1}^{n}\sum_{j=1}^{n}|a_{ij}-\omega_{ij}| \tag{5-11}$$

若 $CI(A,W)\leq\alpha$ 且 $CI(A,B)\leq\alpha$，则称 $A$ 是一致可接受的。通常来说，取 $\alpha=0.1$。

2. 层次总排序

层次总排序的权重计算公式为：

$$\omega_j=\sum_{i=1}^{n}\omega_i\omega_j^i \tag{5-12}$$

（三）确定指标评价等级评语集

接下来需要确定评价等级标准集合 $V=\{v_1,v_2,\cdots,v_n\}$，此集合规定了针对某一确定的评价因素的结果选择范围。其中 $v_j(j=1,2,\cdots,n)$ 是评价等级标准，$n$ 为评价元素的个数，即评语的档次数，评价元素既可以是定性的，也可以是定量的。

（四）确定模糊评价矩阵

本书采用专家打分法确定定性指标隶属度，并应用隶属度函数计算定量指标隶属度，最终汇总隶属度，得到模糊评价矩阵。

1. 定性指标隶属度确定公式

$$v_{ij} = \frac{\text{对 } U \text{ 中某一因素，专家划分为某一档次的人数}}{\text{评审专家人数}} \tag{5-13}$$

2. 定量指标隶属度确定公式

设评价指标因素集 $X^T = \{x_1, x_2, \cdots, x_m\}$，评价等级标准 $v = \{v_1, v_2, v_3, \cdots, v_n\}$，设 $v_j$ 和 $v_{j+1}$ 为相邻两级标准，且 $v_{j+1} > v_j$，则 $v_j$ 级隶属度函数为

$$x_i \leqslant v_{j-1} \text{ 或 } x_i \geqslant v_{j+1} \qquad r_j = \begin{cases} 1 - r_{j-1} \\ \dfrac{v_{j+1} - x_i}{v_{j+1} - v_j} \\ 0 \end{cases} \tag{5-14}$$

本书依据上述的指标评价方式，得到对单因素 $U_i$ 进行评价后相对于 $V_j$ 的模糊向量 $W_i = (w_{i1}, w_{i2}, \cdots, w_{ij})$，$i = 1, 2, \cdots, n$；$j = 1, 2, \cdots, m$。其中 $w_{ij}$ 为因素 $u_i$ 具有 $v_j$ 的程度，$0 < w_{ij} < 1$。

假设对 $n$ 个元素进行综合评价，则会得到一个 $n$ 行 $m$ 列的模糊评价矩阵 $W$。整个矩阵包含了评语集 $V$ 对评价因素集合 $U$ 的全部结果，矩阵中的每一行是评语集对每一个单因素的评价结果。

（五）模糊综合评价

首先根据公式

$$B_i = W_i \times R_i \tag{5-15}$$

对隶属度矩阵进行一级模糊评价。其中，$B_i$ 为 $B$ 层第 $i$ 个指标所包含的各下级因素相对于它的模糊综合运算结果，$R_i$ 为模糊评价矩阵，表示 $B$ 层第 $i$ 个指标下的各因素相对于评语集的隶属度，$W_i$ 为 $B$ 层第 $i$ 个指标下级各因素相对于它的权重。

其次根据公式

$$A_i = W_i \times R_i \tag{5-16}$$

进行二级模糊评价，得到最终的模糊综合评价结果。

## 二、评价指标设计原则

根据前人以往的研究成果，本书在遵循以下评价指标设计原则的基础上，构

建了资源型企业海外并购长期绩效评价指标体系：

（一）定性和定量指标相结合原则

在对资源型企业海外并购长期绩效进行评价时，需要尽可能选取涵盖各个方面的指标，以避免出现因素的遗漏造成评价结果的不完全。本书通过对企业并购绩效评价指标构建的相关文献进行梳理发现，现有研究主要集中于定量的财务绩效，而从定性的角度进行评价分析的很少。资源型企业由于其行业的特殊性，在并购活动完成后短期内不能立刻获利，原因是并购完成后往往需要继续追加投资，因此仅从定量的财务指标出发来构建资源型企业海外并购绩效是不全面的。对此，本书在设计指标时，引入了定性指标，将定性与定量两种指标相结合来评价资源型企业海外并购活动的长期绩效。

（二）真实客观性原则

由于本书引入了定性指标，其评判结果依赖于专家的客观打分，因此必须坚持真实客观性原则，以保证结果的真实性与准确性。

（三）层次性原则

评价指标的选择应该呈现出从分散到综合、从低级到高级的趋势，并且每一层级下面所对应选取的指标应该重点突出，相关性较低，从而避免过度冗余计算，这也会影响结果的准确性和科学性。

（四）操作性原则

将定性与定量的指标分别确定后，在对相关数据进行收集时应注意可行性要求，定性的指标数据要避免人为主观因素的干扰，定量的指标数据要确保准确无误且便于计算。

## 三、评价指标设计及体系构建

本书在评价资源型企业海外并购长期绩效时，主要通过定性的非财务指标和定量的财务指标两种类型进行分析，从海外资产的盈利能力及其成长性两方面入手，对资源型企业海外并购的财务状况进行评价。对于财务指标的选取，本书参照《企业绩效评价细则》和席翕（2010）的财务指标选取方法，并结合企业自身的特性予以选取。对于定性的指标，本书主要基于并购完成后目标公司当地并购舆论、市场占有程度、企业本土化进程、企业社会公众关系以及企业内部员工评价等方面来确定。

目前，从公司财务绩效出发的定量研究有很多，而从企业定性的角度出发对其绩效进行评价的研究多停留在理论层面，缺乏实证研究，因此本书的研究重点是定性的指标评价。

（一）盈利能力评估指标选取

我国的大部分资源型企业都是以获取海外优质资源为目的进行海外并购，从而降低自己的经营成本，以达到股东权益最大化。在对资源型企业海外并购长期绩效进行评价时，最为重要的一个指标则是企业的盈利能力，盈利能力就是企业资金的增值能力。由于现阶段被并购方海外资产的财务状况多不透明，考虑到数据获取的可操作性，本书针对并购方企业设计了 Δ 每股收益、Δ 净资产利润率以及 Δ 总资产利润率三个盈利能力指标，通过比较其并购前后盈利能力的变化情况来判断其海外资产的盈利能力。具体指标涵盖如下：

1. Δ 每股收益（$\Delta EPS$）

每股收益（$EPS$）即净利润与期末总股本的比值，该指标是反映企业盈利能力的一个重要指标，衡量的是普通股每股所能实现的收益水平，其可以通过跨期对比来反映某一企业盈利能力的变化，进而可以对企业的运营水平进行评判。我们选取三年期，$\Delta EPS$ 是指并购完成三年后并购方企业财务指标 $EPS$ 的平均增长量，该指标反映企业并购完成三年后海外资产的平均盈利能力。$\Delta EPS = [(EPS_0 - EPS_{-1}) + (EPS_1 - EPS_{-1}) + (EPS_2 - EPS_{-1}) + (EPS_3 - EPS_{-1})] / 4$。$EPS_0$ 表示并购当年的每股收益，$EPS_{-1}$ 表示并购前一年的每股收益，$EPS_1$ 表示并购一年后的每股收益，$EPS_2$ 与 $EPS_3$ 则同理。

2. Δ 净资产利润率（$\Delta ROE$）

作为反映盈利能力的指标之一，净资产利润率主要测量企业的投资回报情况。$\Delta ROE$ 是指并购企业在完成并购后企业财务指标 $ROE$ 的平均增长量，该指标能够有效反映企业在并购之后的净资产利润率的平均变化值。企业在并购当年的净资产利润率表示为 $ROE_0$，并购前一年的净资产利润率表示为 $ROE_{-1}$，并购后的第一年、第二年、第三年的净资产利润率分别表示为 $ROE_1$、$ROE_2$、$ROE_3$。$\Delta ROE$ 与每一年的净资产利润率关系表示为 $\Delta ROE = [(ROE_0 - ROE_{-1}) + (ROE_1 - ROE_{-1}) + (ROE_2 - ROE_{-1}) + (ROE_3 - ROE_{-1})] / 4$。

3. Δ 总资产利润率（$\Delta ROA$）

总资产利润率（$ROA$）是指企业的净利润与企业资产平均总额的比率。与 $\Delta ROE$ 一致，$\Delta ROA$ 是指并购企业在完成并购后企业财务指标 $ROA$ 的平均增长量，亦是衡量企业的盈利能力指标。企业在并购当年的总资产利润率表示为

$ROA_0$，并购前一年的总资产利润率表示为 $ROA_{-1}$，并购后的第一年、第二年、第三年的总资产利润率分别表示为 $ROA_1$、$ROA_2$、$ROA_3$。$\Delta ROA$ 与每一年的总资产利润率关系表示为 $\Delta ROA = [(ROA_0 - ROA_{-1}) + (ROA_1 - ROA_{-1}) + (ROA_2 - ROA_{-1}) + (ROA_3 - ROA_{-1})] / 4$。

（二）成长能力评估指标选取

企业持续获利的能力强则表示该企业的成长能力强，反映出其未来的成长空间较大。因此，成长能力则表示企业成长速度的能力。衡量企业成长能力的指标主要有 Δ 净利润增长率（$\Delta NPG$）与 Δ 主营业务收入增长率（$\Delta RG$）。

1. Δ 净利润增长率（$\Delta NPG$）

$\Delta NPG$ 是指并购企业在完成并购后企业财务指标 $NPG$ 的平均增长量，是衡量企业绩效的指标之一。企业在并购当年的净利润增长率表示为 $NPG_0$，并购前一年的净利润增长率表示为 $NPG_{-1}$，并购后的第一年、第二年、第三年的净利润增长率分别表示为 $NPG_1$、$NPG_2$、$NPG_3$。$\Delta NPG$ 与每一年的净利润增长率关系表示为 $\Delta NPG = [(NPG_0 - NPG_{-1}) + (NPG_1 - NPG_{-1}) + (NPG_2 - NPG_{-1}) + (NPG_3 - NPG_{-1})] / 4$。

2. Δ 主营业务收入增长率（$\Delta RG$）

$\Delta RG$ 是测度企业的发展空间与发展潜力的指标，用于衡量企业在并购完成后的企业绩效。$RG_0$ 表示在并购当年企业的主营业务收入增长率，并购前一年的主营业务收入增长率表示为 $RG_{-1}$，并购后的第一年、第二年、第三年的主营业务收入增长率分别表示为 $RG_1$、$RG_2$、$RG_3$。$\Delta RG$ 与每一年的主营业务收入增长率关系表示为 $\Delta RG = [(RG_0 - RG_{-1}) + (RG_1 - RG_{-1}) + (RG_2 - RG_{-1}) + (RG_3 - RG_{-1})] / 4$。

（三）定性评价指标选取

现有研究主要通过定量指标衡量企业并购绩效，虽然有少数学者提出采用定性指标评价企业并购绩效，但是并没有将其纳入实证分析中进行研究。企业海外并购后要经历一个整合过程，因此，短时间内整合的企业财务指标在一定程度上无法准确反映并购的效果。与其他制造型企业不同，资源型企业在并购完成后往往需要再大量投资，回收投资的时间往往更长，财务指标的反映程度具有滞后性。因此，资源型企业海外并购长期绩效的评价需要引入定性指标进行衡量。本书通过多种渠道查阅资料，并与参与并购的律师事务所、会计师事务所的专业人员进行访谈，最终设计出资源型企业海外并购长期绩效评价的定性指标，具体指标如下：

1. 本土化程度

本土化程度是指在海外市场的本国企业的母公司或子公司，为了尽快融入其中，在人才招聘、产品开发、生产以及销售等环节中，均按照当地的风土人情进行管理，使企业本身成为地道的当地企业。因此，本土化经营也称当地响应能力、当地化经营。企业海外并购的本土化程度往往代表着企业对环境的适应程度。企业的本土化程度越高，越容易在当地得到更多资源，则其绩效就往往越高。

2. 社会公众关系

社会公众关系是评价资源型企业海外并购长期绩效的因素之一。资源型企业因为其工作地点往往在偏远的郊区或山区，企业的生产活动会对其生态环境造成一定程度的破坏，长时间会妨碍当地居民的生活。因此，资源型企业必须遵循海外的多数国家为当地的居民权益建立的保障，处理好多方面的社会公众关系，只有这样才能顺利开展生产经营。

3. 市场占有程度

市场占有程度是某企业的销售产品在同品类产品中的占有比例，反映顾客对企业产品的满意程度，亦能够进一步反映企业在同行业中的地位与市场竞争力。资源型企业海外并购完成后，通过一系列的生产销售，能够占领当地的消费市场，这在一定程度上反映出企业的竞争地位。因此，海外市场的占有程度能够反映企业的长期绩效。由于市场占有率难以直接获取，本书的市场占有程度数据主要通过专家打分而来。

4. 当地并购舆论

由于信息具有流动性，市场中的消费者能够通过获取的信息对企业的运营情况进行一定程度的评价，进而影响企业产品在市场中的买卖情况，最终影响企业绩效。因此，当地并购舆论亦是考量企业长期绩效的指标之一。

5. 内部员工评价

企业经过并购之后，要进行重新整合才能再次投入生产运营。因此，企业的内部员工对于企业的管理与发展必须具有一个全面的了解与评价。所以，内部员工的评价也是衡量企业长期绩效的指标之一。

结合上述对资源型并购企业在盈利能力、成长能力与中介评价三个方面指标选取的详细说明，本书构建了资源型企业海外并购长期绩效指标体系框架，具体如图5-5所示。

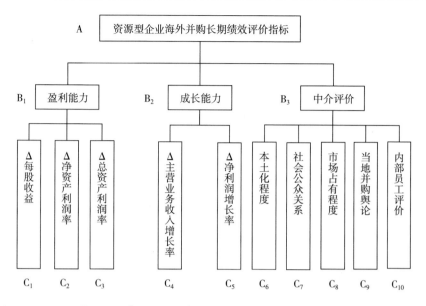

**图 5-5　资源型企业海外并购长期绩效评价指标体系**

由图 5-5 可知，本书的长期绩效评价模型有三个层次，属于二级模糊综合评价，目标层（A）为资源型企业海外并购长期绩效评价指标体系，准则层（B）包括盈利能力、成长能力和中介评价三个方面，准则层指标下面是指标层（C），该层指标是对上一层指标的解释。本书将影响因素分为三个大类因素集：因素集 $B_1$——盈利能力因素集、因素集 $B_2$——成长能力因素集、因素集 $B_3$——中介评价因素集。

在本书构建的资源型企业海外并购长期绩效评价指标体系中，因素集 A = {Δ 每股收益 $C_1$、Δ 净资产利润率 $C_2$、Δ 总资产利润率 $C_3$}；因素集 B = {Δ 主营业务收入增长率 $C_4$、Δ 净利润增长率 $C_5$}；因素集 C = {本土化程度 $C_6$、社会公众关系 $C_7$、市场占有程度 $C_8$、当地并购舆论 $C_9$、内部员工评价 $C_{10}$}。

## 四、实证分析

（一）指标权重的计算

在对并购长期绩效指标的权重进行判定时，需要专家对评价指标进行相互比较和排序，本书邀请了分别来自资源型企业、为并购提供咨询服务的中介机构以及国际投资相关研究领域的 5 名专家，请这些专家从各个角度并结合资源型企业海外并购的自身特点对问卷中的指标进行评价和比较排序，本书根据打分情况得到了定量分析的指标排序情况。

1. 准则层对目标层的层次单排序

通过对资源型企业并购事件的充分了解，专家委员会成员之间彼此互不干扰，对不同准则层的指标进行排序。本书通过收集专家的评分，再通过准则层的矩阵标准进行判断，最终得到各个准则层的权重，从而对其进行排序。

判断矩阵如下：

$$M_1 = \begin{bmatrix} 0.5 & 0.4 & 0.2 \\ 0.6 & 0.5 & 0.3 \\ 0.8 & 0.7 & 0.5 \end{bmatrix} \quad M_2 = \begin{bmatrix} 0.5 & 0.3 & 0.1 \\ 0.7 & 0.5 & 0.4 \\ 0.9 & 0.6 & 0.5 \end{bmatrix} \quad M_3 = \begin{bmatrix} 0.5 & 0.3 & 0.2 \\ 0.7 & 0.5 & 0.3 \\ 0.8 & 0.7 & 0.5 \end{bmatrix}$$

$$M_4 = \begin{bmatrix} 0.5 & 0.4 & 0.1 \\ 0.6 & 0.5 & 0.2 \\ 0.9 & 0.8 & 0.5 \end{bmatrix} \quad M_5 = \begin{bmatrix} 0.5 & 0.4 & 0.1 \\ 0.6 & 0.5 & 0.4 \\ 0.9 & 0.6 & 0.5 \end{bmatrix}$$

本书得到互补判断矩阵的向量排序为：

$\omega_1 = (0.267, 0.317, 0.417)$ $\quad \omega_2 = (0.233, 0.35, 0.417)$

$\omega_3 = (0.25, 0.333, 0.417)$ $\quad \omega_4 = (0.25, 0.3, 0.45)$

$\omega_5 = (0.25, 0.333, 0.417)$

$$W_1 = \begin{bmatrix} 0.5 & 0.45 & 0.35 \\ 0.55 & 0.5 & 0.4 \\ 0.65 & 0.6 & 0.5 \end{bmatrix} \quad W_2 = \begin{bmatrix} 0.5 & 0.383 & 0.316 \\ 0.617 & 0.5 & 0.433 \\ 0.684 & 0.567 & 0.5 \end{bmatrix}$$

$$W_3 = \begin{bmatrix} 0.5 & 0.417 & 0.333 \\ 0.583 & 0.5 & 0.416 \\ 0.667 & 0.584 & 0.5 \end{bmatrix} \quad W_4 = \begin{bmatrix} 0.5 & 0.45 & 0.3 \\ 0.55 & 0.5 & 0.35 \\ 0.7 & 0.65 & 0.5 \end{bmatrix}$$

$$W_5 = \begin{bmatrix} 0.5 & 0.417 & 0.333 \\ 0.583 & 0.5 & 0.416 \\ 0.667 & 0.584 & 0.5 \end{bmatrix}$$

本书通过上述权重矩阵进行相容性与一致性的检验。

相容性检验：

$CI(M_1, M_2) = 0.067$ $\quad CI(M_1, M_3) = 0.033$ $\quad CI(M_1, M_4) = 0.044$

$CI(M_1, M_5) = 0.044$ $\quad CI(M_2, M_3) = 0.044$ $\quad CI(M_2, M_4) = 0.067$

$CI(M_2, M_5) = 0.022$ $\quad CI(M_3, M_4) = 0.056$ $\quad CI(M_3, M_5) = 0.078$

$CI(M_4, M_5) = 0.044$

一致性检验：

CI（$M_1$，$W_1$）= 0.089　CI（$M_2$，$W_2$）= 0.074　CI（$M_3$，$W_3$）= 0.081

CI（$M_4$，$W_4$）= 0.089　CI（$M_5$，$W_5$）= 0.059

如果相容性和一致性检验不通过，则需要专家委员会的专家进行再次打分评判；若通过检验，则可将专家打分结果进行计算处理，得到最终结果。由以上检验结果可知，判断矩阵的相容性与一致性均达到检验标准（α 取值1），且总权重向量 ω =（0.232，0.327，0.424）。

本书通过对以上各个准则层指标权重进行分析可知，对企业绩效影响最大的为中介机构，排名第二的为企业成长能力，排名第三的为企业盈利能力，三者的权重分别为 0.424、0.327、0.232。此排列顺序反映了资源型企业海外并购运营的特点。资源型企业并购后要经过长时间的投入与开采才能对成果有所回收，实现利润的增长更是要经过长时间的经营。因此，资源型企业并购不同于其他行业的企业并购，其三年的财务指标并不能代表其并购效果。所以，与其余两个因素相比，盈利能力对企业绩效的影响最小。中介机构因为有多次参与海外并购的经验，对其本土化程度（$C_6$）、社会公众关系（$C_7$）、市场占有程度（$C_8$）、当地并购舆论（$C_9$）、内部员工评价（$C_{10}$）五个二级指标进行衡量，能够直接反映资源型企业海外并购的企业绩效，因此，中介机构的判断对企业绩效的影响最大。企业成长能力因为处于企业盈利指标与中介机构的评价之间，因此对企业绩效的影响程度位于中间位置。

2. 指标层对准则层的层次单排序

本书对上述准则层进行排序后，再次判断准则层的细分指标的排序。同准则层的排序方法与计算一样，具体结果如下：

（1）盈利能力层次单排序。盈利能力的二级指标有 $\Delta EPS$、$\Delta ROE$ 和 $\Delta ROA$，由专家委员会进行打分，依照相同的方式，得到两两比较判断矩阵：

$$N_1 = \begin{bmatrix} 0.5 & 0.7 & 0.8 \\ 0.3 & 0.5 & 0.6 \\ 0.2 & 0.4 & 0.5 \end{bmatrix} \quad N_2 = \begin{bmatrix} 0.5 & 0.6 & 0.7 \\ 0.4 & 0.5 & 0.6 \\ 0.3 & 0.4 & 0.5 \end{bmatrix} \quad N_3 = \begin{bmatrix} 0.5 & 0.6 & 0.6 \\ 0.4 & 0.5 & 0.5 \\ 0.4 & 0.5 & 0.5 \end{bmatrix}$$

$$N_4 = \begin{bmatrix} 0.5 & 0.7 & 0.7 \\ 0.3 & 0.5 & 0.5 \\ 0.3 & 0.5 & 0.5 \end{bmatrix} \quad N_5 = \begin{bmatrix} 0.5 & 0.6 & 0.8 \\ 0.4 & 0.5 & 0.7 \\ 0.2 & 0.3 & 0.5 \end{bmatrix}$$

本书得出互补判断矩阵的排序向量为：

$$\omega_1^{(1)} = (0.417,\ 0.317,\ 0.267) \qquad \omega_2^{(1)} = (0.383,\ 0.333,\ 0.283)$$

$$\omega_3^{(1)} = (0.367,\ 0.317,\ 0.317) \qquad \omega_4^{(1)} = (0.4,\ 0.3,\ 0.3)$$

$$\omega_5^{(1)} = (0.417,\ 0.35,\ 0.25)$$

$$W_1^{(1)} = \begin{bmatrix} 0.5 & 0.6 & 0.65 \\ 0.4 & 0.5 & 0.55 \\ 0.35 & 0.45 & 0.5 \end{bmatrix} \qquad W_2^{(1)} = \begin{bmatrix} 0.5 & 0.55 & 0.6 \\ 0.45 & 0.5 & 0.55 \\ 0.4 & 0.45 & 0.5 \end{bmatrix}$$

$$W_3^{(1)} = \begin{bmatrix} 0.5 & 0.55 & 0.55 \\ 0.45 & 0.5 & 0.6 \\ 0.35 & 0.4 & 0.5 \end{bmatrix} \qquad W_4^{(1)} = \begin{bmatrix} 0.5 & 0.6 & 0.6 \\ 0.4 & 0.5 & 0.5 \\ 0.4 & 0.5 & 0.5 \end{bmatrix}$$

$$W_5^{(1)} = \begin{bmatrix} 0.5 & 0.55 & 0.65 \\ 0.45 & 0.5 & 0.6 \\ 0.35 & 0.4 & 0.5 \end{bmatrix}$$

本书通过上述权重矩阵进行相容性与一致性检验。

相容性检验：

CI ($N_1$, $N_2$) = 0.044　　　CI ($N_1$, $N_3$) = 0.089　　　CI ($N_1$, $N_4$) = 0.044

CI ($N_1$, $N_5$) = 0.044　　　CI ($N_2$, $N_3$) = 0.044　　　CI ($N_2$, $N_4$) = 0.067

CI ($N_2$, $N_5$) = 0.067　　　CI ($N_3$, $N_4$) = 0.044　　　CI ($N_3$, $N_5$) = 0.089

CI ($N_4$, $N_5$) = 0.089

一致性检验：

CI ($N_1$, $W_1^{(1)}$) = 0.067　　　CI ($N_2$, $W_2^{(1)}$) = 0.044

CI ($N_3$, $W_3^{(1)}$) = 0.022　　　CI ($N_4$, $W_4^{(1)}$) = 0.044

CI ($N_5$, $W_5^{(1)}$) = 0.067

由以上检验结果可知，互补矩阵的相容性与一致性检验通过，且权重向量为 $\omega^{(1)} = (0.393,\ 0.323,\ 0.283)$。

由 $\omega^{(1)}$ 可知，盈利能力的二级指标的排序顺序依次为 $\Delta EPS$、$\Delta ROE$ 和 $\Delta ROA$，因此，应该在盈利能力指标中重点关注每股收益增量的变化。

（2）成长能力层次单排序。按照和上面相同的方法，得到成长能力的两两判断矩阵：

$$I_1 = \begin{bmatrix} 0.5 & 0.6 \\ 0.4 & 0.5 \end{bmatrix} \qquad I_2 = \begin{bmatrix} 0.5 & 0.5 \\ 0.5 & 0.5 \end{bmatrix} \qquad I_3 = \begin{bmatrix} 0.5 & 0.7 \\ 0.3 & 0.5 \end{bmatrix} \qquad I_4 = \begin{bmatrix} 0.5 & 0.6 \\ 0.4 & 0.5 \end{bmatrix}$$

$$I_5 = \begin{bmatrix} 0.5 & 0.7 \\ 0.3 & 0.5 \end{bmatrix}$$

本书得出互补判断矩阵的排序向量为：

$\omega_1^{(2)} = (0.55, 0.45)$     $\omega_2^{(2)} = (0.55, 0.45)$     $\omega_3^{(2)} = (0.6, 0.4)$

$\omega_4^{(2)} = (0.55, 0.45)$     $\omega_5^{(2)} = (0.6, 0.4)$

$$W_1^{(2)} = \begin{bmatrix} 0.5 & 0.6 \\ 0.4 & 0.5 \end{bmatrix} \quad W_2^{(2)} = \begin{bmatrix} 0.5 & 0.5 \\ 0.5 & 0.5 \end{bmatrix} \quad W_3^{(2)} = \begin{bmatrix} 0.5 & 0.7 \\ 0.3 & 0.5 \end{bmatrix}$$

$$W_4^{(2)} = \begin{bmatrix} 0.5 & 0.6 \\ 0.4 & 0.5 \end{bmatrix} \quad W_5^{(2)} = \begin{bmatrix} 0.5 & 0.7 \\ 0.3 & 0.5 \end{bmatrix}$$

本书通过上述权重矩阵进行相容性与一致性检验。

相容性检验：

$CI(I_1, I_2) = 0.05$     $CI(I_1, I_3) = 0.05$     $CI(I_1, I_4) = 0$

$CI(I_1, I_5) = 0.05$     $CI(I_2, I_3) = 0.1$     $CI(I_2, I_4) = 0.05$

$CI(I_2, I_5) = 0.1$     $CI(I_3, I_4) = 0.05$     $CI(I_3, I_5) = 0$

$CI(I_4, I_5) = 0.05$

一致性检验：

$CI(I_1, W_1^{(2)}) = 0$     $CI(I_2, W_2^{(2)}) = 0$     $CI(I_3, W_3^{(2)}) = 0$

$CI(I_4, W_4^{(2)}) = 0$     $CI(I_5, W_5^{(2)}) = 0$

由以上检验结果可知，互补矩阵的相容性与一致性检验通过，且权重向量为 $\omega^{(2)} = (0.56, 0.44)$。

由 $\omega^{(2)}$ 可知，企业成长能力的二级指标的排序顺序依次为 $\Delta RG$、$\Delta NPG$，但两者之间的差距并不大（$\Delta RG = 0.56$，$\Delta NPG = 0.44$）。因此，在企业成长能力中，主营业务收入增长率增值与净利润增长率增值都应该被重视。

（3）中介评价层次单排序。本书按照和前面同样的方法首先由专家进行评价打分，得到两两比较判断矩阵：

$$Q_1 = \begin{bmatrix} 0.5 & 0.6 & 0.6 & 0.7 & 0.7 \\ 0.4 & 0.5 & 0.5 & 0.6 & 0.6 \\ 0.4 & 0.5 & 0.5 & 0.6 & 0.6 \\ 0.3 & 0.4 & 0.4 & 0.5 & 0.5 \\ 0.3 & 0.4 & 0.4 & 0.5 & 0.5 \end{bmatrix} \quad Q_2 = \begin{bmatrix} 0.5 & 0.7 & 0.7 & 0.8 & 0.8 \\ 0.3 & 0.5 & 0.5 & 0.6 & 0.6 \\ 0.3 & 0.5 & 0.5 & 0.6 & 0.6 \\ 0.2 & 0.4 & 0.4 & 0.5 & 0.5 \\ 0.2 & 0.4 & 0.4 & 0.5 & 0.5 \end{bmatrix}$$

$$Q_3 = \begin{bmatrix} 0.5 & 0.6 & 0.7 & 0.8 & 0.8 \\ 0.4 & 0.5 & 0.6 & 0.7 & 0.7 \\ 0.3 & 0.4 & 0.5 & 0.6 & 0.6 \\ 0.2 & 0.3 & 0.4 & 0.5 & 0.5 \\ 0.2 & 0.3 & 0.4 & 0.5 & 0.5 \end{bmatrix} \qquad Q_4 = \begin{bmatrix} 0.5 & 0.6 & 0.6 & 0.7 & 0.8 \\ 0.4 & 0.5 & 0.5 & 0.6 & 0.7 \\ 0.4 & 0.5 & 0.5 & 0.6 & 0.7 \\ 0.3 & 0.4 & 0.4 & 0.5 & 0.6 \\ 0.2 & 0.3 & 0.3 & 0.4 & 0.5 \end{bmatrix}$$

$$Q_5 = \begin{bmatrix} 0.5 & 0.6 & 0.7 & 0.7 & 0.8 \\ 0.4 & 0.5 & 0.6 & 0.6 & 0.7 \\ 0.3 & 0.4 & 0.5 & 0.5 & 0.6 \\ 0.3 & 0.4 & 0.5 & 0.5 & 0.6 \\ 0.2 & 0.3 & 0.4 & 0.4 & 0.5 \end{bmatrix}$$

本书求得互补判断矩阵的排序向量为：

$\omega_1^{(3)} = (0.23, 0.205, 0.205, 0.18, 0.18)$

$\omega_2^{(3)} = (0.25, 0.2, 0.2, 0.175, 0.175)$

$\omega_3^{(3)} = (0.245, 0.22, 0.195, 0.17, 0.17)$

$\omega_4^{(3)} = (0.235, 0.21, 0.21, 0.185, 0.16)$

$\omega_5^{(3)} = (0.24, 0.215, 0.19, 0.165)$

$$W_1^{(3)} = \begin{bmatrix} 0.5 & 0.525 & 0.525 & 0.55 & 0.55 \\ 0.475 & 0.5 & 0.5 & 0.525 & 0.525 \\ 0.475 & 0.5 & 0.5 & 0.525 & 0.252 \\ 0.45 & 0.475 & 0.475 & 0.5 & 0.5 \\ 0.45 & 0.475 & 0.475 & 0.5 & 0.5 \end{bmatrix}$$

$$W_2^{(3)} = \begin{bmatrix} 0.5 & 0.55 & 0.55 & 0.575 & 0.575 \\ 0.45 & 0.5 & 0.5 & 0.525 & 0.525 \\ 0.45 & 0.5 & 0.5 & 0.525 & 0.525 \\ 0.45 & 0.475 & 0.475 & 0.5 & 0.5 \\ 0.425 & 0.475 & 0.475 & 0.5 & 0.5 \end{bmatrix}$$

$$W_3^{(3)} = \begin{bmatrix} 0.5 & 0.525 & 0.55 & 0.575 & 0.575 \\ 0.475 & 0.5 & 0.525 & 0.55 & 0.55 \\ 0.45 & 0.475 & 0.5 & 0.525 & 0.525 \\ 0.425 & 0.45 & 0.475 & 0.5 & 0.5 \\ 0.425 & 0.45 & 0.475 & 0.5 & 0.5 \end{bmatrix}$$

$$W_4^{(3)} = \begin{bmatrix} 0.5 & 0.525 & 0.525 & 0.55 & 0.575 \\ 0.475 & 0.5 & 0.5 & 0.525 & 0.55 \\ 0.475 & 0.5 & 0.5 & 0.525 & 0.55 \\ 0.45 & 0.475 & 0.475 & 0.5 & 0.525 \\ 0.425 & 0.45 & 0.45 & 0.475 & 0.5 \end{bmatrix}$$

$$W_5^{(3)} = \begin{bmatrix} 0.5 & 0.525 & 0.55 & 0.55 & 0.575 \\ 0.475 & 0.5 & 0.525 & 0.525 & 0.55 \\ 0.45 & 0.475 & 0.5 & 0.5 & 0.525 \\ 0.45 & 0.475 & 0.5 & 0.5 & 0.525 \\ 0.425 & 0.45 & 0.475 & 0.475 & 0.5 \end{bmatrix}$$

本书通过上述权重矩阵进行相容性与一致性检验。

相容性检验:

$CI(Q_1, Q_2) = 0.032$  $CI(Q_1, Q_3) = 0.048$  $CI(Q_1, Q_4) = 0.028$

$CI(Q_1, Q_5) = 0.048$  $CI(Q_2, Q_3) = 0.032$  $CI(Q_2, Q_4) = 0.048$

$CI(Q_2, Q_5) = 0.048$  $CI(Q_3, Q_4) = 0.048$  $CI(Q_3, Q_5) = 0.036$

$CI(Q_4, Q_5) = 0.05$

一致性检验:

$CI(Q_1, W_1^{(3)}) = 0.06$    $CI(Q_2, W_2^{(3)}) = 0.084$

$CI(Q_3, W_3^{(3)}) = 0.096$    $CI(Q_4, W_4^{(3)}) = 0.084$

$CI(Q_5, W_5^{(3)}) = 0.084$

$CI(I_1, W_1^{(3)}) = 0$  $CI(I_2, W_2^{(3)}) = 0$  $CI(I_3, W_3^{(3)}) = 0$

$CI(I_4, W_4^{(3)}) = 0$  $CI(I_5, W_5^{(3)}) = 0$

由以上检验结果可知,互补矩阵的相容性与一致性检验通过,且权重向量为 $\omega^{(3)}$ = (0.24, 0.21, 0.2, 0.18, 0.17)。

由 $\omega^{(3)}$ 可知,在中介机构的定性指标中,二级指标的排列顺序依次为本土化程度($C_6$)、社会公众关系($C_7$)、市场占有程度($C_8$)、当地并购舆论($C_9$)、内部员工评价($C_{10}$)。其中,本土化程度($C_6$)重要程度最高,社会公众关系($C_7$)与市场占有程度($C_8$)的重要程度一致,当地并购舆论($C_9$)与内部员工评价($C_{10}$)的权重相近,但五个指标的权重相差并不大。因此,中介机构的二级指标均应该得到重点关注。

综上所述,本书得出资源型企业海外并购长期绩效各层指标的权重集,具体如表5-4所示。

表5-4 资源型企业海外并购长期绩效评价指标权重

| 目标层 A | 准则层 B | 指标层 C | 层次单排序 |
|---|---|---|---|
| | 子因素（权重） | 具体指标 | 指标层相对于准则层 II 权重 |
| 资源型企业海外并购长期绩效评价 | 盈利能力 $B_1$（0.232） | $C_1\Delta$ 每股收益权重 | 0.393 |
| | | $C_2\Delta$ 净资产收益率 | 0.323 |
| | | $C_3\Delta$ 总资产利润率 | 0.284 |
| | 成长能力 $B_2$（0.327） | $C_4\Delta$ 主营业务收入增长率 | 0.56 |
| | | $C_5\Delta$ 净利润增长率 | 0.44 |
| | 中介评价 $B_3$（0.424） | $C_6$ 本土化程度 | 0.24 |
| | | $C_7$ 社会公众关系 | 0.21 |
| | | $C_8$ 市场占有程度 | 0.18 |
| | | $C_9$ 当地并购舆论 | 0.2 |
| | | $C_{10}$ 内部员工评价 | 0.17 |

从表5-4中可以看出，影响资源型企业海外并购长期绩效的因素有定性指标——成长能力与中介评价，短期的财务指标在企业的长期绩效中影响程度稍低。这与其他行业的并购不同，这恰恰是资源型企业海外并购的特点，与大部分的专家意见一致。

（二）评价标准的确定

本书在阅读大量相关文献的基础上，确定了 {绩效很低、绩效较低、绩效一般、绩效较高、绩效很高} 5个评价等级，即 V = {$V_1$, $V_2$, $V_3$, $V_4$, $V_5$} = {绩效很低、绩效较低、绩效一般、绩效较高、绩效很高}，具体评价标准如表5-5、表5-6所示。本书借鉴相关文献中关于相关指标评价等级的说明，并与调研的相关财务人员进行探讨，分别针对定性指标和定量指标的5个评价标准给出了相应的评价标准。

**表5-5 资源型企业海外并购长期绩效定性指标设计及其衡量方式**

| 指标 | 衡量方式 | 评分级别 | | | | |
|---|---|---|---|---|---|---|
| | | $V_1$ | $V_2$ | $V_3$ | $V_4$ | $V_5$ |
| 本土化程度 | 并购后原目标公司总员工数占比 | （70%以上） | （50%~70%） | （30%~50%） | （10%~30%） | （10%以下） |
| | 并购后目标公司高级管理人员及专业技术人员占比 | （70%以上） | （50%~70%） | （30%~50%） | （10%~30%） | （10%以下） |
| | 生产运营实施当地化策略 | 完全同意 | 比较同意 | 一般同意 | 不太同意 | 十分不同意 |
| 社会公众关系 | 开采资源活动对原住民工作、生活不构成威胁 | 完全同意 | 比较同意 | 一般同意 | 不太同意 | 十分不同意 |
| | 维护开采区域的生态环境 | 完全同意 | 比较同意 | 一般同意 | 不太同意 | 十分不同意 |
| | 与原住民建立良好的沟通机制 | 完全同意 | 比较同意 | 一般同意 | 不太同意 | 十分不同意 |
| 市场占有程度 | 市场份额 | （50%以上） | （20%~50%） | （10%~20%） | （5%~10%） | （5%以下） |
| 当地并购舆论 | 并购后企业市场竞争力 | 很大程度提高 | 有所提高 | 基本不变 | 有所下降 | 大幅下降 |
| | 并购后企业运营状况 | 十分好 | 比较好 | 一般 | 较差 | 十分差 |
| 内部员工评价 | 目标公司员工评价 | 十分好 | 比较好 | 一般 | 较差 | 十分差 |
| | 收购方公司员工评价 | 十分好 | 比较好 | 一般 | 较差 | 十分差 |

**表5-6 资源型企业海外并购长期绩效定量指标设计及其衡量方式**

| 类别 | 细分指标 | 计算公式 | $V_1$<br>（绩效很低） | $V_2$<br>（绩效较低） | $V_3$<br>（绩效一般） | $V_4$<br>（绩效较高） | $V_5$<br>（绩效很高） |
|---|---|---|---|---|---|---|---|
| 盈利能力 | Δ每股收益（$\Delta EPS$） | $\Delta EPS = [(EPS_0 - EPS_{-1}) + (EPS_1 - EPS_{-1}) + (EPS_2 - EPS_{-1}) + (EPS_3 - EPS_{-1})]/4$ | -0.5 | -0.25 | 0 | 0.25 | 0.5 |
| | Δ净资产利润率（$\Delta ROE$） | $\Delta ROE = [(ROE_0 - ROE_{-1}) + (ROE_1 - ROE_{-1}) + (ROE_2 - ROE_{-1}) + (ROE_3 - ROE_{-1})]/4$ | -5% | -0.25% | 0 | 0.25% | 0.5% |
| | Δ总资产利润率（$\Delta ROA$） | $\Delta ROA = [(ROA_0 - ROA_{-1}) + (ROA_1 - ROA_{-1}) + (ROA_2 - ROA_{-1}) + (ROA_3 - ROA_{-1})]/4$ | -5% | -0.25% | 0 | 0.25% | 0.5% |

续表

| 类别 | 细分指标 | 计算公式 | $V_1$ (绩效很低) | $V_2$ (绩效较低) | $V_3$ (绩效一般) | $V_4$ (绩效较高) | $V_5$ (绩效很高) |
|---|---|---|---|---|---|---|---|
| 成长性 | Δ 主营业务收入增长率（$\Delta RG$） | $\Delta RG = [ (RG_0 - RG_{-1}) + (RG_1 - RG_{-1}) + (RG_2 - RG_{-1}) + (RG_3 - RG_{-1}) ] / 4$ | −5% | −0.25% | 0 | 0.25% | 0.5% |
| | Δ 净利润增长率（$\Delta NPG$） | $\Delta NPG = [ (NPG_0 - NPG_{-1}) + (NPG_1 - NPG_{-1}) + (NPG_2 - NPG_{-1}) + (NPG_3 - NPG_{-1}) ] / 4$ | −5% | −0.25% | 0 | 0.25% | 0.5% |

注：①变量下标为−1代表并购前一年的指标，变量下标为0代表当年的指标，变量下标为1代表并购后第一年的指标，依此类推。②每股收益（$EPS$）＝净利润/期末总股数；净资产利润率（$ROE$）＝本期净利润/平均净资产；总资产利润率（$ROA$）＝本期净利润/平均总资产；主营业务收入增长率（$RG$）＝（期末主营业务收入−期初主营业务收入）/期初主营业务收入；净利润增长率（$NPG$）＝（期末净利润−期初净利润）/期初净利润。

### （三）确定模糊矩阵

在获得指标权重与指标评价标准之后，需要对样本进行分析以获取其模糊矩阵。本书在确定资源型企业海外并购长期绩效的定性指标和定量指标的模糊矩阵时，以样本2011年10月10日中石油宣告并购加拿大Daylight能源公司作为案例。

#### 1. 采用专家打分法获得定性指标模糊矩阵

为了能够客观反映资源型企业海外并购长期绩效，本书采用向专家发放问卷的方式来获取定性指标的模糊关系矩阵，主要通过向并购事件相关企业高管、为并购提供咨询服务的中介机构项目经理以及国际投资相关研究领域专家发放问卷获取数据。本书共发放问卷340份，回收298份，有效问卷272份，问卷回收率为87.6%，有效率为91.2%。

本书以中石油宣告并购加拿大Daylight能源公司事件为例，在确定内部员工评价模糊矩阵时，对于目标公司员工评价，发放的问卷中有2位专家认为绩效很低，除以专家总数后，得到"绩效很低"的隶属度为0.1，分别有4位、7位、5位、2位专家认为绩效较低、绩效一般、绩效较高、绩效很高，所以在目标公司员工评价中"绩效较低""绩效一般""绩效较高""绩效很高"的隶属度分别为0.2、0.35、0.25、0.1；对于收购方公司员工评价，分别有2位、6位、7位、

4 位专家、2 位专家认为绩效很低、绩效较低、绩效一般、绩效较高、绩效很高，所以在收购方公司员工评价中"绩效很低""绩效较低""绩效一般""绩效较高""绩效很高"的隶属度分别为 0.1、0.3、0.35、0.15、0.1。本书汇总得到 $C_{10}$ 的模糊评价矩阵为 $\begin{bmatrix} 0.1 & 0.25 & 0.35 & 0.2 & 0.1 \end{bmatrix}$。按照这种方法本书求得了准则层的其他指标的模糊矩。

2. 采用隶属度函数获得定量指标模糊矩阵

本书以样本中石油宣告并购加拿大 Daylight 能源公司的盈利能力中的 Δ 每股收益（$\Delta EPS$）$C_1$ 为例，说明定量指标的隶属度确定过程，进而得出模糊矩阵。

由中石油 2010 年、2011 年、2012 年、2013 年和 2014 年的财务报表可得出 2010~2015 年中石油的每股收益分别为 0.76 元、0.73 元、0.63 元、0.71 元、0.59 元，则 $\Delta EPS = [(0.73-0.76) + (0.63-0.76) + (0.71-0.76) + (0.59-0.76)] \div 4 = -0.1025$，所以并购方中石油企业财务指标每股收益的平均增长量为 $-0.1025$。根据式（5-14）可知，$x_1 = -0.1025$，$v_1 = -0.5$，$v_2 = -0.25$，$v_3 = 0$，$v_4 = 0.25$，$v_5 = 0.5$，具体计算过程如下：

| | |
|---|---|
| $r_1 = 0$ | $x_1 > v_2$ |
| $r_2 = [0 - (-0.1025)] \div [0 - (-0.25)] = 0.41$ | $v_2 < x_1 < v_3$ |
| $r_3 = 1 - 0.41 = 0.59$ | $v_2 < x_1 < v_3$ |
| $r_4 = 0$ | $x_1 < v_3$ |
| $r_5 = 0$ | $x_1 < v_4$ |

本书汇总后得到 $C_1$ 的模糊矩阵为 $\begin{bmatrix} 0 & 0.41 & 0.59 & 0 & 0 \end{bmatrix}$，表示中石油宣告并购加拿大 Daylight 能源公司样本案例中盈利能力中的每股收益有 41% 可能是"绩效较低"，有 59% 可能是"绩效一般"。本书按照给定的计算步骤得出另外的定量指标隶属度，并进一步求出各个因素集的模糊矩阵。

按照上述方式，本书求得了中石油并购加拿大 Daylight 能源公司样本案例的全部模糊矩阵，具体如表 5-7 所示。

表 5-7　中石油并购加拿大 Daylight 能源公司案例各子集模糊矩阵

| 准则层 Ⅱ | 指标层 Ⅲ | 模糊矩阵 | | | | |
|---|---|---|---|---|---|---|
| | | 绩效很低 | 绩效较低 | 绩效一般 | 绩效较高 | 绩效很高 |
| 盈利能力 $B_1$ | $C_1\Delta$ 每股收益 | 0 | 0.41 | 0.59 | 0 | 0 |
| | $C_2\Delta$ 净资产利润率 | 0 | 0 | 0.68 | 0.32 | 0 |
| | $C_3\Delta$ 总资产利润率 | 0 | 0.65 | 0.35 | 0 | 0 |

| 准则层 Ⅱ | 指标层 Ⅲ | 模糊矩阵 | | | | |
|---|---|---|---|---|---|---|
| | | 绩效很低 | 绩效较低 | 绩效一般 | 绩效较高 | 绩效很高 |
| 成长能力 $B_2$ | $C_4 \Delta$ 主营业务收入增长率 | 0 | 0.23 | 0.77 | 0 | 0 |
| | $C_5 \Delta$ 净利润增长率 | 0 | 0 | 0.71 | 0.29 | 0 |
| 中介评价 $B_3$ | $C_6$ 本土化程度 | 0.05 | 0.2 | 0.3 | 0.4 | 0.05 |
| | $C_7$ 社会公众关系 | 0.1 | 0.25 | 0.35 | 0.3 | 0 |
| | $C_8$ 市场占有程度 | 0 | 0.2 | 0.4 | 0.4 | 0 |
| | $C_9$ 当地并购舆论 | 0 | 0.25 | 0.45 | 0.25 | 0.05 |
| | $C_{10}$ 内部员工评价 | 0.1 | 0.15 | 0.35 | 0.3 | 0.1 |

（四）模糊综合评价

在获得各子集的模糊矩阵之后需要对其进行软件运行，通过一级模糊和二级模糊得到模型的模糊综合评价模型。本书以样本中石油并购加拿大 Daylight 能源公司为例进行说明。

1. 一级模糊评价

本书运用式（5-15）$B_i = W_i \times R_i$，将表 5-4 和表 5-7 中的各子集指标的权重和模糊矩阵进行相乘，可以得到该并购案例中每个长期绩效因子子集的一级模糊综合评价集。

例如，查阅表 5-4 得到 $B_1$ 层下一层指标，即（$C_1$、$C_2$、$C_3$）对应的权重分别为 0.393、0.323、0.284，所以 $W_1 = [0.393, 0.323, 0.284]$。

$$R_1 = \begin{bmatrix} 0 & 0.41 & 0.59 & 0 & 0 \\ 0 & 0 & 0.68 & 0.32 & 0 \\ 0 & 0.65 & 0.35 & 0 & 0 \end{bmatrix}$$

本书运行 Matlba 程序，输入上述两个矩阵，进行矩阵相乘运算后得到：

$B_1 = [0 \quad 0.34573 \quad 0.55091 \quad 0.10336 \quad 0]$

本书按照上述步骤分别计算出样本中石油并购加拿大 Daylight 能源公司的准则层其他下级指标的模糊矩阵 R，并将计算结果汇总于表 5-8 当中。

**表 5-8 样本中石油并购加拿大 Daylight 能源公司准则层各个指标模糊运算结果**

| 权重 | 模糊矩阵 | 模糊评价 |
|---|---|---|
| $W_1 = \begin{bmatrix} 0.393 & 0.323 & 0.284 \end{bmatrix}$ | $R_1 = \begin{bmatrix} 0 & 0.41 & 0.59 & 0 & 0 \\ 0 & 0 & 0.68 & 0.32 & 0 \\ 0 & 0.65 & 0.35 & 0 & 0 \end{bmatrix}$ | $B_1 =$ $\begin{bmatrix} 0 & 0.34573 & 0.55091 & 0.10336 & 0 \end{bmatrix}$ |
| $W_2 = \begin{bmatrix} 0.56 & 0.44 \end{bmatrix}$ | $R_2 = \begin{bmatrix} 0 & 0 & 0.23 & 0.77 & 0 \\ 0 & 0 & 0.71 & 0.29 & 0 \end{bmatrix}$ | $B_2 =$ $\begin{bmatrix} 0 & 0.0552 & 0.3339 & 0.0609 & 0 \end{bmatrix}$ |
| $W_3 =$ $\begin{bmatrix} 0.24 & 0.21 & 0.18 & 0.2 & 0.17 \end{bmatrix}$ | $R_3 = \begin{bmatrix} 0.05 & 0.2 & 0.3 & 0.4 & 0.05 \\ 0.1 & 0.25 & 0.35 & 0.3 & 0 \\ 0 & 0.2 & 0.4 & 0.4 & 0 \\ 0 & 0.25 & 0.45 & 0.25 & 0.05 \\ 0.1 & 0.15 & 0.35 & 0.3 & 0.1 \end{bmatrix}$ | $B_3 =$ $\begin{bmatrix} 0.05 & 0.212 & 0.367 & 0.333 & 0.039 \end{bmatrix}$ |

本书汇总了上述计算结果，并将每个指标的模糊运算结果合成一级模糊结果，具体如表 5-9 所示。

**表 5-9 样本中石油并购加拿大 Daylight 能源公司一级模糊综合评价结果**

| 准则层指标 | 评价结果 | | | | |
|---|---|---|---|---|---|
| | 绩效很低 | 绩效较低 | 绩效一般 | 绩效较高 | 绩效很高 |
| 盈利能力 $B_1$ | 0 | 0.34573 | 0.55091 | 0.10336 | 0 |
| 成长能力 $B_2$ | 0 | 0.0552 | 0.3339 | 0.0609 | 0 |
| 中介评价 $B_3$ | 0.05 | 0.212 | 0.367 | 0.332 | 0.039 |

2. 二级模糊评价

本书将每个子集一级模糊评价结果计算出来后，再将子集 $B_1$、$B_2$、$B_3$ 合成一个因素，将其作为一个单一子集，再进一步对其目标层进行模糊评价。二级模糊评价同上述分析一样，用式（5-16）进行计算。

查阅表 5-4 可知，目标层下一级的各元素（$B_1$、$B_2$、$B_3$）相对于目标层的权重为 $W = \begin{bmatrix} 0.232 & 0.327 & 0.424 \end{bmatrix}$。

R 表示模糊评价矩阵，代表准则层各因素与最终综合分析结果之间的相关关系：

$$R = \begin{bmatrix} 0 & 0.34573 & 0.55091 & 0.10336 & 0 \\ 0 & 0.0552 & 0.3339 & 0.0609 & 0 \\ 0.05 & 0.212 & 0.367 & 0.332 & 0.039 \end{bmatrix}$$

本书对矩阵进行相乘计算后，结果如下：

$I = W \times R = \begin{bmatrix} 0.022 & 0.189 & 0.393 & 0.185 & 0.017 \end{bmatrix}$

据此，本书计算出了样本中石油并购加拿大 Daylight 能源公司的二级评判结果，具体如表 5-10 所示。

表 5-10　样本中石油并购加拿大 Daylight 能源公司二级综合模糊评判结果

| 海外并购长期绩效评价 | 评价结果 | | | | |
| --- | --- | --- | --- | --- | --- |
| | 绩效很低 | 绩效较低 | 绩效一般 | 绩效较高 | 绩效很高 |
| | 0.022 | 0.189 | 0.393 | 0.185 | 0.017 |

本书将评价等级标准分为 5 个级别：

V = [绩效很低　绩效较低　绩效一般　绩效较高　绩效很高]

为了进一步对资源型企业海外并购长期绩效进行分析，本书在模糊综合评价结果完成后，再对五个级别进行赋值，赋值依据 [$V_1 < 20$，$20 < V_2 < 40$，$40 < V_3 < 60$，$60 < V_4 < 80$，$80 < V_5 < 100$]，得到（10，30，50，70，90），并将模糊综合评价矩阵与赋值数相乘，得到最终样本企业长期绩效综合值为：

$0.022 \times 10 + 0.189 \times 30 + 0.393 \times 50 + 0.185 \times 70 + 0.017 \times 90 = 40.02$

同理，我们计算出了 34 个样本的海外并购长期绩效综合评价分数，具体如表 5-11 所示。

表 5-11　长期绩效综合评价分数

| 序号 | 综合分数 |
| --- | --- |
| 1 | 55.16 |
| 2 | 49.56 |
| 3 | 71.01 |
| 4 | 35.06 |
| 5 | 61.24 |
| 6 | 54.42 |

续表

| 序号 | 综合分数 |
|------|----------|
| 7 | 31.51 |
| 8 | 64.52 |
| 9 | 51.87 |
| 10 | 33.45 |
| 11 | 46.75 |
| 12 | 39.49 |
| 13 | 66.07 |
| 14 | 58.63 |
| 15 | 63.76 |
| 16 | 35.41 |
| 17 | 60.99 |
| 18 | 43.74 |
| 19 | 58.37 |
| 20 | 42.36 |
| 21 | 56.94 |
| 22 | 38.07 |
| 23 | 62.66 |
| 24 | 51.6 |
| 25 | 37.1 |
| 26 | 70.14 |
| 27 | 60.17 |
| 28 | 52.34 |
| 29 | 60.1 |
| 30 | 78.09 |
| 31 | 52.3 |
| 32 | 58.31 |
| 33 | 40.02 |
| 34 | 61.24 |

由表 5-11 可以看出，企业的得分越高则并购后的绩效越好，可分为五个级别，具体为 $V_1<20$，$20<V_2<40$，$40<V_3<60$，$60<V_4<80$，$80<V_5<100$（V 是指计

算得出的综合分数），分别代表绩效很高、绩效较高、绩效一般、绩效较低、绩效很低。因此，资源型企业在并购完成后可以对企业自身的海外并购长期绩效进行评价，从而找出企业自身存在的不足与问题。

## 五、实证结果分析

本书在构建资源型企业海外并购评价指标体系的基础上，首先，运用模糊综合评价法确定了各级指标在评价体系中的权重，得到模糊矩阵；其次，得出了最终的模糊综合评价矩阵；最后，计算得出了 34 家资源型企业海外并购长期绩效评价的综合分数，实证分析的结果如下：

（1）从指标权重计算的结果可看出，定性指标相较于盈利能力与成长能力中的财务指标，对衡量企业海外并购长期绩效更具有代表性。这一结果表明，资源型企业并购后的效果不单单体现在企业财富的增加上，也能在并购后企业产生的社会效益上有所体现。财务指标在资源型企业并购短期时间内的表现往往不尽如人意，其原因可归咎于资源型企业特有的属性，在并购后相当长的一段时间要经历资源的开采与挖掘活动，因此评价资源型企业海外并购的长期绩效单靠财务指标是片面的，需要依靠其他方面的指标进行补充。模糊层次分析可以将定性指标纳入长期绩效评价的体系中，在一定程度上可以弥补度量偏误的缺陷。这一方法可以进一步完善资源型企业海外并购长期绩效的评价体系。

（2）若单考虑企业并购后的长期绩效，成长能力与盈利能力相比更加重要。先前学者认为，企业的盈利能力相对于成长能力来说，对企业并购的长期绩效影响较大，这与本书的结论相悖，主要原因在于本书聚焦于资源型企业海外并购的长期绩效分析，这类企业的特殊性导致在短期内企业成长能力对企业绩效的影响大于企业的盈利能力。

（3）通过运用模糊分析法对 34 家企业并购后的长期绩效进行分析可知，指标综合评价分数越高，则其长期绩效就越好。就最终的海外并购长期绩效综合评价分值来看，有 6 家企业海外并购长期绩效较差，14 家企业海外并购长期绩效一般，其余的企业长期绩效较高。总体来讲，我国资源型企业海外并购的长期绩效趋于良好态势，但是还有一小部分企业海外并购未取得预期效果，由此可见，虽然国际金融危机使得国际资源的价格下降，减少了资源型企业"走出去"的成本，但是，金融危机也不同程度地影响到了一些企业的效益，企业选择在这个时候走出国门面临的其他危险还有很多，比如资源国的政策导向、资源国在特殊时期的民族主义和宗教风险、企业后期的整合风险等。因此，本节对 34 家资源型企业海外并购的长期绩效进行分析，可以更好地找出自身存在的问题，为进一步的企业风险研究提供前期保障。

## 第四节　本章小结

本章采用事件研究法和模糊层次分析法评价了资源型企业海外并购绩效的短期与长期绩效，得出了以下结论：

（1）在并购事件进行公告之前，$CAR$ 正值比较多，表明投资者在并购事件上的反应比较强烈。原因之一是在企业并购之前资料有所泄露，原因之二是并购方为了宣传本公司，在并购之前进行商业炒作，从而引起更多投资者的关注。

（2）在并购事件公告发生之后，$AAR$ 负值较多，$CAR_t$ 显著小于 0，且呈现出下降态势，表明投资者对资源型企业海外并购的预期不乐观，并购活动并未使股东的财富增加，短期绩效比较差。然而，采用事件研究法研究企业海外并购绩效存在一定程度的不足。一方面，事件研究法是在一定的假设上展开的，但是我国的股票存在一定的违规操作，市场还不够规范，最终导致投资者的投资结果与预期设想不一致；另一方面，事件研究法由于是通过现状预估未来，其结果往往会出现一定的偏差，所以短期的测算并不能充分说明其并购效果，需要通过长期的测算进行说明。

（3）从指标权重计算的结果可以看出，结合资源型企业特点，在短期内定性指标相较于盈利能力与成长能力中的财务指标，对企业海外并购长期绩效的影响表现更具代表性。

（4）单考虑企业并购后的长期绩效，成长能力与盈利能力相比更加重要。

（5）指标综合评价分数越高，则其长期绩效就越好。从最终综合评价结果来看，我国资源型企业海外并购长期绩效趋于良好态势。模糊层次分析法是在企业并购完成后三年对资源型企业并购长期绩效展开评价的，相对于短期评价更加可靠客观。同时，模糊层次分析法引入定性指标分析，弥补了传统绩效评价财务指标的不足，在一定程度上对资源型企业海外并购绩效的评价具有理论与实践意义。

# 第六章 资源型企业海外并购绩效影响因素研究

## 第一节 资源型企业海外并购绩效影响因素的定性分析

资源型企业海外并购活动是一种跨国经营行为，由于并购企业与被并购企业所处的环境差异较大，并购行为的成功与否以及并购效益的获取不仅受到企业自身能力的微观因素影响，还会受到企业双方所在地的政治环境及市场环境等多方面宏观层面因素的牵制。因此，对资源型企业海外并购绩效的影响因素进行政治层面、行业层面以及企业层面的定性分析，有助于我们更好地了解资源型企业海外并购事件所面临的困难。

目前，我国资源型企业海外并购的数量和金额呈不断上升趋势。但据调查结果显示，并非所有并购企业的效果都往好的方面发展，失败的企业也有很多，并且亏损的金额也十分巨大。因此，资源型企业在海外并购过程中应该结合自身企业的特点，充分考虑各个影响因素所带来的问题，努力降低海外并购风险，争取获得理想的经营业绩，以进一步提升企业在国际上的竞争力和影响力。

本书通过大量的文献阅读与整理发现，影响资源型企业海外并购的因素可以分为三类：宏观环境因素、行业环境因素、企业自身因素，而各类影响因素又分别涵盖海外并购活动中的多个侧面，具体的影响因素理论框架如图6-1所示。

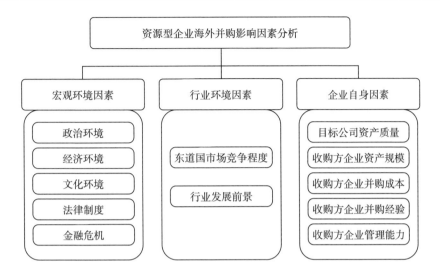

**图 6-1　资源型企业海外并购影响因素框架**

## 一、宏观环境因素分析

企业的宏观环境主要有政治、经济、文化、法律以及金融危机等外部环境。在企业海外并购的过程中，被并购企业所处的国家政治稳定状况、经济发展水平、对外在文化的接受程度、与并购相关的法律完善状况等外部宏观环境因素均会影响到并购企业的并购战略选择、并购成功率以及并购后企业的绩效水准。进行宏观环境分析的目的是，确定影响企业在管理与战略布局上的原因中，宏观因素会占多大的比重。尤其是在跨国并购的案例中，对其宏观环境进行分析极为必要。

（一）政治环境因素分析

政治环境因素分析主要是分析国家的政策实施、稳定程度、经济与产业政策的稳定性和取向，以及国家在全球经济中所处的地位等。政府实施的经济政策符合国家当前的发展方向，企业可以根据这种经济政策制定符合自己发展的战略与管理政策，从而实现资源的合理配置与优化。一国的产业政策往往可以为一个企业的发展指明具体的战略方向。若企业不了解国家的相关政策，所要投资开发的产业属于当地限制发展的行业，则发展空间会很小。政府重点扶持的产业一般都会有相应的政策倾斜，如贷款政策、税收补贴以及资本等方面优惠，这些扶持政策会使得从事相关产业或是准备创业抑或是产业转型的企业都可以有先天的竞争优势。

我国历来主张和平发展，对外一直坚持和平友好的政策。然而，国外一直存在"中国威胁论"的说法，这种因素间接导致我国企业在跨国并购时存在障碍与成本加大的问题。资源型企业并购尤其关系到国家资源问题，并购规模大、矛盾多，往往会导致并购东道国因为关系国家安全问题而在国家层面进行干预与阻挠，如采用更加严厉的检查程序、设立听证会、进行严格的控制与审查等。多数并购企业往往因为东道国的这些程序而导致并购计划失败。例如，在 2002 年中石油并购俄罗斯斯拉夫石油公司这一并购案例中，中石油是大型国有企业，因此在参与竞拍的过程中，引起了俄罗斯政府的猜忌，导致并购事件一开始就不顺利，最终中国竞拍失败，俄罗斯政府给出的原因是违背俄罗斯私有化的进程。2004 年，中国五矿集团并购加拿大的诺兰大企业，受到了加拿大国家政界的阻挠与反对，最终以并购失败告终。所以，我国资源型企业在海外并购的过程中，首先应考虑东道国的政治环境因素，若没有被并购方所在国政策的支持，我国的海外并购是很难实现的。

（二）经济环境因素分析

经济环境因素是并购与投资中所有因素中最基本、最直接的因素，在海外市场中更是必须要考虑的因素之一。经济环境因素包括经济周期、经济政策、经济体制、国民总收入与居民可支配收入的变化、市场的完备程度以及贸易状况等。

每个国家对经济投资的需求都不一样。对于发展中国家与发达国家来说，资金需求存在较大差异。发达国家的经济体系相对完备，资金雄厚，除了本国投资外，也能够吸引外来的投资，所以对企业重组与并购一般持肯定的态度。然而发展中国家处于经济发展阶段，一切都需要大量的资金投资，在吸引外资方面更倾向于新建投资，而并购对本国的帮助并不大，因此发展中国家一般都持中立态度；在收入方面，收入水平越高，周转就越快，资金的吸引力也越强。另外，国民收入与人均可支配收入水平可以在一定程度上反映一个国家的消费能力、消费水平、消费结构，这对市场的导向有着极大的意义；经济基础结构的完善程度会间接影响国际上的投资效益。因此，一个国家或地区的经济基础结构越完善，投资者越容易达到投资目的，实现盈利。相反，不完善的经济基础结构往往容易给投资者带来损失，容易让投资者撤销投资；市场的完善程度亦决定着投资者的盈利情况。所以合理的经济制度与健全的市场体制能保证国际投资的正常运行。

（三）文化环境因素分析

国家文化不同，会导致企业文化不同，所以企业间的并购，尤其是跨国企业的并购应该考虑文化因素的影响。文化环境因素往往与人口分布、生活方式、受教育程度、世界观、价值观、社会流动性等因素有关。不同国家之间往往存在着语言、文字、社会价值观、宗教信仰、社交方式以及政策制度的差异，这些因素则会导致消费者的消费理念与消费习惯存在差异，进而间接影响企业的经营业绩。

企业并购往往会因为企业文化之间较大的差异给双方企业的企业文化造成巨大的冲击。一般认为，母国与东道国之间的社会文化差异越大，母公司与东道国公司之间的企业文化与组织管理的差异也越大，投资于母国的社会文化差异越大的国家，其交易成本也会越大。Morosini（1999）研究了 1987～1992 年 52 家参与海外并购的企业，研究结果表明，多元化的企业文化更有助于并购方企业吸收东道国企业的文化，实现多元化经营，获取多元化的沟通与管理方式，提高企业的生产效率。现在我国资源型企业并购多发生在美国、英国、加拿大和澳大利亚等发达国家，由于地理位置不同使企业的成长环境存在差异，因此形成不同的经营理念与企业文化。国家之间的文化差异将导致我国企业与海外企业之间亦存在巨大的文化差异，这就需要我国企业在并购之前考虑好如何取其精华、去其糟粕，从而使两方企业的文化进行融合，使之朝着效益更高的方向发展。

（四）法律环境因素分析

在企业海外并购的过程中，会涉及一系列法律问题，主要包括公司法、税法、物权法、外汇管制法和反洗钱法、反垄断法、劳工法、知识产权法、外国投资法、环境法或技术壁垒法、民事诉讼法、仲裁法、贸易管制法、产品责任法、移民法或出入境管理法等。然而多数企业都对法律了解不够全面，常常会出现法律风险管理意识淡薄和法律知识缺失的问题。Moskalev（2010）对东道国法律限制国外并购方的并购能力与公司控制的国内市场动力进行了研究，认为如果跨国并购的法律被放宽，国外并购方则会增加跨国并购的数量，尤其是一些资本较少但却致力于提高经济的国家。国外并购方更有可能选择在具有绝对股票掌控权的国家实施跨国并购。随着东道国跨国并购法律的进一步完善，国外并购方则会选择能够具有较大控股权的并购模式。

一般来说，发达国家政治环境相对稳定、法律制度相对完善，而发展中国家却不具备这些优势，由于缺乏完善的法律制度的保障，在一定程度上会增加并购的风险。因此，在考虑目标并购企业时，要结合企业的自身发展以及当前的实际情况制订并购计划，在制订计划时也要考虑到东道国的外部环境因素以及目标企业本身的发展情况。

（五）金融危机因素分析

尽管金融危机对我国外向型经济造成了一定的冲击，但是同时也给我国企业的海外并购带来了一定的机遇。

第一，金融危机造成全球企业市值大幅下降，资金周转困难、融资困难等问题不断涌现，这在一定程度上为我国资源型企业在海外发展创造了条件。多数海外企业的市值在经历了金融危机之后大幅下降，造成企业申请破产，或者与相同行业的企业进行并购重组。因此，在金融危机之后，这些企业的并购门槛有所降低，尤其是资源型企业，其产品的价格下降到相当诱人的水平。

第二，在金融危机之前，海外资源型企业壁垒较高，但发生金融危机之后，进入壁垒有所降低，这就为我国企业进行海外并购提供了大好机遇。以美国为例，在金融危机后，其允许我国在石油与天然气领域进行投资。由此可见，金融危机为我国企业海外并购提供了机遇。

第三，金融危机之后，人民币升值，这也在一定程度上降低了企业海外并购的成本，同时我国企业外债的利息与本金还付压力相应减少，进一步提升了我国企业对外并购的能力。

从 2008 年中钢集团以 13 亿美元收购澳大利亚 Midwest 到 2009 年 2 月中国铝业宣布购买人力拓英国上市公司 12% 的股份，从 2010 年吉恩镍业收购加拿大 Goldbrook Ventures 公司 100% 股权到 2011 年宝钢集团以 1.2 亿元人民币收购加拿大 Noront Resources Ltd.，这些并购案例都表明我国有越来越多的资源型企业选择走出国门，在国际市场上占有一席之地。因此，金融危机在一定程度上刺激了中国资源型企业的海外并购。

## 二、行业环境因素分析

行业环境因素分析最主要的就是分析被并购公司的竞争优势与并购价值。下面分别从被并购公司所处国家的市场竞争程度与行业发展前景两个方面进行分析。

（一）东道国市场竞争程度

本书运用波特五力模型（五要素竞争力模型）来分析被并购公司在东道国

市场中的竞争情况。任何一个行业的竞争除了竞争对手之间的竞争之外，还有其他的竞争关系，波特教授将这种行业的竞争总结为五要素竞争力模型。这五种要素分别是潜在市场进入者、现有市场竞争对手、替代品、供应商和购买者（见图6-2）。这五种因素之间相互关联，共同决定着企业所在行业的获利能力与市场地位。如果市场竞争激烈，则所在行业的企业都不会有获利的可能性。因为行业的竞争会导致投资收益率的降低，最终会使得收益水平处于最低水平，而投资者则会抽出投资，直到最后使得企业停止经营。相反，如果市场竞争环境缓和，则企业就可以获得较高的利益，也会在一定程度上吸引投资，刺激资本流入该行业，该行业的现有企业也会有一定量的资本增加。因此，市场上的竞争强弱也会导致资本投入的多少。

**图6-2　五要素竞争力模型**

资料来源：笔者绘制。

根据之前的文献可知，目前我国在海外并购的企业多数存在以下几种情况：企业本身要么是管理上出现了问题，要么是生产成本低，要么是缺乏技术创新而面临被淘汰，要么是因为业绩不高而面临破产或倒闭，这些公司本身在市场上已无竞争优势。所以，我国要充分发挥自己的优势，提升自己的竞争优势，实现产业升级，为企业制定好长期的发展战略。

（二）行业发展前景

本书所研究的对象具体是指资源型行业领域的企业，主要包括煤炭、石油、钢铁、矿产等多个具体领域。每个领域的行业前景又直接决定了企业海外并购活动的成败。为了准确找到自身企业在行业中的定位，就需要确定其关键的行业特征、竞争对手的市场地位和战略、竞争的激烈程度、取得竞争成功的关键因素、行业变革的驱动因素以及行业未来的利润前景六个战略因素。第一，并购应该选择前景好、成长快且具有市场前景的产业；第二，并购应该选择不受到其东道国政策或政界限制的国家，比如以美国等为代表的西方国家对重要产业的跨国并购实行严格的监管，通常情况下其并购流程与手续都较繁杂；第三，并购应该选择自己熟悉的产业进行投资，且结合产品生命周期理论，选择处于上升期的企业就会有较好的发展前景。但处于上升期的企业一般竞争压力比较大，具有一定的风险，成熟期的企业则风险较小。因此，应该结合自身的企业情况进行最恰当的选择。只有这样，企业实施海外并购后，就能够在较短时间内把握机遇，迅速占领市场，从而为企业带来丰厚的利润。

## 三、企业自身因素分析

企业自身因素主要表现在五个方面：一是目标公司资产质量；二是收购方企业资产规模；三是收购方企业并购成本；四是收购方企业并购经验；五是收购方企业管理能力。具体因素描述如表 6-1 所示。

表 6-1　企业自身因素分析

| 因素 | 内容描述 |
| --- | --- |
| （1）目标公司资产质量 | 若被并购公司出让股权，在侧面说明该公司可能存在一定的问题。例如，坏账、资产质量问题、经营不力、巨额负债、股东关系紧张、诉讼问题或者历史遗留问题。若被并购方刻意隐瞒，而并购方在尽职调查中却没有发现，最后的并购则会导致并购方损失资产。在选择被并购的公司的过程中应坚持选择具有潜力的公司的原则，因此，在并购事件发生之前，应该充分分析被并购公司未来的盈利能力。具有较强盈利能力的公司往往在并购后能够为母公司带来利益，这意味着并购成功。因此，提高海外收购成功率的一个方法是在考虑并购公司时应该考虑高质量资产的公司 |
| （2）收购方企业资产规模 | 当代跨国并购的主要组成部分是大型跨国公司，并且在并购上具有强强联手的特征。与小规模企业相比，资本市场的交易者往往比较容易从大规模企业获得更多的信息，可以说企业信息和企业规模成正比。在并购过程中，并购企业的规模越大，越难出现市场价值扭曲，因此企业的规模优势往往能在并购过程中体现出来。当企业的规模越小，越难实现规模经济，这种状况会对国内企业的国际竞争力造成不利影响，阻碍其进行跨国经营的步伐。因此，要想以并购的方式实现国际化经营，并购企业需要具备一定的规模和经济实力 |

续表

| 因素 | 内容描述 |
| --- | --- |
| （3）收购方企业并购成本 | 并购成本主要包括调查成本、谈判成本、价格成本、整合成本和后续投入成本。分析并购成本主要是为了判断企业能否拥有并购所需要的资金，如果自身没有足够的资金而且没有获得资金合适的融资渠道，那么就应该放弃并购，不然将会威胁企业其他业务的发展。如果并购所需的成本很低，那么企业对该项目的投资便是可行的。自从金融危机发生以来，欧美等发达国家的一些国际知名企业的股价大幅度下跌，这些企业想寻求国家支持实现海外并购，相比于发达国家，中国的宏观经济比较稳定，金融危机对我国的影响比较小，这节约了中国企业海外并购的成本。至此，中国政府大力支持能源、矿产等领域的战略并购，适时出台了并购贷款方面的政策并给出了指导意见，引导和鼓励银行大力支持中国企业的海外并购。综上所述，低廉的并购成本极大程度上推动了海外并购的步伐 |
| （4）收购方企业并购经验 | 缺乏并购经验的跨国公司在进行海外并购活动的过程中，所面临的是具有很大不确定性的国外市场，这会增加跨国公司的管理成本和协调成本。除此之外，海外并购面临的问题远远超过预期，只有在海外并购方面拥有丰富经验的公司才能协调处理并购所带来的问题，其中尤为关键的是并购后的整合问题。根据波士顿经验学习曲线，反复执行一项任务将会降低这项任务的成本，除此以外，在一项经济活动中，如果个体或组织可以取得更多的经验，个体或组织的效率就会得到显著提升。所以，当一个企业获得与本企业相似制度国家的并购经验时，企业将能够更加直观地了解在这一制度中组织机构和企业的管理理念、行为模式。这对于企业来说是影响并购活动成功与否的重要因素，有利于企业总结出适合自己的有效管理方案，从而有利于企业海外并购活动的成功开展。<br>西方国家的一些企业已有上百年并购活动的历史，最早的并购活动在各个国家的内部开展，当内部并购总结大量经验后才开始迈出跨国并购的步伐。中国资源型企业海外并购以中海油、中石化、中石油为首，它们在历史上参与过很多次海外并购，所以海外并购经验比较丰富。还有部分资源型企业起步比较晚，并购次数比较少或从未参与过任何并购，并购经验比较少，这些企业在跨国并购时风险自然比较高，在金融危机中这些企业也没有把握住机遇，导致并购最终失败。因此，并购经验越丰富的企业往往越容易成功实施海外并购 |
| （5）收购方企业管理能力 | 一个企业管理团队对公司的并购整合能力和组织管理能力是并购活动成败的决定性因素。在并购的过程中，公司的董事会、管理层及业务团队之间的协作能力，以及管理层是否能够对并购活动的各个流程进行有效规划和监督是并购活动的关键因素。整个并购活动结束后，管理层需要对公司制定整体公司战略目标、人员组织活动以及组织结构调整等进行各项安排。并购"七七定律"指出，在并购活动中有70%的并购没有实现期望的商业价值，而当中70%的并购失败的原因来于并购后的整合。麦肯锡公司通过研究个案金额超过5亿美元的150起并购交易后发现，并购失败的重要原因有合并后组织结构调整失效、无力留住有价值的人员以及交流沟通不够等。回顾我国资源型企业的并购活动，很多企业在获利的同时还面临着同业竞争陷阱、经营障碍、负债压力、信息不充分等各类困难，这导致了海外并购效果不理想。所以管理团队要从各个方面提升自身的管理水平，根据公司发展需要制定长期发展战略，把握正确的并购时机，选择适宜自身发展战略的并购对象；同时，还要有效识别和抵御在并购过程中可能出现的各种风险，在此过程中积累经验，使公司可以在复杂多变的国际环境中长久立足 |

## 第二节　资源型企业海外并购绩效
## 影响因素的实证研究

### 一、研究假设的提出

本书在探讨了资源型企业海外并购绩效后，本章将进一步对资源型企业海外并购绩效的影响因素展开研究。现有文献对企业并购绩效的影响因素从理论方面进行了研究，具体包括外部因素与企业自身因素。资源型企业所处地位比较特殊，外部因素中有部分影响因素不适合于分析资源型企业。例如，国家的经济环境这类因素，资源型企业完成海外并购交易后，企业的勘探和采矿活动主要是在一些偏远的地方展开，在这种情况下，研究经济环境对并购绩效的影响就失去意义。另外，在研究企业的并购绩效的过程中，需要考虑到行业环境的相关指标，如行业前景、行业相关性等，而研究资源型企业海外并购时只会涉及一个行业，行业环境这类指标的影响效果研究意义不大。综上，本书对于此类指标的影响效果在本文不做研究。本章将全面分析资源型企业自身属性的特殊性，并针对这些性质提出影响资源型企业海外并购绩效的因素，从而展开研究。

在本节中，我们将选取近些年来资源型企业海外并购的案例，充分结合以前学者在资源型企业海外并购方面所做的一些研究，总结各个案例成功或失败的原因，并在此基础上提出 6 个假设。

假设 1：政治风险越小，资源型企业海外并购绩效越好。

政治风险一直以来都是企业海外并购过程中无法规避的风险，资源型企业进行海外并购的主要目标是获取海外战略性资源，在这一类型的并购事件中政治风险是不可避免的。这其中包括并购交易中两国的外交关系、被并购企业所在国家政治格局的稳定性、相关利益集团以及政策风险等。

尽管中国在外交的过程中一直主张和平共处的原则，然而还是有很多国家对中国的迅速崛起存在着担忧，为了巩固本国地位、维护本国权益，发达国家对中国实施的海外并购活动总是进行干涉与阻碍，这种行为提高了中国企业"走出去"的战略规划成本。由于资源型企业的并购金额一般比较高，又以获取战略资源作为并购的动因，所以，被并购企业所属国家通常会将本国发生的该类并购事件与国家安全挂钩，使得并购工作难以顺利推进。因此，中国企业海外并购的实施不得不把目光投向非洲及拉美地区，但是这些地区的国家政治格局往往不太稳定，也会造成一定的政治风险。除此以外，东道国对在自己国家开展的并购事件会进行严苛的审查程序，部分国家出现了针对资源型企业海外并购召开听证会的情况。在资源型企业实施海外并购的过程中，如果东道国政府可以尽自己所能给予并购企业更多的鼓励与支持，将会为企业减少并购成本，使企业加速发展。因此，政治风险与资源型企业并购绩效之间存在负相关关系。

假设2：目标企业资产越优质，资源型企业海外并购成功率越高。

目标企业出让自己的股权甚至控制权的主要原因包括：资产存在质量问题、巨额负债或或有负债、坏账、预计巨大亏损的合同、棘手的诉讼等。由于交易双方信息不对称，在并购开始前，被并购方可能会对公司的真实情况有所隐瞒，收购方在调查目标企业相关情况时如果未能及时发现其中存在的问题，那么并购后并购企业的经营状况可能会被拖累。选择目标公司时最重要的考核标准就是公司的盈利能力存在很大的发展空间，基于这条准则，对目标企业的资产状况进行评估时先要进行生产获利能力的预测。只有发展能力很强，实施并购后公司才能获得更好的并购绩效。

对于资源型企业来说，资源型企业的盈利主要来源于所开采的资源，因而所收购的能源和矿产资源的禀赋条件是至关重要的。因而，在选取目标企业时，除了要考量目标企业本身的固定资产、附加值资产、财务状况等，更要重点考量所收购资产资源开采地的开采条件、资源开采难度、资源的丰裕程度等方面的因素。开采资源的质量将会直接影响企业自身现金流的稳定性和企业原材料的供给能力，还会影响企业在并购之后需要投入的后续成本。综上所述，目标公司资产质量高低是决定海外收购能否成功的重要因素。

假设3：收购方的并购经验越多，资源型企业海外并购越容易成功。

掌握怎样在东道国市场经营并提高经营效率对资源型企业海外并购来说极其重要。只有具有并购的相关经验，对东道国的市场情况有一定的了解，才能更好地应对并购过程中出现的不确定性，从而使并购的风险应对成本以及协调成本都能得到控制，在应对信息渠道、人力资源以及技术设备等方面的问题时也会更加熟练。加之资源型企业通常涉及巨大的并购规模，并购过程中通常会面临更多阻碍，缺乏经验的并购方很有可能面临并购活动失败，这对收购方资源型企业也会造成巨大的损失。因此，资源型企业在东道国拥有的投资经验越丰富，其在并购过程中选取发展潜力好的企业的概率就越大，实施并购的绩效也会越高。

中石油、中石化以及中海油在资源型企业海外并购的历史上具有重要地位，参与过多次资源型企业海外并购事件，是资源型企业实施海外并购最主要的企业，这些企业海外并购经验比较丰富。还有部分资源型企业起步比较晚，并购次数比较少或从未参与过任何并购，并购经验比较少，这些企业在跨国并购时风险自然比较高，金融危机中这些企业也没有把握住机遇，在海外并购中没有取得突破。基于以上分析，海外并购的经验对于海外并购交易的成功具有正向效应。

假设4：收购方的文化整合能力越强，并购运营效果越好。

企业文化包括企业的传统信仰、公司员工共同认可的价值观、处理问题的准则以及依赖的行为准则，是企业在经营过程中形成的独具企业特色的价值体系，收购方企业必须将本企业与目标企业的文化高度整合，使其具有相同的战略目标。余四林（2010）研究发现，1990~2010年全球共有65%的并购活动失败，这些失败案例中有80%的管理者认为，并购失败是由管理风格差异以及公司文化造成的。戴姆勒并购克莱斯勒后，经常因为推出新产品存在异议争论不休，意见也无法达成一致，这些都是由两个公司企业文化不同导致的。

这些年来我国资源型企业在并购整合完成后，相较于其他行业的并购活动所面临的文化整合风险更高，这主要是因为我国资源型企业并购大多发生在美国、英国、加拿大和澳大利亚等西方国家，地理位置和成长环境的不同使我们不得不面对东西方文化差异的问题。同时，资源型企业需要在当地进行大范围的勘探开采活动，这涉及更多的原住民、本土化以及环境生态保护方面的问题，这也成为文化冲突的来源，资源型企业在当地的生产经营活动常常会面临更多的阻碍。当前资源型企业并购成功后首先要解决的问题就是，将自身特点与海外先进管理理念和生产技术进行有效融合，取其精华，弃其糟粕。

综上：收购方的文化整合能力越强，并购运营效果越好。

假设5：资源型企业的股权集中度与海外并购经营绩效正向相关。

股权集中度可以反映公司股权分布的状态，它是指全部股东因持股比例的不同所表现出来的股权集中或者分散的数量化指标。美国学者 Jensen 和 MeCkling （1976）认为，公司发展运营的效率在很大程度上取决于股权集中度。按照现代企业中各股东持股比例的大小，一般将公司股权集中度划分为三种类型：股权高度集中、股权适度集中以及股权高度分散。

大多数研究者认为，高度集中的股权可以显著提升公司绩效，在股权高度集中的公司中，控股股东能够积极主动地发挥监督职能，有效发挥约束效应，此类公司的盈利能力和市场表现力通常比较高。然而，有一部分学者意见恰恰相反，他们认为，高度集中的股权不利于公司自身的管理发展，股权过度集中容易造成决策者主观意向过于单一，在决策方面缺乏多样性，从而导致公司所做出的决策偏离正确的轨道。同时，大股东也可能利用自己的权势侵占小股东的利益，这也不利于公司未来的发展。再者，资源型企业的股权过度集中在少数人的手中，那么在收购的过程中，目标企业可能会担心大股东会掌握更多的资源，在未来的市场中可能会出现资源垄断格局，从而威胁到目标国自身的安全，资源国际定价权进而被剥夺。基于这几种原因，这部分学者认为，资源型企业股权的高度集中不利于企业运营效果的提升。

　　综上，本书假设，资源型企业的股权集中度与海外并购经营绩效正向相关。

　　假设6：收购方管理团队能力越强，并购经营活动更加成功。

　　一个企业管理团队对公司的并购整合能力和组织管理能力是并购活动成败的决定性因素。在并购的过程中，公司的董事会、管理层及业务团队之间的协作能力，以及管理层制定的并购活动规划对并购成功与否起着至关重要的作用。并购"七七定律"指出，在并购活动中有70%的并购没有实现期望的商业价值，而当中70%的并购失败的原因来自并购后的整合。麦肯锡公司通过研究个案金额超过5亿美元的150起并购交易后发现，并购失败的重要原因有合并后组织结构调整失效、无力留住有价值的人员以及交流沟通不够等。

　　回顾我国资源型企业的并购活动，很多企业在获利的同时还面临着诸多困难，包括经营难题、行业竞争难题、举债压力等，这些问题会对海外并购的效果产生一定影响。所以管理团队要从各个方面提升自身的管理水平，根据公司发展需要制定长期发展战略，把握正确的并购时机，根据自身特点选择并购目标，此外，还要制定相应的风险预防机制，并在此过程中不断积累经验，只有这样公司才能在复杂多变的国际环境中长久立足。

　　综上，本书假设：并购方管理团队能力越强，并购经营活动更加成功。

## 二、变量设计与数据处理

（一）变量设计

（1）被解释变量。根据本书提出的研究假设，本书将并购活动的绩效作为研究的被解释变量，虽然在之前的内容中我们将并购绩效的研究分为两部分：基于事件研究法得到的资源型企业短期并购绩效、基于模糊层次分析法的资源型企业长期并购绩效，但是本章研究的是绩效影响因素，很多影响因素对并购绩效的影响无法在短时间内体现出来，必须着眼于长期表现。因此，本章在这里专门选择资源型企业长期并购绩效作为被解释变量，被解释变量的具体赋值已经在之前内容中的资源型企业海外并购长期绩效评价研究中得出。

（2）解释变量。本章主要从并购活动自身的角度出发探讨影响资源型企业海外并购绩效的因素，解释变量包括假设 1 到假设 4 设计的变量：政治风险、目标企业资产质量、收购方并购经验、收购方文化整合能力。

（3）控制变量。本书中的控制变量主要为收购方企业自身的其他资质，包括假设 5 和假设 6 设计的变量：收购方股权集中度、收购方管理团队能力，各个变量的具体设计说明如表 6-2 所示。

表 6-2　具体变量选择及衡量方式

| 变量类别 | 变量名称 | 变量解释 | 变量代号 | 衡量方式 |
|---|---|---|---|---|
| 被解释变量 | 并购绩效 | — | Y | 资源型企业海外并购长期绩效评价得分 |
| 解释变量 | 政治风险 | 目标国与母国的外交关系越好、东道国政治格局稳定性越高、相关利益集团干预程度越低、市场开发程度越高、政策风险越低，则并购政治风险越低 | PRISK | 5——风险很高　4——风险较高<br>3——风险一般　2——风险较低<br>1——风险很低 |
| 解释变量 | 目标公司的资产质量 | 收购资产含有的资源开采地的开采气候条件越好、开采难度越小、资源的丰裕程度越高、资产附加值越高，则目标企业资产质量越优良 | ASQT | 5——质量很好　4——质量较好<br>3——质量一般　2——质量较差<br>1——质量很差 |
| 解释变量 | 并购经验 | 收购方企业历史上参与的并购事件数量越多、历史上并购次数越多、并购规模越大、团队领导者的经验越丰富，则收购方企业的并购经验越丰富 | MAEP | 5——并购经验很丰富　4——并购经验较丰富　3——并购经验一般　2——并购经验较缺乏　1——并购经验很缺乏 |
| 解释变量 | 文化整合能力 | 公司能有效克服原住民问题、本土化问题以及环境保护问题方面的文化冲突，双方企业能进行有效沟通，被并购方企业认同公司价值体系，则并购方企业文化整合能力越强 | CINT | 5——整合能力很强　4——整合能力较强　3——整合能力一般　2——整合能力较差　1——整合能力十分差 |

续表

| 变量类别 | 变量名称 | 变量解释 | 变量代号 | 衡量方式 |
|---|---|---|---|---|
| 控制变量 | 股权集中度 | 收购方企业第一大股东持股比例越高，股权集中度越高 | OWCN | 第一大股东持股比例（％） |
| | 团队管理能力 | 收购方企业管理层之间拥有及时准确沟通的能力，管理层可以对有效监督控制整个流程，管理层的决策正确可行，则收购方企业管理能力越强 | MANCP | 5——管理能力很强　4——管理能力较强　3——管理能力一般　2——管理能力较差　1——管理能力很差 |

（二）数据处理

在建立模型识别系统的过程中，数据采集和预处理是非常重要的工作。需要在建立多元线性回归模型之前，通过对数据进行预处理和特征提取，从而达到以下目的：

（1）提高系统处理效率，避免在计算中出现数值困难。

（2）提高数据的可分性，避免部分变化较大的数据淹没变化较小的数据，从而有助于解决数据的剧烈波动和异方差问题。

数据处理最常规的方法是对数据进行归一化处理。数据处理有利于存储和运算。常用的归一化处理方法包括：线性极差变换、标准差标准化和 Logit 变换等。本书采用的数据预处理方法是线性极差变换，其算法为：设所有样本数据中的最小值为 $\min_i$，最大值为 $\max_i$，则原始样本数据 $x_i$ 通过线性极差变化得到的新数据为：

$$x'_i = \frac{x_i - \min_i}{\max_i - \min_i} \tag{6-1}$$

因为本章研究的是资源型企业海外并购绩效的影响因素，被解释变量依然沿用之前关于长期绩效的分析结果，所以这里的样本选择应与之前样本保持一致，即选取 2005~2009 年 34 家上市公司的并购事件作为研究样本。

## 三、实证分析

（一）描述性统计

本书运用 SPSS 统计软件对相关变量进行了描述性统计，统计结果如表 6-3 所示。

表6-3 变量描述性统计

| 变量 | N | 最小值 | 最大值 | 均值 | 标准差 |
|---|---|---|---|---|---|
| Y | 34 | 0.0000 | 1.0000 | 0.461641 | 0.2569880 |
| PRISK | 34 | 0.0000 | 1.0000 | 0.544118 | 0.3225760 |
| ASQT | 34 | 0.0000 | 1.0000 | 0.330882 | 0.2997511 |
| MAEP | 34 | 0.0000 | 1.0000 | 0.573529 | 0.3048187 |
| OWCN | 34 | 0.0000 | 1.0000 | 0.516955 | 0.3040268 |
| MANCP | 34 | 0.0000 | 1.0000 | 0.691176 | 0.3846428 |
| 有效的 N（列表状态） | 34 | | | | |

在数据处理之前，定性数据值的变化在 1~5 的区间。数据经过归一化处理后，从描述性统计结果（见表6-3）可知，变量的最大值是1，最小值是0，各变量的标准差均小于1，说明数据经过标准化处理之后避免了跨度及变化幅度大的问题，降低了变化范围大的数据对变化范围小的数据产生的影响。

（二）模型估计

根据之前提出的研究假设，模型构建如下：

$$Y = \alpha + \beta_1 PRISK + \beta_2 ASQT + \beta_3 MAEP + \beta_4 CINT + \beta_5 OWCN + \beta_6 MANCP$$

本书使用 EViews 软件进行了 OLS 回归分析，得到的结果如表6-4所示。

表6-4 多元线性回归模型估计

| 变量 | 模型 |
|---|---|
| C | 0.2595（2.4457）** |
| PRISK | −0.2029（−2.1166）** |
| ASQT | 0.1383（2.1317）** |
| MAEP | 0.1385（1.9911）* |
| CINT | 0.2664（2.3752）** |
| OWCN | 0.0064（0.1992） |
| MANCP | 0.0651（0.9845） |
| Obs | 34 |
| $R^2$ | 0.974331 |
| F 值 | 170.8075*** |
| DW 值 | 2.1809 |

注：***、**、* 分别表示在 1%、5%、10% 的水平下显著。

根据运行结果，我们可以得到如下结果：

$Y = 0.259487 - 0.202925 \times PRISK + 0.138270 \times ASQT + 0.138465 \times MAEP +$

$\quad 0.266439 \times CINT + 0.006394 \times OWCN + 0.065109 \times MANCP$

其中 $R^2 = 0.974331$　　　$DW = 2.1809$　　　$F = 170.8075$

（三）模型检验

（1）拟合优度检验。从表 6-4 中的回归结果可知，模型的测定系数 $R^2 = 0.974331$，修正后的 $R^2 = 0.968627$，两者皆较高，说明模型的拟合性较好，资源型企业并购的绩效可以被较好地解释。

（2）显著性检验。回归模型样本容量 $n = 34$，解释变量个数 $k = 6$，取显著性水平 $\alpha = 0.05$，根据所得数据 $F(m, n-m-1) = F(6, 27) = 170.8075 > F_{0.05}(6, 27) = 2.459$，且方程的拟合性较好，可认为回归方程显著成立。

由于单侧 $t_{0.025}(27)$ 临界值为 2.052，单侧 $t_{0.05}(27)$ 临界值为 1.703，根据表 6-4 中的数据，通过 t 检验的解释变量如下：目标公司资产质量（ASQT）、文化整合（CINT）和政治风险（PRISK）在 95% 的置信度下参数显著，并购经验（MAEP）在 90% 的置信度下参数显著，所以，模型中的四个解释变量在 90% 的置信度下均通过参数检验。

（3）异方差检验。本书采用被广泛应用的怀特（White）检验对模型的异方差进行了检验，结果如表 6-5 所示。

表 6-5　White 检验

| F-statistic | 1.801896 | Prob. F (6, 27) | 0.1364 |
|---|---|---|---|
| Obs * R-squared | 9.721592 | Prob. Chi-Square (6) | 0.1369 |
| Durbin-Watson stat | 1.820853 | | |

本书在回归模型中所选取的解释变量个数较多，会导致一个问题即 White 检验的辅助回归方程也有很多的自变量，因此本书采用不包含交叉乘积项的怀特检验对异方差进行检验。由表 6-5 可知，残差平方和为 9.721592，取显著性水平为 0.05，$Obs * R\text{-squared} = 9.721592 < \chi^2(16) = 26.296$，所以，原假设不成立，即模型不存在明显的条件异方差。

（4）自相关检验。一般情况下，截面数据产生自相关的可能性不大，但是出于研究的谨慎性，本书仍然对其进行检验。根据运行所得结果，DW =

1. 820853>1.5，说明回归模型中自变量不存在明显的自相关。

## 四、实证结果讨论

（1）假设1中，并购中面临的政治风险与企业并购绩效存在显著相关关系。实证结果显示，资源型企业并购后绩效与其面临的政治风险之间，具有明显的负相关关系，说明政治风险是资源型企业海外并购绩效的影响因素之一。其他行业在进行海外并购时，也会面临政治风险，但是资源型企业由于自身的特殊性，所面临的政治风险的程度要高出很多。在实践操作中，很多资源型企业由于具有国有背景，通常受到目标企业所在地政府的阻挠而导致并购失败，即使部分企业成功完成了并购，在随后的运营中也会受到层层阻挠，导致企业生产经营面临困难，甚至有些企业会面临目标国政府国有化征收的风险，因此，企业跨国并购时政治风险越低，其随后越有可能获得良好的绩效。

（2）假设2中，目标公司资产质量与企业并购绩效有显著的相关关系。根据模型估计结果，假设2成立。在海外并购中，目标公司出让股权甚至控制权更多的原因在于自身经营出现问题，一般都处于严重亏损状态。所以在选择目标公司时，必须选择具有发展潜力的公司，目标公司的资产质量直接关系到并购之后的双方业务整合程度。对于资源型企业来说，资源型企业的盈利主要来源于所开采的资源，除了要考量目标企业本身的固定资产、附加值资产、财务状况等，更要重点考量所收购的资产所含的资源的丰裕程度、资源开采难度和资源开采地的开采条件等因素。

（3）假设3中，收购方并购经验对企业并购后绩效有显著的影响。本书中的实证研究所得出的结论表明，收购方企业并购经验越丰富，企业并购后的绩效越好。并购经验丰富意味着企业在过往历史上可能参与过多起海外并购，因此其可以预知并购过程中可能面临的问题，并针对这些困难和问题提前采取防范措施。又或者企业自身虽然没有参与过很多起并购案例，但是在此次收购中公司聘用了具有并购经验的人员来担任管理人员，这些管理者的经验也可以帮助企业渡过很多难关。再者，企业有可能借助具有丰富并购经验的中介机构完成并购，很多中介机构都是坐落于东道国，因而对东道国政府的政策、法律、文化等方面有着深入的了解，这无疑会对企业的战略规划以及统筹和决策等方面起到指导性的作用，可以帮助企业更加平稳地度过并购后的基建期和试运营期。因此，企业的并购经验与并购后的绩效有显著的正相关关系。

（4）假设4中，企业文化整合能力与海外并购绩效存在显著的相关关系。通过实证研究我们发现，并购后企业的文化整合能力与其绩效呈显著的正相关关系，企业的整合能力越强，并购后的绩效越好。由于东西方文化的差异性，资源型企业在实施海外并购后在目标国家的经营会出现"水土不服"的问题，因此对企业的文化进行整合，是企业完成并购后最为重要的一个行为。根据调研结果，在并购失败的企业原因调查中，其中有超过1/3的企业是由于无法适应当地生态文化，企业的文化整合能力不足而失败的，因此有意愿进行海外并购的企业必须加强其自身的文化整合能力。

（5）假设5中，收购方企业股权集中度与海外并购效果的关系不显著。根据实证结果，股权集中度与资源型企业的海外并购绩效并无显著相关性。可以尝试从企业股权集中度的角度对其进行解释：一方面，相比于常见的股权分散情况，高度集中的股权有利于对企业股权的监控，降低了监控成本，同时有利于激励约束机制的运行，提高公司绩效。另一方面，高度集中的股权，可能会导致大股东侵占小股东权益的情况，导致"一股独大"，在公司的决策上一意孤行，从而产生对公司绩效的负面影响。将这些因素综合考虑之后，可以解释资源型企业股权集中度与海外并购绩效关系不显著的情况。

（6）假设6中，收购方企业管理团队能力与并购绩效的关系不显著。造成这一结果可能的原因是，由于问卷调查的对象为企业高层，其自身过度自信或者希望向外界传达积极的信息等因素，使其过分高估了自己企业的管理团队的能力，导致假设不成立。

## 第三节　本章小结

在以往学者关于海外并购绩效研究的基础上，本书考虑了我国资源型企业自身的特殊性，通过构建多元回归模型对本书提出的研究假设进行验证，具体结果如下：

第一，对于解释变量而言，并购面临的政治风险、资源型企业具有的并购经验和文化整合能力与资源型企业海外并购的绩效有显著性关系，因此企业在制定并购的路径与决策时，应着重考虑这些因素。

第二，对于控制变量而言，股权集中度和团队管理能力对企业海外并购绩效没有显著影响。虽然实证结果显示团队管理能力对并购企业绩效的影响关系不显著，但这种情况可能是由于问卷数据的真实性存疑而导致的，种种企业与组织发展的实践表明，团队管理能力不管在什么时候都应该是影响企业绩效最主要的因素。

　　本章内容主要是实证研究资源型企业海外并购绩效的影响因素。本章的实证研究结果对资源型企业处理海外并购过程中面临的问题有着重要的指导意义。

# 第七章　资源型企业海外并购风险评价研究

　　后金融危机时代出现的全球经济不景气现象，为我国资源型企业开展海外并购事业提供了机遇。据统计，中国最近 10 年发生的跨境并购金额是 1995~2004年 10 年间并购金额的 135 倍，这表明海外并购已成为中国企业走向国际市场、实施资源战略、提高市场竞争力的重要途径，这对促进我国产业结构调整具有重要的作用。然而，如何在全球经济波谲云诡的形势下保持我国企业海外并购高增长的态势以及并购后盈利能力的可持续性，需要中国企业以一种审慎的态度高度重视和关注海外并购可能会面临的一系列风险。特别是由资源型企业并购后自然资源勘探开采时间长、投资大、能源问题的政治敏感性以及环保要求高等一系列行业特有的因素引起企业并购后运营过程中、未来市场发展中的市场风险更值得被关注。并购风险的存在不可避免地会对并购实施的战略规划造成一定影响，所以，提升资源型企业海外并购成功率的关键不仅在于对并购风险的识别，而且在于从技术层面对海外并购市场风险的大小及变化所进行测度分析，特别是对市场风险的测度。只有对我国资源型企业海外并购风险进行识别和测度分析，我国资源型企业才能据此采取针对性措施实现海外并购的战略目标。基于此，本章作为本书核心章节中的其中之一，将对我国资源型企业海外并购的风险进行评价：首先，将对资源型企业在实施海外并购过程中会遇到的风险进行详细的划分，这里的细分过程主要是将细分风险从并购准备阶段、并购实施阶段、并购整合阶段以及贯穿整个并购过程的法律风险识别四个角度进行划分的；其次，在做好风险详细划分的基础上，对资源型企业海外并购的风险测度进行实证分析，构建包括政治风险、管理风险、法律风险、经济风险、自然风险在内的风险考评模型，并采用等级全息模型，通过专家打分评判细分风险的大小程度，对资源型企业海外并购的整体风险进行综合评价；最后，采用定量的方法对资源型企业海外并购的市场风险进行测度。

# 第一节　资源型企业海外并购风险识别分析

## 一、资源型企业海外并购风险识别

本书中关于资源型企业海外并购风险识别的研究，主要是从定性角度对资源型企业海外并购风险进行分析，通过识别资源型企业海外并购准备阶段、实施阶段、后期整合阶段面临的各类风险，为风险识别的实证分析做好铺垫。

表7-1为我国资源型企业海外并购风险识别按阶段划分的细分，本书将对该表中每一阶段每一细分风险进行适当分析和整理，力求全面剖析资源型企业在实施海外并购的过程中遇到的各种风险，为以下实证分析起到一定的铺垫作用。

**表7-1　资源型企业海外并购风险识别按阶段细分**

| 贯穿整个并购过程当中的法律风险 | 东道国法律法规的完善程度 | 并购实施阶段风险识别 | 信息不对称 |
| --- | --- | --- | --- |
| | 企业内部法律体系 | | 利率风险 |
| | 东道国劳工风险 | | |
| | 环境保护 | | 定价风险 |
| 并购准备阶段风险识别 | 外资审查力度 | | 市场风险 |
| | 国有企业背景 | | |
| | 企业投资决策 | | 民族主义和宗教风险 |
| | 企业战略风险 | | |
| | 融资风险 | 并购整合阶段风险识别 | 汇率风险 |
| | 被并购企业所在国政权稳定性 | | 财务风险 |
| | 被并购企业所在国政策连续性 | | 税收和租金 |
| | 被并购企业所在国国有化征收程度 | | 人力资源整合风险 |
| | 运输条件 | | 文化整合风险 |
| | 资源安全性 | | 经营整合风险 |
| | 资源开发条件和资源储备数量 | | 财务整合风险 |
| | 自然灾害的频度和破坏性 | | 被并方股东及员工态度 |

（一）并购准备阶段风险识别

1. 外资审查力度

不同的国家对来自世界范围内的资源并购及开采都有严格的审查步骤，不同的国家限制力度亦不同，在许多发达国家中，政府经常介入到他国企业对本国资源并购活动的过程中。因此，它们针对外资的审查制定了复杂的审批流程，几乎所有审批都有一套程序化流程及制度化的规定。查看各类资料显示，虽然各个国家对外资企业并购本国企业的限制有限，对并购方企业背景也不做过多要求，但是，我国资源型企业海外并购的目标企业多集中于大洋洲和北美洲，这些地方的国家仍旧拥有较为完善的审查步骤，我国资源型企业在实施海外并购活动时屡屡遭受到来自被并购企业所在国政府的阻挠。

2. 国有企业背景

长期以来，我国大型企业具有的国企背景常常成为阻碍我国资源型企业进行海外并购发展的重要原因之一。通过对中国资源型企业海外并购事件的整理，不难发现，近年来中石油、中海油、中石化、中国铝业等大型国有资源型企业海外并购活动极其频繁、并购势头强劲，主要是因为这些国有大型企业拥有雄厚的资金和扎实的技术。但这种国企性质的中国企业实施的并购行为在被并购企业所在国政府看来往往带有浓重的政治背景，东道国常常将企业间的经济行为上升到政府收购行为的高度，这对我国资源型企业"走出去"十分不利。也正因如此，我国资源型大型国有企业"走出去"的步伐屡屡受阻，烦琐、无休止的审查在所难免。这样的类似事件常常发生在欧美国家，由此引发的政治风险不言而喻，这也无形中增加了我国国有企业"走出去"的成本。

3. 企业投资决策

就我国资源型企业在实施跨国并购活动的过程中出现的问题而言，投资决策阶段并购目的不清成为主要风险之一，在决策过程中，企业力图抓准时机，但往往急于求成。自金融危机爆发之后一两年内，我国资源型企业普遍抱有在海外资源市场上进行"抄底"的心态，而将金融危机可能造成的潜在危机抛之脑后。这段时间里，大量具有一定资金实力的资源型企业对并购的急迫程度可以用"赶潮流"来形容。盲目的追风、过分的乐观导致我国资源型企业在未经并购前期详细调查的情况下，贸然组织成立并购小组，展开大规模并购活动，大量案例分析表明，很多企业海外并购失败的最根本原因就是缺乏清晰的投资决策和完善的投资方案。同时，我们不难看到，我国资源型企业内部防控各类并购风险的能力还有待提高，企业高管在决策过程中对并购实施进度的掌控能力与发达国家企业相比还有一定差距，造成这一现象的原因是海外并购经验和企业制度的高效性不足。

4. 企业战略风险

"投机"与"战略"是两个不同的概念，资源型企业在"走出去"时应该区分"投机性并购"与"战略性并购"的区别。前者是单纯的财务抄底行为，战略准备相较"战略性并购"不够充分，风险较大；而后者的并购行为是企业将自身的特点与目标企业产业结构吻合的并购手段。资源类海外并购需要中国企业内部具有科学战略眼光的领导者，具有真知灼见的领导者对企业并购中各个环节的掌控尤为重要，是选择盲目的扩大规模还是采用科学的发展战略影响着整个并购过程的实施，也成为影响企业并购成败的重要因素之一。

5. 被并购企业所在国政权稳定性

在资源类企业的海外并购活动中，被并购企业所在国政权稳定性是不容忽视的政治风险之一，并且对其他类型的政治风险存在着不同程度的影响。目标国政权是否稳定成为我国资源型企业"走出去"必须要考虑的重要因素，因为其直接关系到整个并购活动的成本，一个稳定的政权可以为企业海外并购的实施带来保障；相反，一个更迭不断的政权常常伴随着无休止的猜测，限制了外来资本的加入。

6. 被并购企业所在国政策连续性

东道国政府除了限制他国企业进驻之外，针对一些优质并购企业时常会采取积极的举措，一定的优惠条件和政策倾向成为吸引海外投资的主要因素。但是，随着东道国政府的更迭、并购企业经营状况的恶化、并购企业发展战略与东道国国家利益出现较大分歧并且可能对东道国造成威胁的情况发生时，东道国政府出于保护自身国家利益的目的往往会对已有的政策做出较大的甚至是根本上的改变，以确保本国企业健康稳定地发展，保证本国经济的安全性。

7. 国有化征收风险

国有化征收行为是海外投资过程中东道国国家对外来投资者收购的资产进行强制剥夺的一种合法行为。对跨国企业来讲，该行为最直接的表现就是其海外资产被东道国政府无形转化成东道国政府所有的行为。面对无理的国有化征收，跨国企业通常显得无奈至极，但又不得不接受。国有化征收是那些想要走出国门的企业可能面临的最具危害性的风险之一，欧美国家一般采取的做法是：东道国政府要求外来企业将收购的股份在规定的时间范围内逐步向其转让，股份的累积最终使得跨国企业的最大控股方成为东道国政府，东道国政府渐渐获取了整个并购企业的利益。

8. 运输条件

运输条件对矿产资源并购的意义尤为重大，这是因为矿产资源分布不均、开采难度大、携带不方便，跨国资源型企业日常经营过程中需要通过不同方式的运输途径才能将开采出的能源矿产资源运送回国，它们通常采用的矿产资源运输方式包括航空运输、铁路运输和管道运输三种。良好的运输条件可以为企业节约运输成本，实现企业利益最大化，反之，恶劣的运输条件会对企业的资金链条提出非常苛刻的要求。优质的东道国资源环境能够为跨国企业提供不少帮助，如果我国资源型企业选择的是那些经济发展相对比较滞后的发展中国家，跨国企业在日后的发展中需要增加资源运输的基础设施建设投入，比如管道建设投入、铁路建设投入、港口建设投入等，这无疑会增加资源型企业海外并购的投资成本。

9. 能源矿产资源安全性

石油、天然气和金属矿产对一国发展来说都属于具有战略意义的资源种类，其充裕程度直接影响着整个国内经济的正常运转，所以资源禀赋尤为重要。一个具有稳定资源安全性的东道国往往能够吸引大量他国并购企业的目光，对于想要走出国门的中国企业来说，目标国的资源安全性往往是企业最为看重的，直接影响到企业日后的发展。

10. 资源开发条件和资源储备数量

资源的充裕程度是并购企业首要考量的因素之一，资源储备量高、资源开采条件优异的国家更容易受到并购企业的青睐。资源作为并购标的，如果东道国资源储量达不到并购方企业的期望值，并购是无法持续进行的。同时，开采条件如果达不到日后生产所需的要求值，企业生产及运营成本都将大大增加，最终影响企业的生存。所以，充分的资源禀赋调查是企业试图走出国门需要做的第一步，只有在掌握全面的、准确的资源信息之后再做出并购决定才是最为明智的行为。

11. 自然灾害的频度和破坏性

资源类企业并购不同于制造类企业并购，其受到的不可抗力风险尤为突出，不同类型的自然灾害对资源并购活动的影响程度是不一样的，一旦发生严重自然灾害，对于跨国企业来说将是致命的。试想，资源型企业在成功进行海外并购后，目标企业的资源产地经常发生自然灾害，企业的财产及工作人员受到重大损失，并购活动的实施将变得毫无意义，前期投入的资金也将瞬间化为乌有。同时，我们还应该看到，面对无法控制的自然灾害，虽然我们无法阻止灾害的发生，但是合理的预测工作是我们可以努力做到的，并购企业可根据大量历史文献分析和评估自然灾害发生的可能性，并提前做好防范工作，努力将损失降到最低值。

（二）并购实施阶段风险识别

1. 信息不对称

我国资源型企业成本投入有限，缺乏对被并购企业的长期跟踪，其在并购实施阶段很难获得目标企业的全面资料，信息的缺失使得我国企业很难了解到并购资源最准确的储量数字和企业发展前景的资讯；同时，被并购方总是希望能够通过夸大企业实际价值的方式来获取更多的投资资金，以至于在双方谈判时被并购方会尽可能夸大品牌效应、技术力量、储量等信息，这些信息会成为被并购方给我国企业提供的资料中的内容。被并购企业通常有意无意试图掩盖的信息无非包括：企业目前所面临的财务亏损情况、企业由于经营不善引发的劳资纠纷、企业与当地政府发生的法律纠纷等负面消息。最终的结果可能是：由于我国资源型企业在信息上缺乏全面性，高估了该公司的并购价值以致增加了并购成本。

2. 利率风险

利率风险仅发生在使用两种不同货币的国家中，金融危机为海外并购活动提供了"抄底"的可能，许多发达国家抵挡不住金融危机对本国经济的冲击，纷纷降低了本国的利率，发达国家央行纷纷向其国内市场投入大量资本，以确保市场资本的正常流动。能够显而易见的是，这些发达国家的企业股票、债券陷入了不同程度的低迷状态。他国企业选择并购那些受金融危机影响严重的国家的企业，这些企业获得了短暂的满足，以为自己选准了投资时机，为企业节省了并购成本，实则东道国利率下降的风险仍旧很大。我国企业若盲目地跟风并购，会使得企业不得不为日后发展支付更多的资金，因此得不偿失。

3. 定价风险

定价的准确性直接关系到企业的财务风险，一个合理的定价机制能够帮助企业提升投资收益率。不过，我国的资源型企业在实施海外并购的过程中经验比较匮乏，如何在短时间内制定出一个合理的并购价格对企业的投资部要求很高。大量资料信息的支撑是必不可少的，但是在一个信息不对称的并购市场上，并购企业想要通过收集到的所有信息制定一个合理的并购价格并非易事。经营不善、企业财务亏损等资料的缺失使得我国资源型企业经常高估被并购企业的价值。如何确定一个合理的并购价格成为摆在我国企业面前的一个重要难题，这就是我国企业并购必然面临的定价风险。

## 二、模型与指标体系构建

本节将对我国资源型企业海外并购进行风险识别分析，本书采用"发放问卷—回收问卷—整理问卷—统计分析"的研究方式，通过等级全息模型计算出我国资源型企业海外并购五类风险（政治、经济、管理、自然、法律风险）的占比，得出风险大类的排序。本节的主要分析内容包括等级全息模型简述和指标体系构建两个部分。

（一）等级全息模型简述

单一模型分析不可能完全解释大型复杂项目中风险的来源，等级全息建模方法通过建立一个较为全面的、整体的一级或二级的指标体系模型，来分层研究某个复杂的系统，能够多视角、多维度地研究模型的内在特征及本质。从字面解释来看，"全息"来源于词组"全息摄影"，是指能够从不同视角对系统进行全面透彻的分析，进而得到一个多视角图像，用以表示风险的大小。"等级"是对该系统中不同层面风险的划分过程。等级全息模型构建的基本思路是利用系统的优势，建立一个多视角、多层次、多维度的风险层级划分，对划分后的系统进行维度赋值，最终得到每一个大类指标的权重。

简而言之，该模型的构建思想是对资源型企业跨国并购进行风险识别分析：首先，需要对影响资源型企业跨国并购风险大小的因素进行识别和风险大类归集；其次，借助软件，对以上初步识别出的细分指标进行有侧重点的风险过滤，形成一个体现我国资源型企业海外并购风险识别的风险集。就等级全息模型的具体操作而言，本书之所以采用等级全息建模的方法进行海外并购风险识别分析，就是因为该方法可以对相关的细分风险进行——识别，通过细分识别的过程，可以达到风险大类的最终识别。此外，通过对风险进行全方面的识别，本书将尽可能识别出资源型企业跨国并购中所面临的所有风险，并根据软件运行结果有针对性地提出风险规避政策。

（二）指标体系构建

近年来，我国资源型企业在实施海外并购的过程中屡屡受到我国、东道国政府、我国企业自身以及被并购企业多方的阻碍。在这些众多阻碍中，首要的是政治风险，两个国家企业间的经济行为必然伴随着两国政府间的敏感点。另外，矿产资源是一种特殊的并购指标，东道国政府的警惕心态不容忽视，由此引发的政治风险将直接影响整个并购活动实施的可能性。但是，具体并购案例也要具体分析，并非所有并购活动中政治风险都是最为重要的。除此之外，经济风险、文化风险、法律风险及自然资源风险也都不同程度地影响着我国资源型企业海外并购的实施效果。

　　根据上一节对我国资源型企业海外并购的风险分析，本书结合风险成因对我国资源型企业海外并购风险进行了细分（见表7-2），以此作为我国资源型企业海外并购风险识别指标。

#### 表7-2　风险指标类别细分

| 并购阶段 | 细分风险类别 | 说明 | 最终分类 |
|---|---|---|---|
| 并购准备阶段各类风险 | 外资审查力度 | 单独作为政治风险其中的一类 | 政治风险1 |
| | 国有企业背景 | 由于我国资源企业海外并购主体大部分为国有企业背景，所以风险较小，这里不将其作为实证分析重点 | |
| | 政权稳定性 | 合并成政治风险其中一类，合称为政府职能风险 | 政治风险2 |
| | 政策连续性 | | |
| | 国有化征收程度 | 单独作为政治风险其中的一类 | 政治风险3 |
| | 运输条件 | 单独作为自然风险其中一类 | 自然风险1 |
| | 资源开发量 | 单独作为自然风险其中一类，称为资源禀赋 | 自然风险2 |
| | 资源安全性 | 合并成自然风险其中一类，合称为安全生产条件 | 自然风险3 |
| | 自然灾害频度 | | |
| | 投资决策 | 将战略作为影响投资决策的一部分，故将二者合并，称为投资决策风险 | 管理风险1 |
| | 战略风险 | | |
| | 融资风险 | 将其合并到市场风险中 | 经济风险1（2） |
| 并购过程中面临各类风险 | 信息不对称风险 | 单独作为管理风险其中一类 | 管理风险2 |
| | 利率风险 | 将其合并到市场风险中 | 经济风险1（3） |
| | 定价风险 | 单独作为经济风险其中一类 | 经济风险2 |
| | 市场风险 | 单独作为经济风险其中一类 | 经济风险1 |
| | 民族主义和宗教 | 单独作为政治风险其中一类 | 政治风险4 |

续表

| 并购阶段 | 细分风险类别 | 说明 | 最终分类 |
|---|---|---|---|
| 并购整合阶段面临各类风险 | 财务风险 | 单独作为经济风险其中一类 | 经济风险3 |
| | 汇率风险 | 单独作为经济风险其中一类 | 经济风险4 |
| | 税收和租金风险 | 单独作为经济风险其中一类 | 经济风险5 |
| | 人力资源整合风险 | 合并成管理风险其中一类，合称为整合风险 | 管理风险3 |
| | 文化整合风险 | | |
| | 经营整合风险 | | |
| | 财务整合风险 | | |
| | 员工态度 | 将其作为管理风险其中一类，称为文化差异风险 | 管理风险4 |
| | 人才不足 | 单独作为管理风险其中一类 | 管理风险5 |
| 法律风险 | 东道国法律完善程度 | 法律风险贯穿整个并购过程中，将这几类法律风险各自作为法律风险其中一类作为研究对象 | 法律风险1 |
| | 企业内部法律体系风险 | | 法律风险2 |
| | 东道国劳工风险 | | 法律风险3 |
| | 环境保护风险 | | 法律风险4 |

根据表7-2中的风险指标细分，本书绘制出了资源型企业海外并购风险识别的指标图，具体如图7-1所示。

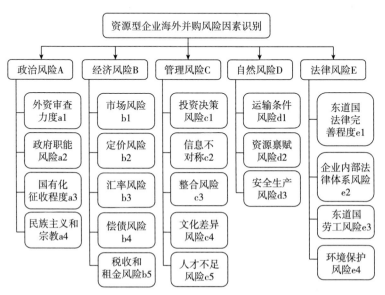

**图7-1 资源型企业海外并购风险因素识别指标**

由图7-1可知，本书将资源型企业海外并购活动实施的各个环节面临的细分风险按政治风险、经济风险、管理风险、自然风险和法律风险进行了梳理和划分，并将这些细分风险作为本书最终确定的实证研究指标体系。本书邀请知名专家对这些细分风险进行打分，从而为我国资源型企业海外并购风险的最终占比排名起到铺垫作用。

## 三、实证分析

本书将从实证角度研究我国资源型企业海外并购的风险识别问题，基于前文构建的指标体系采用层次分析法对各个指标的权重进行评判。本书邀请了分别来自资源型企业、为并购提供咨询服务的中介机构以及国际投资相关研究领域的5名专家，请这些专家从各个角度并结合资源型企业海外并购的自身特点对指标体系中的各个指标进行评价和比较排序。本书根据打分情况以及层次分析法原理确定出最终的权数，最终运用等级全息模型对其分析计算，从而得到最终风险大类的占比排名。

（一）因素集分解及权数确定

由图7-1可知，本书的风险识别模型有三个层次，属于二级模糊综合评价。首先，将影响因素分为五个大类因素集：因素集A——政治风险因素集、因素集B——经济风险因素集、因素集C——管理风险因素集、因素集D——自然风险因素集、因素集E——法律风险因素集。

$$因素集 A = \left\{ \begin{array}{l} 外资审查力度 a1、政府职能风险 a2、国有化征收程度 \\ a3、民族主义和宗教 a4 \end{array} \right\}$$

$$因素集 B = \left\{ \begin{array}{l} 市场风险 b1、定价风险 b2、汇率风险 b3、偿债风险 \\ b4、税收和租金风险 b5 \end{array} \right\}$$

$$因素集 C = \left\{ \begin{array}{l} 投资决策风险 c1、信息不对称风险 c2、整合风险 c3、 \\ 文化差异风险 c4、人才不足风险 c5 \end{array} \right\}$$

$$因素集 D = \left\{ 运输条件风险 d1、资源禀赋风险 d2、安全生产风险 d3 \right\}$$

$$因素集 E = \left\{ \begin{array}{l} 东道国法律完善程度 e1、企业内部法律体系风险 e2、 \\ 东道国劳工风险 e3、环境保护风险 e4 \end{array} \right\}$$

权重可用来反映各因素重要程度的差异，本书在权重的赋值过程中邀请那些具有经验的专家根据其阅历、知识储备、风险认知程度等对各个因素一一进行评价，得到了每一个因素集的判断矩阵，之后本书再用软件一一进行一致性检验。本书以具有相关海外并购实践经验的专家对各类风险大小的划分为研究依据，根据专家评价打分情况对每个子因素赋予其对应的权数。通过上文分析可知，本书需要确定A、B、C、D、E五个风险集，21个评价指标的权重。本书各个层次指标具体权数的确定过程如表7-3、表7-4、表7-5、表7-6、表7-7、表7-8所示。

表7-3 准则层判断矩阵

|  | 政治风险 A | 经济风险 B | 管理风险 C | 自然风险 D | 法律风险 E | 权重 W |
|---|---|---|---|---|---|---|
| 政治风险 A | 1 | 0.5 | 0.333 | 1 | 1 | 0.12398 |
| 经济风险 B | 2 | 1 | 0.5 | 2 | 2 | 0.23409 |
| 管理风险 C | 3 | 2 | 1 | 3 | 3 | 0.39397 |
| 自然风险 D | 1 | 0.5 | 0.333 | 1 | 1 | 0.12398 |
| 法律风险 E | 1 | 0.5 | 0.333 | 1 | 1 | 0.12398 |
| | CR = 0.0022 | | CI = 0.0025 | | RI = 1.12 | |

表7-4 政治风险判断矩阵

|  | 外资审查力度 a1 | 政府职能风险 a2 | 国有化征收程度 a3 | 民族主义和宗教 a4 | 权重 W |
|---|---|---|---|---|---|
| 外资审查力度 a1 | 1 | 2 | 3 | 1 | 0.3512 |
| 政府职能风险 a2 | 0.5 | 1 | 2 | 0.5 | 0.1887 |
| 国有化征收程度 a3 | 0.333 | 0.5 | 1 | 0.333 | 0.1089 |
| 民族主义和宗教 a4 | 1 | 2 | 3 | 1 | 0.3513 |
| | CR = 0.0038 | | CI = 0.0034 | | RI = 0.9 |

表7-5 经济风险判断矩阵

|  | 市场风险 b1 | 定价风险 b2 | 汇率风险 b3 | 偿债风险 b4 | 税收和租金风险 b5 | 权重 W |
|---|---|---|---|---|---|---|
| 市场风险 b1 | 1 | 3 | 2 | 3 | 4 | 0.4021 |
| 定价风险 b2 | 0.333 | 1 | 0.5 | 1 | 2 | 0.1372 |
| 汇率风险 b3 | 0.5 | 2 | 1 | 2 | 3 | 0.2446 |
| 偿债风险 b4 | 0.333 | 1 | 0.5 | 1 | 2 | 0.1372 |
| 税收和租金风险 b5 | 0.25 | 0.5 | 0.333 | 0.5 | 1 | 0.0788 |
| | CR = 0.007 | | CI = 0.008 | | RI = 1.12 | |

表7-6 管理风险判断矩阵

|  | 投资决策<br>风险 c1 | 信息不对称<br>风险 c2 | 整合<br>风险 c3 | 文化差异<br>风险 c4 | 人才不足<br>风险 c5 | 权重 W |
|---|---|---|---|---|---|---|
| 投资决策风险 c1 | 1 | 0.5 | 2 | 0.5 | 0.333 | 0.1241 |
| 信息不对称风险 c2 | 2 | 1 | 3 | 1 | 0.5 | 0.2213 |
| 整合风险 c3 | 0.5 | 0.333 | 1 | 0.5 | 0.333 | 0.0867 |
| 文化差异风险 c4 | 2 | 1 | 2 | 1 | 0.5 | 0.2040 |
| 人才不足风险 c5 | 3 | 2 | 3 | 2 | 1 | 0.3639 |
|  | CR = 0.0173 | | CI = 0.0195 | | RI = 1.12 | |

表7-7 自然风险判断矩阵

|  | 运输条件风险 d1 | 资源禀赋风险 d2 | 安全生产风险 d3 | 权重 W |
|---|---|---|---|---|
| 运输条件风险 d1 | 1 | 0.5 | 0.333 | 0.1633 |
| 资源禀赋风险 d2 | 2 | 1 | 0.5 | 0.2969 |
| 安全生产风险 d3 | 3 | 2 | 1 | 0.5397 |
|  | CR = 0.0078 | CI = 0.0045 | RI = 0.58 | |

表7-8 法律风险判断矩阵

|  | 东道国法律<br>完善程度 e1 | 企业内部法律体系<br>风险 e2 | 东道国劳工<br>风险 e3 | 环境保护风险 e4 | 权重 W |
|---|---|---|---|---|---|
| 东道国法律<br>完善程度 e1 | 1 | 0.5 | 0.333 | 0.5 | 0.1221 |
| 企业内部法律<br>体系风险 e2 | 2 | 1 | 0.5 | 1 | 0.2273 |
| 东道国劳工<br>风险 e3 | 3 | 2 | 1 | 2 | 0.4232 |
| 环境保护风险 e4 | 2 | 3 | 0.5 | 1 | 0.2273 |
|  | CR = 0.0038 | | CI = 0.0034 | | RI = 0.9 |

  本书将表7-3、表7-4、表7-5、表7-6、表7-7、表7-8 中的结果进行汇总，得出风险识别模型三个层次各个指标的权重如下：

$$U = \{A、B、C、D、E\} = \{0.12398、0.23409、0.39397、0.12398、0.12398\}$$

$A = \{a1、a2、a3、a4\} = \{0.3512、0.1887、0.1089、0.3513\}$

$B = \{b1、b2、b3、b4、b5\} = \{0.4021、0.1372、0.2446、0.1372、0.0788\}$

$C = \{c1、c2、c3、c4、c5\} = \{0.1241、0.2213、0.0867、0.2040、0.3639\}$

$D = \{d1、d2、d3\} = \{0.1633、0.2969、0.5397\}$

$E = \{e1、e2、e3、e4\} = \{0.1221、0.2273、0.4232、0.2273\}$

（二）模糊矩阵评价

在进行模糊矩阵评价前，本书请若干名专业领域的专家对评价因素集中每个评价指标逐一进行打分或赋值，以此为依据，得到专家评价的模糊关系 $r_{ij}$。其中：

$$r_{ij} = \frac{\text{对} V \text{中某一因素，专家划分为某一档次的人数}}{\text{评审专家人数}}$$

得到模糊关系矩阵为：$R = \begin{bmatrix} r_{11} & r_{12} & \cdots & r_{1m} \\ r_{21} & r_{22} & \cdots & r_{2m} \\ \vdots & \vdots & \ddots & \vdots \\ r_{n1} & r_{n2} & \cdots & r_{nm} \end{bmatrix}$

本书针对我国资源型企业海外并购各个细分风险指标设计了一份风险评价调查问卷，邀请并购事件相关企业高管、为并购提供咨询服务的中介机构项目经理以及国际投资相关研究领域专家进行访谈并发放问卷。本书共发放问卷 340 份，回收 290 份，有效问卷 265 份，问卷回收率为 85.2%，有效率为 91.3%。通过调查问卷数据统计分析，本书得到了各个指标的模糊关系矩阵（见表 7-9）。

表 7-9　资源型企业海外并购风险因素指标模糊评价

| | | |
|---|---|---|
| $r_{a1} = \{0、0.3、0.4、0.2、0.1\}$ | $r_{a2} = \{0、0.2、0.4、0.3、0.1\}$ | $r_{a3} = \{0、0.1、0.2、0.3、0.4\}$ |
| $r_{a4} = \{0、0.3、0.6、0.1、0\}$ | | |
| $r_{b1} = \{0、0.5、0.4、0.1、0\}$ | $r_{b2} = \{0、0.1、0.3、0.5、0.1\}$ | $r_{b3} = \{0、0.4、0.5、0.1、0\}$ |
| $r_{b4} = \{0、0.1、0.2、0.5、0.2\}$ | $r_{b5} = \{0、0.1、0.2、0.5、0.2\}$ | |
| $r_{c1} = \{0.1、0.6、0.3、0、0\}$ | $r_{c2} = \{0.2、0.5、0.3、0、0\}$ | $r_{c3} = \{0、0.4、0.4、0.2、0\}$ |
| $r_{c4} = \{0.1、0.6、0.2、0.1、0\}$ | $r_{c5} = \{0、0.4、0.5、0.1、0\}$ | |
| $r_{d1} = \{0、0.3、0.3、0.4、0\}$ | $r_{d2} = \{0.1、0.2、0.5、0.2、0\}$ | $r_{d3} = \{0、0.3、0.6、0.1、0\}$ |
| $r_{e1} = \{0、0、0.2、0.4、0.4\}$ | $r_{e2} = \{0、0、0.2、0.6、0.2\}$ | $r_{e3} = \{0.1、0.2、0.7、0、0\}$ |
| $r_{e4} = \{0、0.1、0.2、0.5、0.2\}$ | | |

根据表 7-9 中的模糊评价矩阵，可以得到子集 A、子集 B、子集 C、子集 D、子集 E 的模糊矩阵：

$$
Ra=\begin{bmatrix} 0 & 0.3 & 0.4 & 0.2 & 0.1 \\ 0 & 0.2 & 0.4 & 0.3 & 0.1 \\ 0 & 0.1 & 0.2 & 0.3 & 0.4 \\ 0 & 0.3 & 0.6 & 0.1 & 0 \end{bmatrix}
\qquad
Rb=\begin{bmatrix} 0 & 0.5 & 0.4 & 0.1 & 0 \\ 0 & 0.1 & 0.3 & 0.5 & 0.1 \\ 0 & 0.4 & 0.5 & 0.1 & 0 \\ 0 & 0.1 & 0.2 & 0.5 & 0.2 \\ 0 & 0.1 & 0.2 & 0.5 & 0.2 \end{bmatrix}
$$

$$
Rc=\begin{bmatrix} 0.1 & 0.6 & 0.3 & 0 & 0 \\ 0.2 & 0.5 & 0.3 & 0 & 0 \\ 0 & 0.4 & 0.4 & 0.2 & 0 \\ 0.1 & 0.6 & 0.2 & 0.1 & 0 \\ 0 & 0.4 & 0.5 & 0.1 & 0 \end{bmatrix}
\qquad
Rd=\begin{bmatrix} 0 & 0.3 & 0.3 & 0.4 & 0 \\ 0.1 & 0.2 & 0.5 & 0.2 & 0 \\ 0 & 0.3 & 0.6 & 0.1 & 0 \end{bmatrix}
$$

$$
Re=\begin{bmatrix} 0 & 0 & 0.2 & 0.4 & 0.4 \\ 0 & 0 & 0.2 & 0.6 & 0.2 \\ 0.1 & 0.2 & 0.7 & 0 & 0 \\ 0 & 0.1 & 0.2 & 0.5 & 0.2 \end{bmatrix}
$$

（三）模糊综合评价

1. 一级模糊评价

得到各子集的模糊矩阵之后，本书对其进行软件运行进而得到了模型的模糊综合评价模型。本书通过对各子集的模糊矩阵进行模糊综合评价得出了 A、B、C、D、E 五个子集的一级模糊评价集 $Ri$，通过对五个一级模糊评价集进行计算合成出了模糊综合评价集 R。本书的风险识别采用的模糊矩阵合成算法如下，即 M（·，⊕）的合成原则，利用公式 $R1=A \cdot Ra$、$R2=B \cdot Rb$、$R3=C \cdot Rc$、$R4=D \cdot Rd$、$R5=E \cdot Re$ 分别对五种风险进行评价。

$$
R1=A \cdot Ra=\begin{bmatrix} 0.3512, & 0.1887, & 0.1089, & 0.3513 \end{bmatrix} \cdot
$$

$$
\begin{bmatrix} 0 & 0.3 & 0.4 & 0.2 & 0.1 \\ 0 & 0.2 & 0.4 & 0.3 & 0.1 \\ 0 & 0.1 & 0.2 & 0.3 & 0.4 \\ 0 & 0.3 & 0.6 & 0.1 & 0 \end{bmatrix} =
$$

$$
\begin{bmatrix} 0, & 0.259, & 0.449, & 0.195, & 0.098 \end{bmatrix}
$$

依据同样的计算方法，可以计算出 $R2$、$R3$、$R4$ 和 $R5$，计算结果如下：

$R2 = B \cdot Rb = [0, \quad 0.334, \quad 0.368, \quad 0.241, \quad 0.057]$

$R3 = C \cdot Rc = [0.077, \quad 0.488, \quad 0.361, \quad 0.074, \quad 0]$

$R4 = D \cdot Rd = [0.029, \quad 0.270, \quad 0.519, \quad 0.178, \quad 0]$

$R5 = E \cdot Re = [0.042, \quad 0.107, \quad 0.412, \quad 0.299, \quad 0.139]$

2. 二级模糊评价

本书将子集 A、B、C、D、E 都看作一个因素，用模糊矩阵 $R = \begin{bmatrix} R1 \\ R2 \\ R3 \\ R4 \\ R5 \end{bmatrix}$ 作为

$\{A、B、C、D、E\}$ 的单因素集，由此进入整个模型的二级评价过程。

$$R = \begin{bmatrix} R1 \\ R2 \\ R3 \\ R4 \\ R5 \end{bmatrix} = \begin{bmatrix} 0 & 0.259 & 0.449 & 0.195 & 0.098 \\ 0 & 0.334 & 0.368 & 0.241 & 0.057 \\ 0.077 & 0.488 & 0.361 & 0.074 & 0 \\ 0.029 & 0.270 & 0.519 & 0.178 & 0 \\ 0.042 & 0.107 & 0.412 & 0.299 & 0.139 \end{bmatrix}$$

模糊评价集 $I = U \cdot R$

$= [0.124, \quad 0.234, \quad 0.394, \quad 0.124, \quad 0.124]$

$$\cdot \begin{bmatrix} 0 & 0.259 & 0.449 & 0.195 & 0.098 \\ 0 & 0.334 & 0.368 & 0.241 & 0.057 \\ 0.077 & 0.488 & 0.361 & 0.074 & 0 \\ 0.029 & 0.270 & 0.519 & 0.178 & 0 \\ 0.042 & 0.107 & 0.412 & 0.299 & 0.139 \end{bmatrix}$$

$= [0.039, \quad 0.348, \quad 0.399, \quad 0.169, \quad 0.043]$

$= \dfrac{0.039}{政治风险}, \dfrac{0.348}{经济风险}, \dfrac{0.399}{管理风险}, \dfrac{0.169}{自然风险}, \dfrac{0.043}{法律风险}$

## 四、实证结果分析

（1）管理风险是我国资源型企业实施海外并购过程中面临的最大风险，风险占比达到将近40%。根据二级模糊评价结果不难发现，我国资源型企业海外并购面临的风险从大到小依次是：管理风险>经济风险>自然风险>法律风险>政治

风险。在管理风险的各个细分风险中，人才不足风险是导致整个管理风险较大的关键，占管理风险的36.39%。同时，在我国资源型企业的海外并购活动实施过程中，制度与文化的差异常常直接导致东道国员工的罢工或者工会组织的反抗，通过实证结果可以发现，文化差异风险占整个管理风险的权重达到20.4%。由此可见，人才问题、文化差异问题等这些现实问题直接决定企业并购过程中所面临风险的大小，这些始终存在于两国企业融合过程中的风险对跨国企业日后的正常经营形成了不可忽视的阻碍。

（2）实证结果显示：我国资源型企业海外并购所遇到的经济风险略小于管理风险。由融资风险导致的市场风险和财务风险作为资源型企业"走出去"时面临的重要的两类经济风险，分别占经济风险的40.21%和24.46%。财务风险存在的主要原因有两点：其一，因为并购双方存在着严重的信息不对称，被并购方以提高自身价值为目的，隐瞒某些重要信息，其目的是为了高估本公司的价值；其二，并购企业无法根据自身财务情况进行合理的评估，在选择并购时机上具有一定的盲目性，没有利用企业自身的发展现状选择合适的时机进行海外并购。

（3）我国资源型企业海外并购过程中政治风险和法律风险极小，仅分别占3.9%和4.3%。对于这样的风险识别结果要结合我国资源型企业海外并购的特点进行分析，因为我国资源型企业"走出去"的目标国家主要集中于加拿大、美国、澳大利亚等这些政治环境、法律环境较为优质的国家。目标企业所在国家的政治环境越平稳、法律环境越完善，并购企业在并购过程中面临的这两类风险就越小。

（4）自然风险位居五类风险中间，排名第三，与法律风险、政治风险相比较大，与管理风险和经济风险相比较小，占到整个风险的16.9%。资源类并购活动与制造类等其他类型并购存在明显差异，资源型企业海外并购的资源目标通常为不可再生资源，资源的安全性、开采量、安全生产条件等都是直接影响并购风险的因素。这也就意味着，与其他风险相比，自然风险具有某些无法避免的特殊性。

## 第二节　资源型企业海外并购风险测度分析

风险测度分析主要是在风险识别的基础上，根据不同并购案例中表现的风险大小程度，通过更为详尽的指标分析计算出各个并购案例的风险大小，进而对其进行风险排名，根据得到的风险排名，找出一些可寻找的规律。本书风险测度研究的主要方法是基于在险价值的因子分析模型。本书在这里引入在险价值的概念，是因为在风险识别中计算出的市场风险较大，所以希望结合人们对上市资源型企业的并购预期因素来探讨资源型企业海外并购的风险测度问题，本书在险价值因子的指标将采用并购企业并购前一年的股价来体现。

### 一、模型构建

本章将在上一节风险识别研究的基础上，通过对具体案例进行微观研究来测度我国资源型企业海外并购风险，研究方法采用因子分析模型，涉及的分析步骤有：

（1）数据标准化过程。该标准化过程运用 SPSS 软件可以自动完成，本书之所以对原始数据进行标准化处理，是因为考虑到变量间量纲的不同，通过数据标准化处理可以消除变量间在数量级上的差异。

（2）适用性检验。本书采用的方法是 KMO 和 Bartlett's Test 方法，该方法是通过在 SPSS 软件中设置相应分析选项，从而得到系统计算出的 KMO 值。如果其值为大于 0.5，表明适用于因子分析。

（3）计算相关矩阵、特征值及特征向量。

（4）计算方差贡献率，选择合适的主因子个数。

（5）因子旋转，得到旋转后的因子矩阵，通过因子旋转得到具有实际意义的因子。

（6）计算样本综合得分，对样本进行风险排序：根据每个主因子所占风险权重，计算每个案例综合得分。$F = (w_1 F_1 + w_2 F_2 + \cdots + w_m F_m)/(w_1 + w_2 + \cdots + w_m)$，此处 $w_i$ 为旋转后因子的方差贡献率。

## 二、指标体系构建

本部分将对并购风险测度指标体系进行构建，主要内容包括风险测度指标选取原则、指标说明及最终的指标确定。这一部分可以为下一部分实证分析做好铺垫，指标确定的准确性与研究的可靠性直接相关。

（一）风险测度定量指标设计

1. 风险测度定量指标选取原则

本书中资源型企业海外并购风险测度的定量指标选取主要针对的是由并购企业财务并购前指标带来的财务风险。结合我国实际情况，本书在企业众多财务指标中想要选取合适的财务指标必须遵循一套较为合理的选取原则，构建我国资源型上市企业财务风险度量指标体系应遵循以下原则：

（1）灵敏性原则。该原则表示当危机或重要信息来临时，数据能够在指标值上迅速反映出来。

（2）可比性原则。该原则设立的主要依据为：我国通用的公司财务报表。以上市企业财务报表为基础，企业与企业之间衡量及计算方法的一致性将为实证的准确性提供强有力的支持，且计算出的风险排名也将更加准确。

（3）针对性原则。确定上市资源型企业财务指标的个数及种类尤为重要，面面俱到是无法做到的，只有通过合理的设置选择合适的评价指标。

（4）系统性原则。构建指标体系时要确保一定的概括性和覆盖面，选择具有代表性的指标能完整全面地反映资源型上市企业风险防控的实际效果。

（5）预测性原则。一旦资源型上市企业指标值趋于恶化，便意味着财务危机随时可能发生，本书在选取定量指标时需要将可预测的指标功能考虑在内。

2. 风险测度定量指标体系设计

因子分析的核心任务是在大量指标中选取恰当个数的变量，用选出的几个指标体现整体模型中的风险，所以，因子分析存在这样的问题：如果个数过少，因子分析中提取出的主要因子将更少，测算出的风险值缺乏准确性；如果初始指标选得过多，出现一个因子高载荷的可能性极大，那么因子分析就失去了原本的使用初衷。本书按照以上指标选取原则选出了以下反映样本信息的指标：

（1）衡量企业获利能力指标。我国上市资源型企业的获利能力是指企业资金增值的能力。

净资产收益率。企业净资产收益率指的是企业与投资者之间的关系，该指标将企业报酬收益与股东的资产收益紧密联系在一起，在很多国家的财务指标中，净资产收益率常常作为比较该国上市企业资本经营效果差异的核心指标之一。

主营业务收益率。该指标属于比率类指标，它体现的是上市资源型企业主营业务利润与企业主营业务收入净额的关系。该指标反映了上市资源型企业依靠其主营业务获取利润能力的大小。该指标越高，说明该上市资源型企业的未来发展空间越大、获利能力越高，同时也意味着该企业产品定价相对科学、产品附加值具有增值空间。

（2）衡量企业偿债能力指标。对我国资源型上市企业来说，偿债能力的大小将直接影响其并购活动后的实际利润大小。该指标通常有长短期的区别，即短期偿债能力、长期偿债能力。

流动比率。企业一定时期内流动资产负债的比率叫作企业的流动比率。我国上市资源型企业流动比率越高，则其资产安全系数也越高，企业短期偿债能力越强。对于企业来说，流动比率也不是越高越好，一般情况下，将该指标保持在 2 左右有利于企业发展。计算公式：

流动比率=流动资产/流动负债

已获利息倍数。已获利息倍数是一个体现企业长期偿债能力的指标，表示企业在一定时期内息税前利润与利息支出的比率。该指标一方面可以反映出企业获利能力的大小，另一方面可以反映出企业对到期债务如期偿还的能力。已获利息倍数常作为衡量上市企业对长期债务承受能力大小的指标，该指标越高，说明该企业如期支付利息的能力越强，对于债权人来讲，已获利息倍数越高，自身的权益就越有保障。

（3）衡量企业经营能力指标。企业经营能力的指标必须能够衡量一段时期内企业发展的现状，同时也需要包含均衡企业内部人力资源、生产资料的能力。

应收账款周转率。根据计算公式可知，该指标是企业主营业务收入净额与企业应收账款平均余额的比值。该指标从某种程度上反映的是企业当期应收账目变现的速度。企业当期应收款项周转速度越快，企业所需的经营流动资金越少，企业的资金管理水平越高。

存货周转率。资源型上市企业存货周转率评价的是上市企业从"取得存货—投入生产—销售—收回"各个环节运营情况的综合评价指标，同时也可以反映企业资金使用效率。通常情况下，资源型上市企业存货周转率较高表示该企业资产的流动性好、企业可将存货转换为现金或应收账款的速度快。

总资产周转率。该指标是将上市企业价值与资产有效联系起来的指标。总资产周转率能够衡量企业遇到财务风险等突发事项时的风险消化能力，同时也反映该企业近期总资产的运营状况。企业间在进行横向对比时选择该指标可以准确评估本企业在市场上的综合实力的排名情况。企业总资产周转率数值越高，企业处理突发变动市场需求时的适应能力就越强。

（4）衡量企业发展能力指标。该类型指标是一个能够衡量企业综合实力的综合性指标，具有一定的预测性质，表示的是企业未来可能扩大规模、壮大实力的能力。

销售增长率。生产产品的目的是更好地为销售环节提供保障，一个具有良好销售增长率的企业必定在整个市场大环境中拥有一席之地。但就该指标单个特点来说，评价某个企业的销售率有所增长是将其与前一年同期销售进行纵向对比。既然是与前一年数值的纵向对比，那就存在增加、减少和持平三种状态。比值大于 0，说明当年企业销售前景看好，企业占据的市场份额相应增加；比值小于 0，则说明该企业产品市场存在萎缩的状态，企业急需寻找造成该现象的原因。

利润增长率。同销售增长率一样，利润增长率也是一个同比增长类指标，它是指将企业当年利润增长金额与上一个会计统计期间的数值进行比较，反映的是上市企业年利润增长情况。

总资产增长率。该指标是当年年末与年初相比的指标，具体指的是企业当年总资产增长额与企业年初公布的资产总额间的比值，用该指标可以清晰反映出企业在当期的规模增长情况。一般来说，该指标数值越高，表明企业未来发展越好，也说明企业未来资产规模扩张的可能性越大。计算公式：

总资产增长率=本年总资产增长额/年初资产总额

（二）样本处理及指标确立

1. 样本处理

此处样本选取与前文研究选取的样本是一致的，本书选择 2005~2014 年我国 34 起资源型企业海外并购案例作为研究样本。

2. 指标体系确立

本书选取我国实施海外并购的资源型上市公司并购实施前一年的季度财务指标作为研究对象，具体财务指标选取以我国资源型企业海外并购风险测度分析中的指标选取及设计原则为依据，其中数据选取时间节点为并购实施前一年的季度数据。

本书以上市资源型企业并购前一年每日收盘价为分析资料，通过计算各样本上市资源型企业股票的在险价值，将隐藏在股市中的市场风险及人们对并购的预期融合到因子分析中，根据以上分析得到了本书的指标体系，具体如表 7-10、表 7-11 所示。

**表 7-10 风险测度定性指标体系**

| 评价大类 | 评价内容 | 变量代号 | 1分 | 2分 | 3分 | 4分 | 5分 | 问卷设计参考文献 |
|---|---|---|---|---|---|---|---|---|
| 政治风险 | 1. 该并购实施过程中面临来自东道国政府、当地居民、宗教组织和第三国中的几方面的政治干扰 | X1 | 一项没有 | 一项 | 两项 | 三项 | 四项全有 | 马洪稳（2012） |
| | 2. 该并购活动中，东道国外资审批时间长短 | X2 | 很短 | 较短 | 一般 | 较长 | 很长 | 童生和成金华（2006） |
| | 3. 该并购活动中，东道国贸易保护力度大小 | X3 | 很弱 | 较弱 | 一般 | 较强 | 很强 | 吴雪涛（2012） |
| 经济风险（定性） | 1. 该并购活动实施过程中东道国汇率变动幅度 | X4 | 很小 | 较小 | 一般 | 较大 | 很大 | 刘欣（2000） |
| | 2. 税收和租金在企业日后发展中所占权重如何 | X5 | 很小 | 较小 | 一般 | 较大 | 很大 | 贺雪（2011） |
| 管理风险 | 1. 被并购企业员工对我国企业管理方式认可程度 | X6 | 很高 | 较高 | 一般 | 较低 | 很低 | 张雨（2012） |
| | 2. 该并购企业并购前是否具有清晰的并购目标、计划方案、人员安排、风险控制体系 | X7 | 全部都有 | 有三项 | 有两项 | 有一项 | 一项没有 | 黄献松（2004） |
| | 3. 该并购企业对于被并企业财务信息掌握程度大小 | X8 | 很清楚 | 较清楚 | 一般 | 较模糊 | 很模糊 | 童生、成金华（2006） |
| | 4. 该并购企业中参与过并购活动的人员占总员工人数的比重 | X9 | 很高 | 较高 | 一般 | 较低 | 很低 | 张兰霞（2007） |
| | 5. 该并购案例中我国与被并企业所在国文化差异程度大小 | X10 | 很小 | 较小 | 一般 | 较大 | 很大 | 王冠（2010） |
| 自然风险 | 1. 该并购活动实施过程中被并购企业所在国自然灾害发生频繁度 | X11 | 很低 | 较低 | 一般 | 较高 | 很高 | 童生和成金华（2006） |
| | 2. 该并购国是否具有丰富的矿产、有潜力的地质条件、便捷的运输条件、较优的资源开采历史 | X12 | 全部都有 | 有三项 | 有两项 | 有一项 | 一项没有 | 李永新（2011） |
| 法律风险 | 1. 该被并购企业所在国涉及资源型并购法律条款数 | X13 | 很多 | 较多 | 一般 | 较少 | 很少 | 袁松（2007） |
| | 2. 该被并购企业所在国对并购活动实施的劳工保护政策力度大小 | X14 | 很小 | 较小 | 一般 | 较大 | 很大 | 韩莹（2010） |

表7-11　风险测度定量指标体系一览表

| 类别 | 细分指标 | 变量代号 | 指标设计参考文献 |
|---|---|---|---|
| 经济风险（定量） | 净资产收益率 | X15 | 刘晓棠（2007） |
| | 主营业务收益率 | X16 | |
| | 流动比率 | X17 | |
| | 已获利息倍数 | X18 | |
| | 存货周转率 | X19 | |
| | 应收账款周转率 | X20 | 黄慧萍（2010） |
| | 总资产周转率 | X21 | |
| | 销售增长率 | X22 | |
| | 利润增长率 | X23 | |
| | 在险价值 | X24 | 刘晓棠（2007） |

本书将在险价值体现的市场风险融入整个研究模型中，将并购企业自身9个财务指标作为本书测度资源型企业海外并购风险的定量指标，同时，将除财务风险指标以外的其他风险作为本书风险测度的定性指标，总计24个细分指标用以测度并购企业风险大小。

### 三、实证分析

本书从实证角度研究我国资源型企业海外并购风险测度问题时，采用的实证方法是因子分析，采用的软件是SPSS17.0软件。本书通过对24个风险测度细分指标进行软件运行，得到了大样本中每个案例的风险测度排名，并计算出了每一类风险指标在风险测度中的占比。

（一）适用性检验

因子分析的作用机理是通过对描述事物不同方面的大量指标进行综合分析，最终提取具有代表性的几个主因子，用这几个主因子代表整个模型中所有自变量对因变量的影响，最后计算出风险综合得分。大量研究表明，运用因子分析方法对企业风险进行研究具有很多其他综合评价方法所没有的优点，其中，最为典型的优势就是该方法能够最大限度地利用企业公布的原始数据，哪怕指标较多系统也可以根据需要提取合适个数的指标进行指标代替，这可以在最大程度上保证研究的准确性。

（1）数据标准化处理。本书通过在SPSS软件中点击"按照方差最大旋转"按钮，对风险测度模型中24个指标进行数据的标准化，根据软件输出结果可以得到24个风险指标的方差累计贡献率数值，具体如表7-12所示。

表7-12　样本相关矩阵

| | X1 | X2 | X3 | X4 | X5 | X6 | X7 | X8 | X9 | X10 | X11 | X12 | X13 | X14 | X15 | X16 | X17 | X18 | X19 | X20 | X21 | X22 | X23 | X24 |
|---|---|---|---|---|---|---|---|---|---|---|---|---|---|---|---|---|---|---|---|---|---|---|---|---|
| X1 | 1 | 0.217 | 0.498 | 0.313 | 0.259 | 0.532 | 0.008 | 0.287 | -0.137 | 0.390 | -0.603 | -0.684 | -0.700 | 0.762 | 0.211 | -0.059 | 0.047 | -0.132 | -0.162 | 0.117 | 0.083 | 0.196 | 0.083 | 0.075 |
| X2 | 0.217 | 1 | 0.358 | 0.345 | -0.359 | 0.529 | 0.129 | -0.204 | 0.079 | -0.006 | 0.118 | -0.038 | -0.149 | 0.131 | -0.101 | -0.306 | -0.207 | 0.038 | 0.114 | 0.088 | -0.031 | -0.012 | -0.033 | 0.029 |
| X3 | 0.498 | 0.358 | 1 | -0.071 | 0.451 | 0.458 | -0.213 | 0.265 | 0.132 | 0.401 | -0.147 | -0.388 | -0.605 | 0.389 | 0.153 | -0.106 | -0.073 | -0.083 | 0.173 | 0.151 | 0.095 | 0.209 | -0.026 | 0.124 |
| X4 | 0.313 | 0.345 | -0.071 | 1 | -0.310 | 0.447 | 0.462 | -0.126 | 0.042 | -0.262 | -0.471 | 0.015 | 0.091 | 0.049 | -0.203 | -0.003 | 0.199 | -0.036 | -0.080 | -0.132 | -0.176 | -0.127 | 0.015 | 0.016 |
| X5 | 0.259 | -0.359 | 0.451 | -0.310 | 1 | 0.184 | -0.362 | 0.369 | -0.052 | 0.308 | -0.216 | -0.211 | -0.337 | 0.346 | 0.234 | 0.163 | 0.076 | -0.093 | -0.167 | 0.060 | 0.106 | 0.035 | -0.054 | 0.108 |
| X6 | 0.532 | 0.529 | 0.458 | 0.447 | 0.184 | 1 | 0.084 | 0.166 | 0.098 | 0.110 | -0.271 | -0.301 | -0.392 | 0.200 | 0.080 | -0.009 | 0.084 | -0.107 | 0.058 | 0.020 | -0.063 | 0.051 | -0.004 | 0.109 |
| X7 | 0.008 | 0.129 | -0.213 | 0.462 | -0.362 | 0.084 | 1 | -0.487 | -0.007 | -0.217 | -0.046 | 0.121 | 0.167 | -0.219 | -0.068 | -0.023 | 0.289 | 0.032 | -0.005 | -0.082 | 0.050 | 0.112 | -0.003 | 0.183 |
| X8 | 0.287 | -0.204 | 0.265 | -0.126 | 0.369 | 0.166 | -0.487 | 1 | -0.221 | 0.092 | -0.234 | -0.251 | -0.301 | 0.198 | 0.266 | 0.237 | 0.040 | -0.039 | -0.101 | 0.040 | -0.246 | -0.077 | 0.013 | -0.309 |
| X9 | -0.137 | 0.079 | 0.132 | 0.042 | -0.052 | 0.098 | -0.007 | -0.221 | 1 | -0.081 | -0.095 | -0.073 | 0.015 | -0.266 | -0.255 | -0.161 | -0.154 | 0.177 | 0.121 | 0.146 | 0.418 | 0.144 | -0.119 | 0.228 |
| X10 | 0.390 | -0.006 | 0.401 | -0.262 | 0.308 | 0.110 | -0.217 | 0.092 | -0.081 | 1 | 0.095 | 0.015 | -0.073 | 0.477 | -0.043 | -0.161 | 0.124 | 0.160 | 0.369 | 0.111 | 0.125 | 0.063 | 0.044 | -0.083 |
| X11 | -0.603 | 0.118 | -0.147 | -0.471 | -0.216 | -0.271 | -0.046 | -0.234 | -0.095 | 0.095 | 1 | 0.577 | 0.493 | -0.510 | -0.083 | -0.070 | -0.249 | 0.177 | -0.091 | -0.073 | -0.072 | -0.121 | -0.015 | -0.055 |
| X12 | -0.684 | -0.038 | -0.388 | 0.015 | -0.211 | -0.301 | 0.121 | -0.251 | -0.073 | 0.015 | 0.577 | 1 | 0.843 | -0.459 | -0.349 | -0.101 | -0.253 | 0.160 | -0.199 | -0.160 | -0.225 | -0.251 | -0.023 | -0.186 |
| X13 | -0.700 | -0.149 | -0.605 | 0.091 | -0.337 | -0.392 | 0.167 | -0.301 | 0.015 | -0.073 | 0.493 | 0.843 | 1 | -0.607 | -0.347 | -0.031 | -0.100 | 0.172 | -0.246 | -0.230 | -0.246 | -0.366 | -0.012 | -0.192 |
| X14 | 0.762 | 0.131 | 0.389 | 0.049 | 0.346 | 0.200 | -0.219 | 0.198 | -0.266 | 0.477 | -0.510 | -0.459 | -0.607 | 1 | 0.218 | 0.173 | 0.061 | -0.126 | -0.285 | 0.129 | 0.173 | 0.222 | 0.044 | 0.044 |
| X15 | 0.211 | -0.101 | 0.153 | -0.203 | 0.234 | 0.080 | -0.068 | 0.266 | -0.255 | -0.043 | -0.083 | -0.349 | -0.347 | 0.218 | 1 | 0.462 | 0.116 | -0.011 | -0.085 | -0.032 | 0.045 | 0.188 | 0.040 | 0.128 |
| X16 | -0.059 | -0.306 | -0.106 | -0.003 | 0.163 | -0.009 | -0.023 | 0.237 | -0.161 | -0.161 | -0.070 | -0.101 | -0.031 | 0.173 | 0.462 | 1 | 0.571 | -0.017 | -0.060 | -0.139 | -0.288 | -0.151 | -0.037 | 0.051 |
| X17 | 0.047 | -0.207 | -0.073 | 0.199 | 0.076 | 0.084 | 0.289 | 0.040 | -0.154 | 0.124 | -0.249 | -0.253 | -0.100 | 0.061 | 0.116 | 0.571 | 1 | -0.050 | 0.059 | -0.156 | 0.055 | 0.032 | -0.011 | 0.271 |
| X18 | -0.132 | 0.038 | -0.083 | -0.036 | -0.093 | -0.107 | 0.032 | -0.039 | 0.177 | 0.160 | 0.177 | 0.160 | 0.172 | -0.126 | -0.011 | -0.017 | -0.050 | 1 | -0.035 | -0.031 | -0.044 | -0.105 | -0.021 | -0.037 |
| X19 | -0.162 | 0.114 | 0.173 | -0.080 | -0.167 | 0.058 | -0.005 | -0.101 | 0.121 | 0.369 | -0.091 | -0.199 | -0.246 | -0.285 | -0.085 | -0.060 | 0.059 | -0.035 | 1 | 0.243 | 0.245 | 0.318 | 0.020 | 0.120 |
| X20 | 0.117 | 0.088 | 0.151 | -0.132 | 0.060 | 0.020 | -0.082 | 0.040 | 0.146 | 0.111 | -0.073 | -0.160 | -0.230 | 0.129 | -0.032 | -0.139 | -0.156 | -0.031 | 0.243 | 1 | 0.289 | 0.207 | -0.038 | 0.120 |
| X21 | 0.083 | -0.031 | 0.095 | -0.176 | 0.106 | -0.063 | 0.050 | -0.246 | 0.418 | 0.125 | -0.072 | -0.225 | -0.246 | 0.173 | 0.045 | -0.288 | 0.055 | -0.044 | 0.245 | 0.289 | 1 | 0.460 | 0.108 | 0.486 |
| X22 | 0.196 | -0.012 | 0.209 | -0.127 | 0.035 | 0.051 | 0.112 | -0.077 | 0.144 | 0.063 | -0.121 | -0.251 | -0.366 | 0.222 | 0.188 | -0.151 | 0.032 | -0.105 | 0.318 | 0.207 | 0.460 | 1 | 0.220 | 0.370 |
| X23 | 0.083 | -0.033 | -0.026 | 0.015 | -0.054 | -0.004 | -0.003 | 0.013 | -0.119 | 0.044 | -0.015 | -0.023 | -0.012 | 0.044 | 0.040 | -0.037 | -0.011 | -0.021 | 0.020 | -0.038 | 0.108 | 0.220 | 1 | 0.038 |
| X24 | 0.075 | 0.029 | 0.124 | 0.016 | 0.108 | 0.109 | 0.183 | -0.309 | 0.228 | -0.083 | -0.055 | -0.186 | -0.192 | 0.044 | 0.128 | 0.051 | 0.271 | -0.037 | 0.120 | 0.120 | 0.486 | 0.370 | 0.038 | 1 |

（2）KMO 检验。本书在进行因子分析适用性检验中选择 SPSS 软件中的 KMO and Bartlett's Test 检验法，表 7-13 为 SPSS 输出的 KMO 值，可以看出该模型中的 KMO 值等于 0.688，该值大于分界值 0.5，说明本书建立的风险测度模型能够采用因子分析法进行进一步分析。

表 7-13  KMO and Bartlett's Test

| Kaiser-Meyer-Olkin 度量 | | 0.688 |
|---|---|---|
| Bartlett 的球形度检验 | Approx. Chi-square（近似卡方值） | 2300.697 |
| | df（自由度） | 276 |
| | Sig.（显著性水平） | 0.000 |

（二）主成分分析

主成分分析通过线性组合将原变量综合成几个主成分，用较少的综合指标来代替原来较多的指标。因子分析是主成分分析的推广，也是一种把多个变量化为少数几个综合变量的多变量分析方法。在该模型中，本书运用 SPSS 软件将原有的 24 个变量综合为 8 个公共因子，8 个公共因子的风险贡献率如表 7-14 所示。

表 7-14  主成分特征值及其方差贡献率

| 变量 | 初始特征值 | | | 提取平方和后的累计方差 | | |
|---|---|---|---|---|---|---|
| | 合计 | 方差百分比（%） | 累计百分比（%） | 合计 | 方差百分比（%） | 累计百分比（%） |
| 1 | 4.970 | 20.707 | 20.707 | 4.970 | 20.707 | 20.707 |
| 2 | 2.830 | 11.793 | 32.500 | 2.830 | 11.793 | 32.500 |
| 3 | 2.505 | 10.436 | 42.936 | 2.505 | 10.436 | 42.936 |
| 4 | 2.303 | 9.594 | 52.530 | 2.303 | 9.594 | 52.530 |
| 5 | 1.663 | 6.930 | 59.460 | 1.663 | 6.930 | 59.460 |
| 6 | 1.308 | 5.449 | 64.909 | 1.308 | 5.449 | 64.909 |
| 7 | 1.259 | 5.248 | 70.156 | 1.259 | 5.248 | 70.156 |
| 8 | 1.010 | 4.207 | 74.363 | 1.010 | 4.207 | 74.363 |
| 9 | 0.935 | 3.895 | 78.258 | | | |
| 10 | 0.770 | 3.209 | 81.467 | | | |
| 11 | 0.711 | 2.964 | 84.431 | | | |

| 变量 | 初始特征值 | | | 提取平方和后的累计方差 | | |
|---|---|---|---|---|---|---|
| | 合计 | 方差百分比（%） | 累计百分比（%） | 合计 | 方差百分比（%） | 累计百分比（%） |
| 12 | 0.665 | 2.772 | 87.203 | | | |
| 13 | 0.547 | 2.278 | 89.481 | | | |
| 14 | 0.494 | 2.057 | 91.538 | | | |
| 15 | 0.409 | 1.706 | 93.243 | | | |
| 16 | 0.373 | 1.553 | 94.796 | | | |
| 17 | 0.333 | 1.389 | 96.186 | | | |
| 18 | 0.259 | 1.078 | 97.263 | | | |
| 19 | 0.214 | 0.893 | 98.156 | | | |
| 20 | 0.156 | 0.651 | 98.807 | | | |
| 21 | 0.140 | 0.582 | 99.390 | | | |
| 22 | 0.078 | 0.326 | 99.715 | | | |
| 23 | 0.049 | 0.205 | 99.920 | | | |
| 24 | 0.019 | 0.080 | 100.000 | | | |

　　因子的方差风险贡献率是衡量因子重要程度的指标，由此可见，SPSS 软件将原有 24 个变量对风险的测度缩减成了 8 个主因子，且这 8 个主因子可以反映原有 24 个财务指标 74.363% 的信息量，具体每个因子的成分需要进一步研究。

　　（三）载荷矩阵分析

　　载荷矩阵表示的是所有初始变量和主因子间的关系，载荷其实就是将二者用系数的形式建立起来的关系。该分析方法通常采用正交旋转法（方差最大）对该模型中的风险因子进行矩阵旋转。本书采用 SPSS 软件将初始载荷因子进行旋转，得到旋转后的风险因子载荷矩阵，根据正交旋转因子载荷矩阵可以得到成分得分系数矩阵，具体如表 7-15 所示。

表 7-15　旋转后的因子载荷矩阵

| | 成分 | | | | | | | |
|---|---|---|---|---|---|---|---|---|
| | 1 | 2 | 3 | 4 | 5 | 6 | 7 | 8 |
| X1 | 0.804 | 0.017 | 0.028 | 0.393 | −0.050 | −0.263 | 0.094 | 0.080 |
| X2 | −0.023 | −0.349 | −0.026 | 0.762 | −0.362 | 0.085 | 0.054 | −0.092 |

| | 成分 | | | | | | | |
|---|---|---|---|---|---|---|---|---|
| | 1 | 2 | 3 | 4 | 5 | 6 | 7 | 8 |
| X3 | 0.269 | 0.456 | 0.187 | 0.693 | −0.071 | −0.045 | 0.030 | −0.025 |
| X4 | 0.297 | −0.676 | −0.259 | 0.309 | 0.194 | −0.011 | −0.328 | 0.067 |
| X5 | 0.216 | 0.709 | 0.115 | 0.077 | 0.292 | −0.311 | −0.032 | −0.017 |
| X6 | 0.300 | −0.053 | −0.065 | 0.816 | 0.151 | 0.011 | −0.098 | 0.047 |
| X7 | −0.046 | −0.764 | 0.192 | 0.054 | 0.193 | −0.048 | −0.010 | 0.015 |
| X8 | 0.348 | 0.590 | −0.455 | 0.049 | 0.091 | 0.234 | 0.126 | 0.119 |
| X9 | −0.111 | 0.070 | 0.448 | 0.156 | 0.092 | 0.310 | −0.590 | −0.203 |
| X10 | 0.141 | 0.402 | 0.141 | 0.175 | −0.238 | −0.636 | −0.051 | 0.005 |
| X11 | −0.858 | 0.107 | 0.042 | 0.050 | −0.207 | 0.124 | 0.216 | −0.024 |
| X12 | −0.784 | −0.120 | −0.200 | −0.136 | −0.108 | −0.145 | −0.233 | 0.054 |
| X13 | −0.738 | −0.271 | −0.262 | −0.317 | 0.023 | −0.120 | −0.259 | 0.026 |
| X14 | 0.691 | 0.162 | 0.087 | 0.135 | −0.207 | −0.443 | 0.190 | 0.058 |
| X15 | 0.192 | 0.161 | 0.089 | 0.036 | 0.289 | 0.034 | 0.769 | 0.014 |
| X16 | 0.020 | 0.103 | −0.178 | −0.104 | 0.760 | 0.084 | 0.374 | −0.073 |
| X17 | 0.144 | −0.152 | 0.182 | −0.035 | 0.814 | 0.065 | −0.042 | −0.032 |
| X18 | −0.312 | −0.095 | 0.041 | 0.060 | −0.075 | −0.181 | 0.234 | −0.327 |
| X19 | −0.065 | 0.111 | 0.261 | 0.167 | −0.072 | 0.821 | −0.078 | 0.042 |
| X20 | 0.270 | 0.119 | 0.291 | −0.073 | −0.391 | 0.266 | −0.008 | −0.285 |
| X21 | 0.146 | 0.052 | 0.826 | −0.100 | −0.136 | 0.041 | −0.137 | 0.023 |
| X22 | 0.228 | 0.003 | 0.643 | 0.020 | −0.132 | 0.188 | 0.173 | 0.335 |
| X23 | −0.018 | −0.031 | 0.112 | −0.005 | −0.058 | −0.030 | 0.090 | 0.862 |
| X24 | 0.026 | −0.129 | 0.734 | 0.118 | 0.279 | −0.017 | 0.054 | −0.019 |

根据表 7-15 输出的旋转后的载荷矩阵，本书整理出了 8 个主因子的具体表达式，其中，每一个原始指标对主因子的解释系数都可以得到：

$$F1 = 0.804X1 - 0.023X2 + 0.269X3 + 0.297X4 + 0.216X5 + 0.3X6 - 0.046X7 + 0.348X8 - 0.111X9 + 0.141X10 - 0.858X11 - 0.784X12 - 0.738X13 + 0.691X14 + 0.192X15 + 0.02X16 + 0.144X17 - 0.312X18 - 0.065X19 + 0.27X20 + 0.146X21 + 0.228X22 - 0.018X23 + 0.026X24 \quad (7-1)$$

$$F2 = 0.017X1 - 0.349X2 + 0.456X3 - 0.676X4 + 0.709X5 - 0.053X6 - 0.764X7 + 0.59X8 + 0.07X9 + 0.402X10 + 0.107X11 - 0.12X12 - 0.271X13 + 0.162X14 + 0.161X15 +$$

$0.103X16 - 0.152X17 - 0.095X18 + 0.111X19 + 0.119X20 + 0.052X21 + 0.003X22 - 0.031X23 - 0.129X24$

$$(7-2)$$

$F3 = 0.028X1 - 0.026X2 + 0.187X3 - 0.259X4 + 0.115X5 - 0.065X6 + 0.192X7 - 0.455X8 + 0.448X9 + 0.141X10 + 0.042X11 - 0.2X12 - 0.262X13 + 0.087X14 + 0.089X15 - 0.178X16 + 0.182X17 + 0.041X18 + 0.261X19 + 0.291X20 + 0.826X21 + 0.643X22 + 0.112X23 + 0.734X24$

$$(7-3)$$

$F4 = 0.393X1 + 0.762X2 + 0.693X3 + 0.309X4 + 0.077X5 + 0.816X6 + 0.054X7 + 0.049X8 + 0.156X9 + 0.175X10 + 0.05X11 - 0.136X12 - 0.317X13 + 0.135X14 + 0.036X15 - 0.104X16 - 0.035X17 + 0.06X18 + 0.167X19 - 0.073X20 - 0.1X21 + 0.02X22 - 0.005X23 + 0.118X24$

$$(7-4)$$

$F5 = -0.05X1 - 0.362X2 - 0.071X3 + 0.194X4 + 0.292X5 + 0.151X6 + 0.193X7 + 0.091X8 + 0.092X9 - 0.238X10 - 0.207X11 - 0.108X12 + 0.023X13 - 0.207X14 + 0.289X15 + 0.76X16 + 0.814X17 - 0.075X18 - 0.072X19 - 0.391X20 - 0.136X21 - 0.132X22 - 0.058X23 + 0.279X24$

$$(7-5)$$

$F6 = -0.263X1 + 0.085X2 - 0.045X3 - 0.011X4 - 0.311X5 + 0.011X6 - 0.048X7 + 0.234X8 + 0.310X9 - 0.636X10 + 0.124X11 - 0.145X12 - 0.12X13 - 0.443X14 + 0.034X15 + 0.084X16 + 0.065X17 - 0.181X18 + 0.821X19 + 0.266X20 + 0.041X21 + 0.188X22 - 0.03X23 - 0.017X24$

$$(7-6)$$

$F7 = 0.094X1 + 0.054X2 + 0.03X3 - 0.328X4 - 0.032X5 - 0.098X6 - 0.01X7 + 0.126X8 - 0.59X9 - 0.051X10 + 0.216X11 - 0.233X12 - 0.259X13 + 0.19X14 + 0.769X15 + 0.374X16 - 0.042X17 + 0.234X18 - 0.078X19 - 0.008X20 - 0.137X21 + 0.173X22 + 0.09X23 + 0.054X24$

$$(7-7)$$

$F8 = 0.08X1 - 0.092X2 - 0.025X3 + 0.067X4 - 0.017X5 + 0.047X6 + 0.015X7 + 0.119X8 - 0.203X9 + 0.005X10 - 0.024X11 + 0.054X12 + 0.026X13 + 0.058X14 + 0.014X15 - 0.073X16 - 0.032X17 - 0.327X18 + 0.042X19 - 0.285X20 + 0.023X21 + 0.335X22 + 0.862X23 - 0.019X24$

$$(7-8)$$

本书中的各变量对应的主因子如表 7-16 所示。

表 7-16　变量对应因子集

| 风险大类 | 变量 | 对应因子集 |
| --- | --- | --- |
| 政治风险 | X1、X2、X3 | 1、4、4 |

| 风险大类 | | 变量 | 对应因子集 |
|---|---|---|---|
| 经济风险 | 定性 | X4、X5 | 2、2 |
| | 定量 | X15、X16、X17、X18、X19、X20、X21、X22、X23 | 7、5、5、8、6、5、3、3、8 |
| | 市场风险 | X24 | 3 |
| 管理风险 | | X6、X7、X8、X9、X10 | 4、2、2、7、6 |
| 自然风险 | | X11、X12 | 1、1 |
| 法律风险 | | X13、X14 | 1、1 |

**（四）风险综合排序**

以上提取的 8 个主因子不同程度地代表风险的某一个方面，不同主成分对风险的解释程度不同，本书的研究重点就是试图找到最能影响风险的指标，并由此计算每一个并购案例的风险得分及风险排名。

$$F = \partial_1 F1 + \partial_2 F2 + \partial_3 F3 + \partial_4 F4 + \partial_5 F5 + \partial_6 F6 + \partial_7 F7 + \partial_8 F8，\text{其中 } \partial_i = \frac{\lambda_i}{\sum_1^8 \lambda_i} \qquad (7-9)$$

根据主成分特征值及其方差贡献率表（见表 7-14），可得 $\lambda_1$、$\lambda_2$、$\lambda_3$、$\lambda_4$、$\lambda_5$、$\lambda_6$、$\lambda_7$、$\lambda_8$ 分别为：20.707、11.793、10.436、9.594、6.930、5.449、5.248、4.207。由此可得实证中因子总得分计算公式为：

$$F = 0.278F1 + 0.159F2 + 0.14F3 + 0.129F4 + 0.093F5 + 0.073F6 + 0.071F7 + 0.057F8 \qquad (7-10)$$

本书运用式（7-10）计算出了样本企业在每个因子上的得分及其因子总得分情况，具体如表 7-17 所示。

表 7-17　34 家实施并购上市资源型企业风险因子得分及排序

| 排名 | 样本 | | F1 | F2 | F3 | F4 | F5 | F6 | F7 | F8 | F | 年度综合得分 |
|---|---|---|---|---|---|---|---|---|---|---|---|---|---|
| 1 | 中国宝钢（2011 年） | 2011 年 | 7.882 | -0.148 | 24.964 | 11.412 | -2.324 | -6.923 | 17.015 | 116.831 | 14.281 | 79.513 |
| | | 2012 年 | -59.094 | -128.398 | 513.486 | -9.614 | -244.902 | -124.984 | 402.574 | 3730.129 | 243.105 | |
| | | 2013 年 | 11.742 | -13.770 | 114.153 | 9.690 | -34.761 | -9.812 | 73.909 | 542.143 | 50.507 | |
| | | 2014 年 | 15.523 | 5.023 | 21.122 | 12.372 | 3.213 | 2.145 | 7.252 | -8.370 | 10.160 | |

续表

| 排名 | 样本 | | F1 | F2 | F3 | F4 | F5 | F6 | F7 | F8 | F | 年度综合得分 |
|---|---|---|---|---|---|---|---|---|---|---|---|---|
| 2 | 中核国际<br>(2009年) | 2009年 | 48.413 | 12.333 | 76.768 | 9.506 | -28.924 | 28.090 | 14.606 | 14.613 | 28.624 | 70.728 |
| | | 2010年 | 107.510 | 16.373 | 222.730 | 13.005 | -70.217 | 77.408 | 43.443 | 51.158 | 70.472 | |
| | | 2011年 | 90.034 | -17.891 | 272.717 | 29.492 | -13.759 | 30.952 | 73.082 | 332.433 | 89.287 | |
| | | 2012年 | 86.518 | -22.036 | 285.492 | 29.808 | -16.607 | 27.433 | 83.139 | 417.635 | 94.529 | |
| 3 | 中金岭南<br>(2008年) | 2008年 | 29.753 | -10.284 | 113.455 | 13.799 | -6.054 | 5.093 | 59.558 | 302.650 | 45.588 | 54.659 |
| | | 2009年 | 23.974 | -52.024 | 310.860 | 9.865 | -90.568 | -21.276 | 187.798 | 1449.810 | 129.183 | |
| | | 2010年 | 35.095 | -3.779 | 73.875 | 18.354 | 26.651 | 7.479 | 25.469 | 3.427 | 26.894 | |
| | | 2011年 | 23.988 | -4.903 | 42.620 | 18.211 | 37.122 | -2.996 | 14.804 | -26.621 | 16.972 | |
| 4 | 中国五矿<br>(2008年) | 2008年 | -11.961 | -58.969 | 255.760 | 5.418 | -111.896 | -48.750 | 180.041 | 1647.818 | 116.548 | 42.785 |
| | | 2009年 | 14.233 | -4.164 | 29.723 | 15.835 | 7.802 | -3.194 | 6.266 | 28.614 | 12.067 | |
| | | 2010年 | 20.418 | -8.848 | 63.299 | 17.128 | 1.966 | -2.945 | 20.211 | 131.525 | 24.240 | |
| | | 2011年 | 21.911 | -6.320 | 50.492 | 18.188 | 11.625 | -1.448 | 10.238 | 36.538 | 18.286 | |
| 5 | 中国五矿<br>(2011年) | 2011年 | 36.069 | -3.534 | 99.769 | 15.705 | -11.105 | 12.558 | 22.708 | 109.311 | 33.186 | 41.671 |
| | | 2012年 | 35.447 | -3.638 | 98.856 | 15.687 | -10.415 | 12.486 | 22.679 | 109.524 | 32.935 | |
| | | 2013年 | 37.330 | -14.859 | 164.559 | 14.776 | -35.150 | 7.699 | 64.921 | 439.433 | 59.910 | |
| | | 2014年 | 34.113 | -5.668 | 114.317 | 13.720 | -23.008 | 11.528 | 37.693 | 226.634 | 40.653 | |
| 6 | 中石化<br>(2011年) | 2011年 | -2.070 | -0.859 | 2.248 | 11.367 | 4.377 | -8.684 | 7.249 | 58.679 | 4.701 | 37.818 |
| | | 2012年 | -21.182 | -36.418 | 137.547 | 5.179 | -62.275 | -41.982 | 116.756 | 1074.868 | 68.946 | |
| | | 2013年 | -22.336 | -36.202 | 135.226 | 4.899 | -63.421 | -41.975 | 115.756 | 1071.227 | 67.914 | |
| | | 2014年 | 0.868 | -1.406 | 16.266 | 11.125 | -1.665 | -5.907 | 13.650 | 98.195 | 9.710 | |
| 7 | 江西铜业<br>(2007年) | 2007年 | 20.735 | 4.088 | 44.701 | 10.612 | 12.061 | 4.599 | 31.135 | 86.573 | 22.644 | 33.954 |
| | | 2008年 | 23.58 | 4.321 | 59.778 | 9.965 | 13.412 | 5.874 | 32.449 | 137.841 | 30.564 | |
| | | 2009年 | 19.338 | 3.587 | 46.186 | 10.302 | 15.424 | 3.428 | 37.102 | 110.495 | 24.358 | |
| | | 2010年 | 40.704 | -3.626 | 138.565 | 13.034 | -8.795 | 15.456 | 71.295 | 309.976 | 54.861 | |
| 8 | 鞍钢集团<br>(2010年) | 2010年 | 33.771 | -10.557 | 92.016 | 21.391 | 15.118 | 2.374 | 23.343 | 72.363 | 30.713 | 33.336 |
| | | 2011年 | 24.521 | -19.519 | 134.011 | 15.832 | -19.428 | -4.190 | 64.129 | 445.723 | 52.364 | |
| | | 2012年 | 26.869 | -7.523 | 87.781 | 15.891 | -3.608 | 6.006 | 34.661 | 162.101 | 32.416 | |
| | | 2013年 | 19.272 | -2.388 | 46.913 | 14.654 | -0.726 | 4.255 | 16.955 | 52.050 | 17.850 | |

续表

| 排名 | 样本 | | F1 | F2 | F3 | F4 | F5 | F6 | F7 | F8 | F | 年度综合得分 |
|---|---|---|---|---|---|---|---|---|---|---|---|---|
| 9 | 中国中化集团(2010年) | 2010年 | 28.141 | −8.475 | 120.579 | 13.289 | −26.859 | 11.894 | 48.277 | 292.303 | 43.530 | 29.625 |
| | | 2011年 | 26.317 | −2.690 | 85.706 | 13.390 | −9.712 | 11.866 | 32.500 | 134.734 | 30.565 | |
| | | 2012年 | 32.240 | 0.280 | 87.332 | 14.140 | −11.276 | 19.086 | 24.503 | 61.542 | 28.650 | |
| | | 2013年 | 22.370 | 1.605 | 49.426 | 13.744 | −1.026 | 11.578 | 8.510 | −13.459 | 15.754 | |
| 10 | 吉恩镍业(2009年) | 2009年 | 56.240 | −14.809 | 179.136 | 23.430 | 20.219 | 9.178 | 58.921 | 234.834 | 61.501 | 28.653 |
| | | 2010年 | 31.472 | −1.689 | 67.443 | 15.664 | 46.888 | 2.383 | 24.991 | 11.456 | 26.905 | |
| | | 2011年 | 17.151 | 5.002 | 21.728 | 10.684 | 29.888 | 2.197 | 12.243 | −27.127 | 12.246 | |
| | | 2012年 | 13.841 | 6.087 | 20.176 | 8.370 | 29.417 | 2.598 | 21.613 | 13.715 | 13.962 | |
| 11 | 云锡集团(2009年) | 2009年 | 26.819 | −4.733 | 89.728 | 11.536 | 14.210 | 12.371 | 47.553 | 197.465 | 37.610 | 28.213 |
| | | 2010年 | 23.712 | 0.591 | 50.525 | 12.484 | 30.391 | 11.879 | 24.399 | 18.036 | 21.824 | |
| | | 2011年 | 16.732 | −10.631 | 91.879 | 11.259 | 5.414 | 2.289 | 55.717 | 330.573 | 40.746 | |
| | | 2012年 | 22.001 | 1.938 | 37.670 | 14.492 | 13.006 | 14.324 | 3.190 | −59.215 | 12.674 | |
| 12 | 武汉钢铁(2009年) | 2009年 | 51.657 | 17.545 | 71.023 | 4.509 | −38.363 | 34.722 | 15.353 | −23.289 | 26.405 | 23.706 |
| | | 2010年 | 30.674 | 8.579 | 48.188 | 9.302 | −8.244 | 13.878 | 19.054 | 27.188 | 20.987 | |
| | | 2011年 | 35.567 | 10.261 | 59.985 | 9.184 | −8.072 | 19.427 | 26.732 | 29.997 | 25.377 | |
| | | 2012年 | 32.736 | 10.806 | 51.284 | 7.936 | −15.471 | 18.383 | 21.059 | 28.681 | 22.056 | |
| 13 | 中国宝钢(2005年) | 2005年 | 18.630 | 0.172 | 60.210 | 11.167 | 2.428 | 3.199 | 39.239 | 194.935 | 29.433 | 18.179 |
| | | 2006年 | 15.170 | 6.079 | 17.402 | 12.067 | 12.869 | 3.322 | 11.865 | 2.939 | 11.626 | |
| | | 2007年 | 16.231 | 5.918 | 25.269 | 10.945 | 18.621 | 3.892 | 23.163 | 46.458 | 16.711 | |
| | | 2008年 | 17.740 | 6.353 | 25.665 | 12.096 | 15.054 | 5.821 | 17.566 | 13.628 | 14.944 | |
| 14 | 中海油(2005年) | 2005年 | 24.706 | 9.298 | 35.564 | 15.181 | 10.957 | 8.916 | 21.000 | −15.366 | 17.569 | 18.115 |
| | | 2006年 | 25.091 | 8.725 | 38.489 | 15.361 | 11.948 | 8.541 | 22.557 | −9.198 | 18.545 | |
| | | 2007年 | 23.121 | 7.071 | 38.970 | 15.535 | 9.583 | 6.191 | 22.342 | 18.551 | 18.998 | |
| | | 2008年 | 10.249 | 2.866 | 39.592 | 16.553 | 4.553 | −3.059 | 35.283 | 64.183 | 17.347 | |
| 15 | 铜陵有色(2009年) | 2009年 | 5.455 | −0.712 | 12.457 | 13.279 | 8.113 | −12.124 | 9.679 | 76.966 | 9.804 | 17.931 |
| | | 2010年 | 21.327 | 3.742 | 40.867 | 13.963 | 1.956 | 4.633 | 12.369 | 16.438 | 16.382 | |
| | | 2011年 | 12.801 | −7.424 | 80.242 | 11.220 | −23.323 | −6.788 | 47.406 | 354.259 | 35.954 | |
| | | 2012年 | 9.608 | 3.906 | 13.732 | 11.595 | 0.497 | −3.155 | 8.941 | 42.544 | 9.586 | |

续表

| 排名 | 样本 | | F1 | F2 | F3 | F4 | F5 | F6 | F7 | F8 | F | 年度综合得分 |
|---|---|---|---|---|---|---|---|---|---|---|---|---|
| 16 | 兖州煤业（2009年） | 2009年 | 29.367 | -3.944 | 90.498 | 13.362 | 9.657 | 11.614 | 49.334 | 210.278 | 39.165 | 17.628 |
| | | 2010年 | 16.198 | 2.858 | 10.758 | 13.734 | 27.930 | 3.581 | 5.634 | -46.501 | 8.844 | |
| | | 2011年 | 13.226 | 3.442 | 2.781 | 12.102 | 31.640 | 1.406 | 8.138 | -36.480 | 7.718 | |
| | | 2012年 | 17.482 | 3.247 | 23.920 | 11.892 | 19.091 | 7.121 | 17.273 | 17.632 | 14.786 | |
| 17 | 中石化（2009年） | 2009年 | 14.693 | 0.300 | 49.769 | 19.331 | -0.041 | 0.238 | 21.720 | 20.056 | 16.293 | 16.750 |
| | | 2010年 | 19.325 | 3.830 | 37.233 | 15.884 | -0.548 | 3.363 | 14.462 | 51.476 | 17.398 | |
| | | 2011年 | 17.678 | 4.385 | 36.956 | 16.411 | -0.764 | 3.904 | 16.491 | 25.756 | 15.756 | |
| | | 2012年 | 21.264 | 5.786 | 37.353 | 15.334 | -2.129 | 6.562 | 15.164 | 37.872 | 17.555 | |
| 18 | 中石化（2008年） | 2008年 | 21.552 | 1.902 | 40.556 | 13.048 | -1.095 | 9.686 | 10.231 | 3.608 | 15.192 | 16.695 |
| | | 2009年 | 18.890 | -0.365 | 42.057 | 12.939 | -0.964 | 5.059 | 15.275 | 54.683 | 17.231 | |
| | | 2010年 | 19.788 | -0.698 | 44.295 | 13.220 | -0.362 | 4.995 | 15.450 | 54.465 | 17.829 | |
| | | 2011年 | 23.046 | -0.413 | 45.490 | 14.546 | 4.377 | 6.808 | 9.652 | 6.155 | 16.527 | |
| 19 | 华菱钢铁（2009年） | 2009年 | 51.642 | 8.666 | 39.787 | 8.717 | 3.231 | 23.931 | -8.689 | 57.617 | 27.144 | 16.548 |
| | | 2010年 | 19.679 | 5.514 | 3.780 | 14.897 | 4.125 | 9.200 | -16.888 | -166.804 | -0.853 | |
| | | 2011年 | 20.456 | -3.126 | 60.772 | 12.345 | -10.632 | 4.549 | 32.953 | 168.685 | 26.588 | |
| | | 2012年 | 13.215 | -1.817 | 40.979 | 15.099 | -5.878 | 3.134 | 19.030 | 21.212 | 13.312 | |
| 20 | 中色集团（2010年） | 2010年 | 36.658 | -2.535 | 86.565 | 18.700 | 10.748 | 11.964 | 31.988 | 43.092 | 30.920 | 14.664 |
| | | 2011年 | 24.900 | -3.315 | 61.777 | 15.395 | 8.735 | 5.875 | 22.137 | 58.935 | 23.202 | |
| | | 2012年 | 12.217 | 0.591 | 13.424 | 14.342 | 16.327 | -0.465 | 5.250 | -45.959 | 6.457 | |
| | | 2013年 | 1.197 | 0.154 | -15.626 | 12.965 | 12.287 | -9.233 | -4.401 | -33.693 | -1.922 | |
| 21 | 中金岭南（2011年） | 2011年 | 23.747 | 7.235 | 36.560 | 9.862 | -16.634 | 13.532 | 4.636 | -3.112 | 13.735 | 14.532 |
| | | 2012年 | 21.276 | 2.330 | 50.124 | 10.403 | -17.182 | 7.826 | 15.383 | 92.028 | 19.956 | |
| | | 2013年 | 22.174 | 8.076 | 28.987 | 9.730 | -14.981 | 13.081 | 1.531 | -24.583 | 11.031 | |
| | | 2014年 | 22.351 | 7.146 | 33.903 | 9.013 | -19.678 | 12.400 | 4.413 | 13.285 | 13.404 | |
| 22 | 金川集团（2009年） | 2009年 | 12.226 | 1.835 | 32.605 | 8.466 | 22.513 | 2.970 | 21.340 | 2.977 | 13.343 | 14.338 |
| | | 2010年 | 14.086 | 4.661 | 30.852 | 6.659 | 20.159 | 7.046 | 23.677 | 10.174 | 14.486 | |
| | | 2011年 | 15.030 | 4.550 | 35.467 | 6.114 | 18.535 | 8.599 | 24.698 | 20.394 | 15.923 | |
| | | 2012年 | 12.844 | 5.175 | 28.462 | 5.797 | 17.457 | 7.817 | 22.464 | 12.011 | 13.600 | |

续表

| 排名 | 样本 | | F1 | F2 | F3 | F4 | F5 | F6 | F7 | F8 | F | 年度综合得分 |
|---|---|---|---|---|---|---|---|---|---|---|---|---|
| 23 | 中石油（2009年） | 2009年 | 25.782 | -4.256 | 61.752 | 15.345 | 7.270 | 4.504 | 11.655 | 30.179 | 20.668 | 14.112 |
| | | 2010年 | 21.038 | -2.767 | 50.739 | 14.020 | 4.325 | 4.341 | 11.026 | 31.064 | 17.593 | |
| | | 2011年 | 15.640 | -1.167 | 32.837 | 12.627 | 7.213 | 0.913 | 10.200 | 20.015 | 12.991 | |
| | | 2012年 | 14.371 | 2.992 | 15.226 | 11.119 | 3.485 | 5.507 | -3.536 | -58.188 | 5.195 | |
| 24 | 中石化（2010年） | 2010年 | 12.429 | 0.761 | 38.766 | 12.305 | -0.420 | 5.765 | 13.399 | 36.637 | 14.012 | 11.283 |
| | | 2011年 | 9.788 | -0.060 | 34.473 | 12.205 | 1.517 | 2.840 | 13.837 | 49.275 | 13.252 | |
| | | 2012年 | 11.299 | -0.625 | 37.844 | 12.982 | 0.676 | 3.400 | 11.420 | 40.078 | 13.421 | |
| | | 2013年 | -2.466 | -1.415 | 4.124 | 11.109 | 3.656 | -8.265 | 5.207 | 56.877 | 4.448 | |
| 25 | 华能集团（2008年） | 2008年 | 6.700 | 5.786 | 21.822 | 9.033 | 15.533 | 5.643 | 16.231 | 14.950 | 10.864 | 10.661 |
| | | 2009年 | 5.298 | 3.779 | 19.439 | 10.624 | 14.454 | 2.416 | 9.575 | 5.125 | 8.658 | |
| | | 2010年 | 6.368 | 1.917 | 35.178 | 10.229 | 11.124 | 2.360 | 21.356 | 72.524 | 15.176 | |
| | | 2011年 | 4.370 | 3.997 | 17.598 | 10.530 | 13.765 | 2.060 | 9.846 | 2.541 | 7.947 | |
| 26 | 金川集团（2010年） | 2010年 | 6.589 | 3.783 | -9.197 | 11.129 | 29.027 | 2.264 | 1.737 | -54.560 | 2.460 | 9.936 |
| | | 2011年 | 7.099 | 3.694 | -8.617 | 11.753 | 32.207 | 2.399 | 2.110 | -59.700 | 2.788 | |
| | | 2012年 | 10.024 | 4.270 | -4.378 | 11.877 | 30.043 | 4.842 | 1.179 | -69.560 | 3.651 | |
| | | 2013年 | 10.983 | -8.927 | 64.097 | 11.417 | -0.967 | -1.502 | 39.842 | 283.070 | 30.844 | |
| 27 | 紫金矿业（2009年） | 2009年 | 8.807 | 4.384 | -0.077 | 9.597 | 16.657 | -2.260 | 3.126 | -38.356 | 3.792 | 9.185 |
| | | 2010年 | 10.923 | 5.447 | 20.543 | 6.572 | 16.793 | 5.474 | 17.214 | 20.562 | 10.536 | |
| | | 2011年 | 18.815 | 4.625 | 34.914 | 9.366 | 12.893 | 6.967 | 21.636 | 24.412 | 16.697 | |
| | | 2012年 | 7.495 | 5.788 | 0.962 | 7.750 | 23.539 | -1.307 | 15.662 | -4.865 | 7.067 | |
| 28 | 中石化（2006年） | 2006年 | -4.002 | 2.065 | -44.700 | 12.581 | 17.574 | -16.991 | -27.962 | -121.187 | -13.918 | 9.111 |
| | | 2007年 | 1.638 | 2.942 | -27.349 | 11.246 | 33.016 | -12.607 | -9.698 | -87.709 | -4.993 | |
| | | 2008年 | -2.416 | -4.393 | 8.119 | 13.087 | 30.060 | -17.796 | 17.219 | 26.239 | 5.669 | |
| | | 2009年 | 34.098 | -11.120 | 135.486 | 14.422 | -17.665 | 6.016 | 55.396 | 323.118 | 49.687 | |
| 29 | 中海油（2010年） | 2010年 | 18.071 | -1.104 | 35.613 | 15.469 | 22.846 | -0.465 | 7.906 | -18.950 | 13.401 | 8.978 |
| | | 2011年 | 13.134 | 0.706 | 22.573 | 13.178 | 26.948 | -1.666 | 11.435 | -7.819 | 11.375 | |
| | | 2012年 | 9.671 | 3.855 | 10.410 | 11.095 | 20.433 | 0.182 | 10.739 | -14.303 | 8.051 | |
| | | 2013年 | 8.199 | 4.372 | 2.521 | 11.342 | 13.306 | 1.042 | -0.730 | -52.029 | 3.087 | |

续表

| 排名 | 样本 | | F1 | F2 | F3 | F4 | F5 | F6 | F7 | F8 | F | 年度综合得分 |
|---|---|---|---|---|---|---|---|---|---|---|---|---|
| 30 | 中石油<br>(2011年) | 2011年 | 7.472 | 6.184 | -10.143 | 11.126 | 20.577 | -5.702 | 5.919 | -46.226 | 2.358 | 5.529 |
| | | 2012年 | 7.759 | 3.968 | 2.230 | 10.290 | 15.734 | -4.903 | 9.931 | 10.623 | 6.843 | |
| | | 2013年 | 7.463 | 4.738 | 0.496 | 10.220 | 16.352 | -5.084 | 12.715 | 10.673 | 6.877 | |
| | | 2014年 | 10.655 | 6.152 | 1.215 | 10.851 | 18.078 | -1.999 | 9.427 | -29.404 | 6.039 | |
| 31 | 中海油<br>(2011年) | 2011年 | 14.079 | 9.866 | -11.791 | 10.852 | -2.701 | 5.076 | -12.827 | -99.027 | -1.204 | 2.754 |
| | | 2012年 | 10.032 | 8.913 | -20.020 | 11.473 | 1.237 | 1.396 | -15.221 | -104.342 | -3.928 | |
| | | 2013年 | 10.818 | 7.804 | -13.218 | 12.140 | 4.938 | 1.114 | -10.332 | -86.575 | -1.164 | |
| | | 2014年 | 18.390 | 3.097 | 36.861 | 11.186 | -18.595 | 5.740 | 13.438 | 95.817 | 17.314 | |
| 32 | 延长石油<br>(2008年) | 2008年 | 8.690 | 11.725 | -26.738 | 9.148 | 72.897 | -5.792 | 25.965 | -95.776 | 4.458 | 0.841 |
| | | 2009年 | 5.472 | 7.642 | -20.557 | 6.748 | 76.525 | -6.356 | 15.616 | -89.435 | 4.005 | |
| | | 2010年 | -1.939 | 10.071 | -50.092 | 7.338 | 69.259 | -10.873 | 8.098 | -108.651 | -4.975 | |
| | | 2011年 | 7.173 | 11.213 | -23.437 | 7.271 | 59.617 | -1.384 | 16.730 | -88.148 | 3.040 | |
| 33 | 中国铝业<br>(2008年) | 2008年 | 13.008 | 10.465 | -27.660 | 16.753 | 37.456 | -0.113 | -17.785 | -228.531 | -7.245 | 0.635 |
| | | 2009年 | 22.325 | 7.469 | -20.512 | 19.4336 | 40.591 | -1.058 | -22.319 | -220.911 | -6.534 | |
| | | 2010年 | 19.934 | 5.765 | -7.893 | 20.548 | 47.165 | -2.608 | -17.936 | -224.968 | -1.897 | |
| | | 2011年 | 24.106 | 3.109 | 24.819 | 18.889 | 30.233 | 0.537 | 0.901 | -87.282 | 11.047 | |
| 34 | 山东钢铁<br>(2010年) | 2010年 | 12.388 | 5.423 | -21.573 | 6.162 | 4.206 | 9.445 | -43.914 | -135.067 | -7.655 | -23.245 |
| | | 2011年 | 8.205 | 7.156 | -46.960 | 6.508 | 10.468 | 7.214 | -60.363 | -219.215 | -17.597 | |
| | | 2012年 | -131.949 | -36.088 | -20.367 | 30.983 | -18.622 | -77.220 | 67.141 | -239.781 | -57.544 | |
| | | 2013年 | -12.220 | 0.174 | -30.136 | 6.838 | 10.969 | -8.730 | -10.472 | -54.667 | -10.183 | |

注：根据软件运行结果计算出来的风险得分为负值不是说明该案例不存在海外并购风险，这里的风险得分只起到风险排名的作用。

## 四、结果分析

（1）就最终因子得分排名来看，我国资源型企业在 2008～2009 年实施并购的企业，其风险测度得分较高，风险排名最高的五个案例中，2008～2009 年实施并购的案例就占到 3 个。其中，中国宝钢 2011 年并购案例、中核国际 2009 年并购案例、中金岭南 2008 年并购案例为综合风险得分最高的三个样本。由此可见，金融危机发生之后的一两年我国资源型企业走出国门遭遇风险的程度不断加大。

这主要是因为，虽然国际金融危机使得国际资源的价格下降，减少了我国企业"走出去"的成本，但是，金融危机也不同程度地影响到了我国一些企业的效益，企业选择这个时候走出国门需要面临的其他危险还有很多，比如资源国的政策导向、资源国在特殊时期的民族主义和宗教风险、企业后期的整合风险等。所以，我们需要更加合理地看待金融危机对我国资源型企业实施海外并购的影响。

（2）与中石油、中石化这类大型国企背景的资源型企业相比，中国宝钢、中核国际、中金岭南、鞍钢集团这类资源型企业在实施海外并购的过程中风险测度得分较高。由此可见，金融危机虽然为我国很多资源型企业"走出去"带来了契机，也激发了大量企业走向国外，但是，面对并购过程中的风险，强大的后台支撑仍旧能够对企业化解风险起到不可替代的作用。资金支持固然重要，但是政府的主导力度和企业能否结合自身经营水平和能力，在风险可控的前提下做好风险承受才是资源型企业真正需要考虑的。

（3）由于中石化并购活动较多，其综合排名根据并购及并购后三年财务指标计算的排名位次分散在整个排名序列中，但是总体排序位于中间及偏后的位置。中石化这类具有垄断性质的国有资源型企业与其他国有资源型企业相比具有一定的风险控制优势，这主要是因为中石化在规模、资金、管理、运营等方面都不同程度地优于一般的国有资源型企业，这样的现状导致中石化在施行海外并购活动时的风险承受度较优于普通企业，从而无形中提高了它们的并购成功率。

（4）通过主成分分析结果不难发现：在主成分因子中，8个主成分对于风险的解释力度分别是27.8%、15.9%、14%、12.9%、9.3%、7.3%、7.1%和5.7%，其中，政治风险、自然风险、法律风险主要由因子1和因子4解释，其解释力度约占40%（27.8%+12.9%）。由此可见，五大类并购风险中经济风险和管理风险仍旧是我国资源型企业海外并购过程中遇到的两类最大的风险，这个结果与前文资源型企业海外并购风险识别的实证分析结果基本一致。

## 第三节　资源型企业海外并购极端风险测度分析

市场风险是资源型企业海外并购过程中面临的重要风险之一。关于企业海外并购市场风险的定义，勾丽认为，企业的并购最终是否成功有效可通过企业经济效益的好坏变化来评定，而企业的利润来源于市场，因此将由市场的需求以及市场竞争的多变性给企业带来的风险称为市场风险。石予友在此基础上对并购市场风险的来源进行了完善和补充，提出市场风险不仅来自于传统意义上的产品需求变化，也可能源自金融市场（汇率、利率等）变化以及技术创新引起的市场竞争等方面。以上定义都是从市场因素变化的角度来考虑海外并购给企业带来的风险。从证券市场角度来讲，市场风险主要是指投资者对股票收益预期的看法的变化所引起的大多数普通股票收益的易变性。本书在对资源型企业海外并购市场风险进行定义时更倾向于后者，即由于并购活动中存在诸多不确定性因素，会对并购后企业的经济效益产生一定的影响，致使投资者对企业的未来发展预期产生变化，进而导致证券市场中企业股票价格走势出现非理性波动。这种由并购行为导致的股票价格的非理性波动称为由资源型企业海外并购行为引起的市场风险。

## 一、计量方法介绍

传统的衡量风险的方法主要有简单算术法（偏差率、价差率）、灵敏度分析（β系数法）以及波动性分析（方差或标准差），这些方法都具有特定的适应范围和缺陷，难以综合评价风险大小。VaR 作为一种新型风险管理工具，是一种以各种价格为分析变量、可以将风险化为数字的风险测度方法。相比于传统风险衡量技术，VaR 简单易操作，目前已成为国际上测度金融市场风险的主流方法。因此，本书选择 VaR 模型来测度我国资源型企业海外并购的市场风险。

20 世纪 90 年代，美国各大投资银行在其金融业务的实践中发现了一种新型的风险管理工具 VaR，简称"风险价值"或者"在险价值"。VaR 是在一定的置信水平下，在特定的持有期内，某金融资产或者资产组合会发生的最大损失量。截至目前，VaR 的计算方法众多，而依据各种方法在模型建立、模型的有效性、研究条件假设以及金融工具等方面的不同，可将其从整体上划分为两大类，分别为参数方法与非参数方法。以方差—协方差法为代表的参数方法假设收益率服从某种分布，根据收益率的这种分布特征来分析收益率的变化，求出 VaR 值，由于正态分布具有较好的统计特征，因此参数法一般假设收益率服从正态分布。与参数方法相比，使用非参数方法进行分析时，收益率的分布是通过历史数据或者随机数据模拟而来的，而不是通过假设得到的，进而计算出 VaR 值。非参数模拟方法主要包括历史模拟法和蒙特卡洛模拟法。由于参数方法对分布形式的限制，使其很难有效地处理实际金融市场的厚尾性和大幅波动等非线性问题，而非参数方法不需要假定市场因子的统计分布，可以较好地处理非线性问题。因此在具体分析中，本书试图运用非参数法中的历史模拟法和蒙特卡洛模拟法对样本企业并购前后［主要选取并购前（首次公告日前）第 301 个交易日、并购后（首次公告日后）第 301 个交易日以及第 601 个交易日三个时间点］市场 VaR 值的大小及变化趋势进行测度与分析，并对两种方法的有效性进行检验。

## 二、模型构建

本书在计算 VaR 值时，历史数据选取 300 天，即以并购前第 601 个交易日至第 302 个交易日（第一测量阶段）的股票价格估计并购前第 301 天的市场 VaR 值，以并购后第 1 个交易日至第 300 个交易日（第二测量阶段）的股票价格估计第 301 天的市场 VaR 值，以并购后第 301 个交易日至第 600 个交易日（第三测量阶段）的股票价格估计第 601 天的市场 VaR 值。

（一）历史模拟法的基本原理及计算步骤

历史模拟法不需要对资产组合收益率的分布做出特定假设，其本质是用资产组合的历史收益率分布来代替真实分布，即认为未来市场收益率与历史收益率服从同一分布。具体计算步骤如下，以估计首次公告日后第 301 个交易日的 VaR 值为例：

第一，计算从首次公告日后第 1 个交易日到第 300 个交易日的股票日对数收益率，第 $t$ 天日对数收益率的计算公式如下：

$$R_t = \mathrm{Ln}P_t - \mathrm{Ln}P_{t-1} \tag{7-11}$$

其中，$P_t$ 为样本企业在 $t$ 日的股票收盘价，$P_{t-1}$ 为（$t-1$）日的股票收盘价。采用类似方法可计算出 $R_1$、$R_2$、$\cdots$、$R_{300}$，这 300 个日收益率都是该股票在未来第 301 个交易日的可能损益情况。

第二，对日收益率进行排序，求出临界收益率。将上一步计算出的 300 个日收益率按照从小到大的顺序依次排列，并且根据不同的置信水平找出相应分位数的临界日收益率，具体寻找方法是用样本容量乘以相应的置信水平，并取整，此数所对应的日收益率即为所求临界日收益率。本书选取的置信水平为 90%、95% 和 99%。

第三，计算 VaR 值。用首次公告日后第 300 个交易日的股票价格乘以相应的临界日收益率即为本书需要计算的企业首次公告日后第 301 个交易日的 VaR 值。

同理，可计算出我国资源型企业海外并购前的市场风险即首次公告日前第

301 个交易日的 VaR 值与首次公告日后第 601 个交易日的 VaR 值。

（二）蒙特卡洛模拟法的基本原理及计算步骤

蒙特卡洛模拟法（Monte Carlo Simulation，MC）是一种随机模拟的方法，这是其与历史模拟法最大的区别。运用蒙特卡洛模拟法计算资产组合收益率时，其结果是通过计算机模拟出来的。因此，蒙特卡洛模拟法计算的前提是假设资产组合的收益率服从某种随机过程，再通过估计相关变量参数，利用计算机的"随机数发生器"生成尽量多的符合历史分布特征的收益率可能分布路径以及对应的资产组合的价值来构建其损益分布，从而得到任意置信水平的 VaR 值。几何布朗运动（随机行走模型）是衡量收益率变化最常用的模型。因此，本书在采用蒙特卡洛模拟法计算 VaR 值时，选用几何布朗运动作为反映我国资源型企业股票收益率变化的随机模型。具体的随机过程可以表示为：

$$dS_t = \mu_t S_t dt + \sigma_t S_t dz \tag{7-12}$$

其中，$S_t$ 表示 $t$ 时刻企业股票的收盘价；$\mu_t$ 和 $\sigma_t$ 分别表示 $t$ 时刻瞬时漂移率和波动率；$dz$ 遵循标准布朗运动，其变化值服从均值为 0、方差为 $dt$ 的正态分布。

根据伊藤引理，对式（7-12）进行处理，可得出在短时间 $\Delta t$ 内，企业股票价格的百分比变化是

$$d\mathrm{Ln}S = \left(\mu - \frac{\delta^2}{2}\right) dt + \delta dz \tag{7-13}$$

在此，本书将模拟的 1 天持有期平均分成 15 个相等的时间段，对式（7-13）进行变形，可得（$t+i$）时刻的股票收盘价则为：

$$S_{t+i} = S_{t+i-1} \exp\left[\left(r_f - \frac{\delta^2}{2}\right)\Delta t + \delta_1 \varepsilon_i \Delta t\right] \quad i = 1, 2, \cdots, 15 \tag{7-14}$$

其中，$S_t$ 为初始时刻的股票价格，$S_{t+i}$ 为（$t+i$）时刻企业股票的价格，$r_f$ 为无风险收益率，$\delta_1 = \dfrac{\delta}{\sqrt{15}}$，$\varepsilon_t$ 为服从标准正态分布随机变量，$\Delta t = \dfrac{T-t}{n}$，$t$ 表示当前时刻，$T$ 表示目标时刻，$n$ 表示将从 $t$ 时刻到 $T$ 时刻持有期间模拟路径分成的段数。

具体计算过程如下，以计算并购后第 301 个交易日的市场 VaR 值为例：

第一，估计几何布朗运动过程中每个时间段内的均值和标准差。先计算并购后第 1 个交易日至第 300 个交易日的股票价格收益率的均值 $\mu$ 和标准差 $\delta$，然后

计算每个时间段内股票价格收益率的标准差 $\delta_1$。

第二，产生随机数。在每次模拟企业股票收益率变化的可能路径时，产生 15 个标准正态分布随机数 $\varepsilon_1$、$\varepsilon_2$，…，$\varepsilon_{15}$。

第三，模拟出资源型企业股票价格变化的一个可能路径。在 $t$ 时刻，给定 $S_t$（首次公告日后第 300 个交易日的收盘价）、$\delta_1$ 和随机数，代入式（7-14），计算出 $(t+1)$ 时刻企业股价 $S_{t+1}$，依此类推，可以计算出 $S_1$、$S_2$，…，$S_{15}$，此时的 $S_{15}=S_T$，即目标时刻（首次公告日后第 301 个交易日）的股票收盘价。这一系列 $S_{t+i}$ 就是模拟出企业股票价格变化的一个可能路径。

第四，多次模拟，逐渐逼近于真实分布。将上述第二、第三步重复 1000 次，这样就可以模拟得到资源型企业在 $T$ 时刻（首次公告日后第 301 天）1000 个可能的股票收盘价 $S_T^1$、$S_T^2$，…，$S_T^{1000}$，即可获取 1000 条资源型企业在 $T$ 时刻股票收盘价变化的可能路径。

第五，计算 VaR 值。按照从小到大把需要模拟的所有股票价格进行排序，第 $1000\times(1-\alpha)$ 个模拟的收盘价即为给定置信度 $\alpha$ 下股票价格的临界收盘价 $S_T^*$。进而可求出在 $\alpha$ 置信水平下的 VaR 值：$VaR = S_t - S_T^*$。本书选取的置信水平为 90%、95% 和 99%。

（三）VaR 的返回检验

由于历史模拟法与蒙特卡洛模拟法分别会产生不同的股票收益率分布，因此会得到不相同的 VaR 值。为了进一步证明模型的可靠性，本书借用 Kupiec 的研究成果，在失败率返回检验法的基础上对历史模拟法与蒙特卡洛模拟法下市场风险价值（VaR）的有效性进行了检验，以进一步判断出最能准确测度我国资源型企业海外并购市场风险的有效方案。

失败率返回检验实质上是检验实际损失超过 VaR 值的概率与期望概率是否一致。具体计算方法为当某一交易日的实际损失小于所计算出来的 VaR 值时，记为模型成功，否则，就记为失败一次。设定某一置信水平 $c$，则期望为 $P^* = 1-c$，失败的次数记为 $N$，总共的次数为 $T$，则其失败的频率为 $\hat{P}=\dfrac{N}{T}$，若假设 VaR 的预估具有时间独立特性，则失败的次数符合伯努利试验，也就是说其分布符合二项式分布，则在实验期内，发生 $N$ 次失败的概率为 $P\left(\dfrac{N}{T}\right) = (1-P)^{T-N} P^N$。Kupiec 在进行研究时，在其提出的假设中，零假设为 $\hat{P}=P^*$，这样一来，检验模型的正确与否就变为检验失败率与给定的期望概率显著与否。

假设 $\hat{P}=P^*$，采用 LR 似然比进行检验：

$$LR = 2\mathrm{Ln}\left[\left(1-\frac{N}{T}\right)^{T-N}\left(\frac{N}{T}\right)^{N}\right] - 2\mathrm{Ln}\left[(1-P^*)^{T-N}(P^*)^{N}\right] \sim \chi^2(1) \qquad (7-15)$$

非拒绝区间为 $\chi^2_{(1-\frac{\alpha}{2})}(1) < LR < \chi^2_{(\frac{\alpha}{2})}(1)$。

## 三、实证分析

依据上述两种方法原理与计算步骤，本书利用 Matlab 软件编写了计算机程序，计算出了 34 起资源型企业海外并购事件并购前第 301 个交易日、并购后第 301 个交易日以及第 601 个交易日的市场 VaR 值，历史模拟法和蒙特卡洛模拟法计算结果分别如表 7-18 和表 7-19 所示。

表 7-18　基于历史模拟法计算资源型企业海外并购市场风险价值 VaR 结果

| 样本 | 并购前第 300 个交易日 VaR | | | 并购后第 300 个交易日 VaR | | | 并购后第 600 个交易日 VaR | | |
|---|---|---|---|---|---|---|---|---|---|
| | 90% | 95% | 99% | 90% | 95% | 99% | 90% | 95% | 99% |
| 1 | 0.1438 | 0.1917 | 0.2628 | 0.0877 | 0.1146 | 0.1879 | 0.6648 | 0.9871 | 1.4237 |
| 2 | 0.3533 | 0.5476 | 1.0932 | 1.3254 | 1.8028 | 1.9712 | 1.1700 | 1.5911 | 2.8949 |
| 3 | 0.5779 | 0.9964 | 1.6087 | 1.1322 | 1.5834 | 1.7531 | 0.6016 | 0.9158 | 1.5905 |
| 4 | 0.2459 | 0.3213 | 0.7280 | 1.0239 | 1.3274 | 1.8385 | 0.6652 | 0.8510 | 1.6938 |
| 5 | 0.1376 | 0.1849 | 0.3811 | 0.3757 | 0.4568 | 0.7829 | 0.1456 | 0.2024 | 0.2789 |
| 6 | 4.0644 | 6.7077 | 9.5313 | 0.8717 | 1.3144 | 2.2559 | 0.5300 | 0.6725 | 1.4371 |
| 7 | 0.8631 | 1.0977 | 1.8550 | 0.1600 | 0.2645 | 0.4136 | 0.0627 | 0.0829 | 0.1361 |
| 8 | 1.0118 | 1.6059 | 2.3411 | 0.6598 | 0.9573 | 1.5989 | 0.7083 | 0.9496 | 1.5950 |
| 9 | 0.6275 | 0.7741 | 1.1145 | 1.1987 | 1.7254 | 2.8365 | 0.5709 | 0.7665 | 1.1710 |
| 10 | 0.5299 | 0.6568 | 1.5011 | 0.1425 | 0.2297 | 0.3077 | 0.0738 | 0.1182 | 0.1717 |
| 11 | 1.0387 | 1.5857 | 1.6995 | 1.0017 | 1.2558 | 1.9750 | 0.4739 | 0.5912 | 1.1028 |
| 12 | 0.2897 | 0.3754 | 0.5365 | 0.0886 | 0.1362 | 0.2720 | 0.0350 | 0.0492 | 0.0779 |
| 13 | 0.0697 | 0.0910 | 0.2877 | 0.0505 | 0.0724 | 0.1303 | 0.1314 | 0.1940 | 0.707 |
| 14 | 0.9933 | 1.1758 | 2.0098 | 0.7783 | 0.9657 | 1.7995 | 0.4012 | 0.5075 | 0.9621 |
| 15 | 0.2677 | 0.3674 | 0.5558 | 0.0639 | 0.0883 | 0.1989 | 0.0494 | 0.0704 | 0.1132 |
| 16 | 1.3607 | 2.3799 | 2.8679 | 0.3053 | 0.4027 | 0.5407 | 0.1779 | 0.2674 | 0.5353 |
| 17 | 1.3332 | 2.3319 | 2.8101 | 0.2264 | 0.3094 | 0.8160 | 0.4936 | 0.6864 | 1.3161 |

| 样本 | 并购前第 300 个交易日 VaR | | | 并购后第 300 个交易日 VaR | | | 并购后第 600 个交易日 VaR | | |
|---|---|---|---|---|---|---|---|---|---|
| | 90% | 95% | 99% | 90% | 95% | 99% | 90% | 95% | 99% |
| 18 | 1.1701 | 1.5402 | 3.0649 | 0.5033 | 0.6457 | 0.9609 | 0.4576 | 0.6414 | 1.3366 |
| 19 | 0.1001 | 0.1430 | 0.2630 | 0.0345 | 0.0461 | 0.0829 | 0.1169 | 0.2081 | 0.4691 |
| 20 | 0.0856 | 0.1144 | 0.1513 | 0.8387 | 1.2432 | 2.4797 | 0.4530 | 0.6155 | 0.8650 |
| 21 | 0.0232 | 0.0337 | 0.0520 | 0.0503 | 0.0825 | 0.1629 | 0.0206 | 0.0310 | 0.0520 |
| 22 | 0.5170 | 0.7566 | 1.7361 | 0.2661 | 0.4476 | 0.7033 | 0.1720 | 0.2094 | 0.4396 |
| 23 | 0.5743 | 0.7592 | 1.3467 | 0.2074 | 0.2786 | 0.4536 | 0.1152 | 0.1590 | 0.2442 |
| 24 | 0.5641 | 0.6826 | 1.4398 | 0.3960 | 0.5431 | 1.0712 | 0.2796 | 0.3796 | 0.5935 |
| 25 | 0.5765 | 0.8152 | 0.9890 | 0.2326 | 0.3126 | 0.5861 | 0.1384 | 0.1925 | 0.3904 |
| 26 | 0.5192 | 0.7135 | 1.1412 | 0.1133 | 0.1557 | 0.2400 | 0.0959 | 0.1360 | 0.2551 |
| 27 | 0.2001 | 0.3158 | 0.4748 | 0.0991 | 0.1345 | 0.2200 | 0.0919 | 0.1421 | 0.2570 |
| 28 | 0.2097 | 0.2674 | 0.6413 | 0.0946 | 0.1304 | 0.1959 | 0.0889 | 0.1124 | 0.2087 |
| 29 | 0.4315 | 0.5135 | 0.7880 | 0.4965 | 0.6385 | 1.2511 | 0.2482 | 0.3428 | 0.5165 |
| 30 | 0.1477 | 0.2021 | 0.3095 | 0.0891 | 0.1127 | 0.2093 | 0.2783 | 0.3691 | 1.0432 |
| 31 | 0.1983 | 0.2432 | 0.4666 | 0.0681 | 0.1055 | 0.2192 | 0.0777 | 0.1105 | 0.2069 |
| 32 | 0.4207 | 0.5555 | 0.9088 | 0.2751 | 0.3787 | 0.6272 | 0.2349 | 0.3506 | 0.5836 |
| 33 | 0.1510 | 0.1962 | 0.3099 | 0.0877 | 0.1125 | 0.2090 | 0.3069 | 0.4612 | 1.0146 |
| 34 | 0.1200 | 0.1688 | 0.3424 | 0.0921 | 0.1388 | 0.2575 | 0.1641 | 0.2297 | 0.6419 |

**表 7-19  基于蒙特卡洛模拟法计算资源型企业海外并购市场风险价值 VaR 结果汇总**

| 样本 | 并购前第 300 个交易日 VaR | | | 并购后第 300 个交易日 VaR | | | 并购后第 600 个交易日 VaR | | |
|---|---|---|---|---|---|---|---|---|---|
| | 90% | 95% | 99% | 90% | 95% | 99% | 90% | 95% | 99% |
| 1 | 0.1714 | 0.2148 | 0.2834 | 0.1227 | 0.1538 | 0.2028 | 0.693 | 0.927 | 1.1861 |
| 2 | 0.4869 | 0.6118 | 0.811 | 1.2202 | 1.5368 | 2.0444 | 1.2702 | 1.5961 | 2.1156 |
| 3 | 0.8252 | 1.0379 | 1.3778 | 1.1156 | 1.4054 | 1.8702 | 0.9072 | 1.1419 | 1.5175 |
| 4 | 0.2833 | 0.3556 | 0.4708 | 1.0508 | 1.3227 | 1.7579 | 0.6634 | 0.8329 | 1.1022 |
| 5 | 0.1853 | 0.2323 | 0.307 | 0.3415 | 0.4291 | 0.5687 | 0.1398 | 0.1751 | 0.2311 |
| 6 | 5.0268 | 6.3236 | 8.3962 | 1.0023 | 1.2595 | 1.6694 | 0.5409 | 0.6788 | 0.8976 |
| 7 | 0.8988 | 1.1301 | 1.4993 | 0.1625 | 0.2039 | 0.2697 | 0.0649 | 0.0824 | 0.1217 |
| 8 | 1.1726 | 1.4747 | 1.9571 | 0.716 | 0.8951 | 1.3026 | 0.8183 | 1.028 | 1.3618 |
| 9 | 0.5857 | 0.7368 | 0.9783 | 1.4191 | 1.782 | 2.3594 | 0.5886 | 0.7382 | 0.9756 |

续表

| 样本 | 并购前第 300 个交易日 VaR | | | 并购后第 300 个交易日 VaR | | | 并购后第 600 个交易日 VaR | | |
|---|---|---|---|---|---|---|---|---|---|
| | 90% | 95% | 99% | 90% | 95% | 99% | 90% | 95% | 99% |
| 10 | 0.5976 | 0.7505 | 0.9939 | 0.1592 | 0.1998 | 0.2643 | 0.0779 | 0.0976 | 0.1289 |
| 11 | 1.0405 | 1.3258 | 1.9039 | 1.0201 | 1.2816 | 1.6982 | 0.5869 | 0.7519 | 1.1069 |
| 12 | 0.2678 | 0.3368 | 0.447 | 0.1203 | 0.151 | 0.1997 | 0.0331 | 0.0451 | 0.068 |
| 13 | 0.0219 | 0.0277 | 0.0371 | 0.1618 | 0.2039 | 0.2717 | 0.0875 | 0.1048 | 0.1523 |
| 14 | 0.9682 | 1.2173 | 1.6148 | 0.7817 | 0.9809 | 1.2973 | 0.4221 | 0.5562 | 0.7299 |
| 15 | 0.278 | 0.3489 | 0.4617 | 0.0667 | 0.0835 | 0.11 | 0.0609 | 0.0774 | 0.1016 |
| 16 | 1.5568 | 1.9588 | 2.6018 | 0.355 | 0.4456 | 0.5897 | 0.2061 | 0.2756 | 0.3547 |
| 17 | 1.0565 | 1.3265 | 1.756 | 0.2644 | 0.3315 | 0.4379 | 0.6141 | 0.7921 | 1.2379 |
| 18 | 1.3103 | 1.646 | 2.1806 | 0.5467 | 0.7393 | 0.9881 | 0.5441 | 0.6917 | 0.9136 |
| 19 | 0.1006 | 0.1261 | 0.1664 | 0.0378 | 0.0474 | 0.0624 | 0.2029 | 0.2589 | 0.3703 |
| 20 | 0.0809 | 0.1013 | 0.1337 | 1.1376 | 1.4299 | 1.8961 | 0.4432 | 0.5915 | 0.8208 |
| 21 | 0.0301 | 0.0379 | 0.0505 | 0.0636 | 0.0802 | 0.1067 | 0.0255 | 0.032 | 0.0424 |
| 22 | 0.7096 | 0.8914 | 1.1808 | 0.3247 | 0.4435 | 0.6269 | 0.1684 | 0.211 | 0.2783 |
| 23 | 0.6084 | 0.7646 | 1.0137 | 0.3354 | 0.4206 | 0.5557 | 0.116 | 0.153 | 0.2339 |
| 24 | 0.5945 | 0.748 | 0.9935 | 0.4411 | 0.5534 | 0.7316 | 0.3337 | 0.4253 | 0.5674 |
| 25 | 0.5464 | 0.6876 | 0.9135 | 0.263 | 0.3465 | 0.5146 | 0.1406 | 0.1819 | 0.2652 |
| 26 | 0.4882 | 0.6131 | 0.8118 | 0.1196 | 0.1498 | 0.1973 | 0.1038 | 0.1392 | 0.1855 |
| 27 | 0.2278 | 0.2856 | 0.3772 | 0.1093 | 0.1368 | 0.1803 | 0.1554 | 0.2128 | 0.3113 |
| 28 | 0.2286 | 0.2864 | 0.3779 | 0.1027 | 0.1312 | 0.1903 | 0.0929 | 0.1221 | 0.1727 |
| 29 | 0.504 | 0.6381 | 0.8925 | 0.4642 | 0.5804 | 0.85 | 0.2452 | 0.3241 | 0.4486 |
| 30 | 0.1655 | 0.2073 | 0.2732 | 0.1 | 0.1251 | 0.1648 | 0.3502 | 0.447 | 0.6769 |
| 31 | 0.201 | 0.2518 | 0.3323 | 0.1268 | 0.159 | 0.2101 | 0.1023 | 0.1267 | 0.1771 |
| 32 | 0.4715 | 0.5909 | 0.78 | 0.2941 | 0.3683 | 0.4856 | 0.2314 | 0.3113 | 0.4518 |
| 33 | 0.1676 | 0.2098 | 0.2765 | 0.0968 | 0.1211 | 0.1595 | 0.3675 | 0.4757 | 0.6717 |
| 34 | 0.129 | 0.1764 | 0.2351 | 0.1685 | 0.2014 | 0.2915 | 0.2117 | 0.2722 | 0.3639 |

　　在计算出 VaR 值后，本书运用失败频率检验法对模型的有效性进行检验，以第 1 个交易日到第 200 个交易日的收益率为时间点，通过移动一次交易日计算第 201 个交易日至第 300 个交易日的 VaR，将 100 个交易日中超过 VaR 的值标为失败天数。本书利用以上检验原理，借助 R 分析软件计算出了样本量接受原假设

的比例与区间段，具体如表 7-20 所示。

**表 7-20　失败频率检验接受比例与区间段**

| 置信区间（1-$\alpha$） | 90% | 95% | 99% |
|---|---|---|---|
| 显著性水平 $\alpha$ | 0.1 | 0.05 | 0.01 |
| 接受比例与区间段 | [5, 16] / [5%, 16%] | [1, 10] / [1%, 10%] | [2, 4] / [2%, 4%] |

本书依据表 7-20 并结合有效性检验得出了失败频率检验结果，表 7-21 给出了样本企业在不同方法、不同置信水平下的检验结果。

**表 7-21　失败频率检验结果**

| | 并购前第300个交易日 VaR | | | | | | 并购后第300个交易日 VaR | | | | | | 并购后第600个交易日 VaR | | | | | |
|---|---|---|---|---|---|---|---|---|---|---|---|---|---|---|---|---|---|---|
| | 蒙特卡洛模拟法 | | | 历史模拟法 | | | 蒙特卡洛模拟法 | | | 历史模拟法 | | | 蒙特卡洛模拟法 | | | 历史模拟法 | | |
| | 90% | 95% | 99% | 90% | 95% | 99% | 90% | 95% | 99% | 90% | 95% | 99% | 90% | 95% | 99% | 90% | 95% | 99% |
| 1 | 12 | 3 | 0 | 0 | 0 | 0 | 2 | 0 | 0 | 0 | 0 | 0 | 12 | 5 | 0 | 11 | 7 | 1 |
| 2 | 8 | 5 | 2 | 21 | 13 | 4 | 6 | 3 | 0 | 7 | 3 | 1 | 5 | 1 | 0 | 5 | 1 | 0 |
| 3 | 4 | 3 | 1 | 10 | 3 | 0 | 6 | 1 | 0 | 6 | 1 | 1 | 4 | 2 | 2 | 7 | 5 | 1 |
| 4 | 5 | 3 | 2 | 9 | 4 | 0 | 5 | 2 | 0 | 5 | 2 | 0 | 3 | 2 | 2 | 8 | 4 | 0 |
| 5 | 1 | 1 | 0 | 4 | 2 | 0 | 2 | 1 | 0 | 3 | 0 | 0 | 7 | 5 | 1 | 9 | 1 | 0 |
| 6 | 7 | 5 | 0 | 9 | 5 | 0 | 5 | 4 | 1 | 8 | 4 | 0 | 6 | 4 | 0 | 10 | 4 | 0 |
| 7 | 10 | 4 | 1 | 16 | 5 | 1 | 4 | 1 | 0 | 7 | 2 | 0 | 8 | 4 | 2 | 8 | 4 | 2 |
| 8 | 8 | 8 | 1 | 13 | 9 | 3 | 6 | 1 | 0 | 4 | 0 | 0 | 9 | 3 | 0 | 13 | 7 | 0 |
| 9 | 8 | 5 | 0 | 8 | 5 | 2 | 7 | 3 | 1 | 11 | 7 | 1 | 6 | 3 | 1 | 8 | 4 | 0 |
| 10 | 5 | 1 | 1 | 15 | 3 | 0 | 6 | 5 | 1 | 6 | 1 | 0 | 8 | 4 | 0 | 9 | 2 | 0 |
| 11 | 10 | 5 | 2 | 9 | 4 | 0 | 9 | 3 | 1 | 8 | 4 | 0 | 13 | 6 | 2 | 12 | 8 | 2 |
| 12 | 10 | 6 | 2 | 12 | 3 | 0 | 0 | 0 | 0 | 3 | 0 | 0 | 7 | 3 | 0 | 8 | 4 | 0 |
| 13 | 5 | 2 | 1 | 10 | 2 | 0 | 6 | 3 | 1 | 18 | 12 | 1 | 6 | 2 | 0 | 7 | 3 | 0 |
| 14 | 8 | 5 | 0 | 8 | 5 | 0 | 7 | 2 | 0 | 7 | 4 | 0 | 10 | 5 | 3 | 11 | 6 | 3 |
| 15 | 7 | 5 | 2 | 9 | 4 | 0 | 5 | 4 | 2 | 9 | 6 | 0 | 15 | 8 | 2 | 20 | 9 | 2 |
| 16 | 7 | 6 | 0 | 12 | 5 | 1 | 5 | 0 | 0 | 11 | 6 | 0 | 12 | 11 | 3 | 18 | 11 | 3 |
| 17 | 9 | 4 | 3 | 11 | 5 | 1 | 5 | 1 | 0 | 14 | 7 | 2 | 3 | 1 | 0 | 8 | 2 | 0 |
| 18 | 11 | 8 | 4 | 13 | 9 | 3 | 7 | 3 | 1 | 8 | 4 | 1 | 10 | 5 | 4 | 11 | 6 | 3 |

续表

| | 并购前第300个交易日 VaR | | | | | | 并购后第300个交易日 VaR | | | | | | 并购后第600个交易日 VaR | | | | | |
|---|---|---|---|---|---|---|---|---|---|---|---|---|---|---|---|---|---|---|
| | 蒙特卡洛模拟法 | | | 历史模拟法 | | | 蒙特卡洛模拟法 | | | 历史模拟法 | | | 蒙特卡洛模拟法 | | | 历史模拟法 | | |
| | 90% | 95% | 99% | 90% | 95% | 99% | 90% | 95% | 99% | 90% | 95% | 99% | 90% | 95% | 99% | 90% | 95% | 99% |
| 19 | 8 | 4 | 0 | 7 | 4 | 0 | 6 | 3 | 0 | 10 | 3 | 0 | 14 | 9 | 4 | 21 | 13 | 2 |
| 20 | 10 | 5 | 1 | 9 | 6 | 1 | 7 | 3 | 1 | 13 | 5 | 0 | 4 | 3 | 0 | 4 | 2 | 0 |
| 21 | 5 | 3 | 0 | 4 | 3 | 0 | 1 | 1 | 0 | 1 | 2 | 1 | 5 | 3 | 0 | 8 | 2 | 0 |
| 22 | 6 | 2 | 1 | 13 | 4 | 1 | 5 | 2 | 0 | 11 | 2 | 0 | 5 | 1 | 0 | 6 | 2 | 1 |
| 23 | 11 | 7 | 2 | 10 | 7 | 1 | 1 | 1 | 0 | 6 | 3 | 1 | 9 | 5 | 2 | 11 | 5 | 0 |
| 24 | 2 | 1 | 0 | 2 | 0 | 0 | 15 | 10 | 5 | 22 | 17 | 5 | 5 | 1 | 0 | 5 | 1 | 0 |
| 25 | 6 | 3 | 0 | 6 | 2 | 0 | 5 | 3 | 2 | 5 | 3 | 1 | 8 | 5 | 3 | 10 | 5 | 2 |
| 26 | 7 | 4 | 1 | 7 | 5 | 0 | 7 | 4 | 2 | 9 | 3 | 0 | 11 | 7 | 2 | 14 | 7 | 0 |
| 27 | 6 | 4 | 0 | 6 | 4 | 0 | 5 | 3 | 0 | 10 | 3 | 0 | 5 | 1 | 0 | 14 | 6 | 0 |
| 28 | 6 | 4 | 0 | 6 | 3 | 0 | 6 | 4 | 1 | 8 | 5 | 0 | 8 | 5 | 1 | 11 | 7 | 1 |
| 29 | 5 | 1 | 0 | 7 | 2 | 0 | 6 | 1 | 0 | 5 | 2 | 0 | 5 | 2 | 0 | 5 | 4 | 0 |
| 30 | 16 | 15 | 9 | 9 | 5 | 1 | 1 | 1 | 0 | 10 | 7 | 1 | 10 | 5 | 2 | 24 | 12 | 2 |
| 31 | 7 | 3 | 1 | 7 | 3 | 1 | 12 | 10 | 2 | 13 | 6 | 2 | 2 | 1 | 0 | 3 | 2 | 0 |
| 32 | 7 | 2 | 1 | 10 | 5 | 1 | 8 | 6 | 1 | 9 | 5 | 1 | 10 | 5 | 2 | 18 | 10 | 0 |
| 33 | 8 | 4 | 1 | 7 | 4 | 0 | 5 | 4 | 1 | 6 | 4 | 1 | 16 | 9 | 4 | 25 | 14 | 2 |
| 34 | 5 | 0 | 0 | 1 | 5 | 0 | 10 | 5 | 3 | 15 | 7 | 0 | 14 | 8 | 4 | 21 | 15 | 3 |

（一）历史模拟法与蒙特卡洛模拟法有效性对比分析

根据表7-21中的数据，本书汇总了在历史模拟法和蒙特卡洛模拟法两种方法下通过失败频率检验的样本数目（见表7-22）。

表7-22　两种方法通过失败频率检验的样本数目

| 检验时期 | 历史模拟法 | | | 蒙特卡洛模拟法 | | |
|---|---|---|---|---|---|---|
| | 90% | 95% | 99% | 90% | 95% | 99% |
| 并购前第401个交易日至并购前第300个交易日 | 28 | 31 | 4 | 31 | 32 | 12 |
| 并购后第201个交易日至并购后第300个交易日 | 27 | 28 | 2 | 29 | 32 | 5 |
| 并购后第501个交易日至并购后第600个交易日 | 25 | 29 | 11 | 30 | 34 | 16 |

从通过失败频率检验的结果来看，总体而言，无论是不同置信水平下还是不同的检验时期，蒙特卡洛模拟法通过失败频率检验的样本数目均比历史模拟法多，平均多出11.8%。具体而言，从通过失败频率检验的结果来看，在90%置信水平和95%置信水平下蒙特卡洛模拟通过检验的样本数目比历史模拟法多9.8%，而99%置信水平下要多出15.7%。显然，蒙特卡洛模拟法测度我国资源型企业海外并购市场风险的准确性更高。

从测度极端风险情况来看，根据VaR定义可知，置信水平越高，股票价格损失大于其VaR值的概率越小，也就是说该VaR模型对极端事件的发生进行预测时成功的可能性越大。表7-22显示99%置信水平下蒙特卡洛模拟法通过检验的样本数目远远高于历史模拟法，并且在三种置信水平下蒙特卡洛模拟法通过检验的样本数目所占的比例最大，因此从考虑极端价格波动角度出发，蒙特卡洛模拟法比历史模拟法更可靠。这可能是由于历史模拟法假定市场价格的未来变化会重复历史变化，而我国当前股市与历史相比还是存在很大幅度的波动，特别是金融危机等金融市场极端波动情况时有发生，所以运用历史模拟法来测度企业海外并购的市场风险还是存在一定的局限性。综上所述，实证结果表明无论从测量结果的准确性出发还是从极端风险的角度出发，与历史模拟法相比，蒙特卡洛模拟法能够更好地度量我国资源型企业海外并购的市场风险。

此外，两种方法在95%置信水平下通过失败频率检验的样本数目最多，占有样本总数的91.2%，其次是90%的置信水平，通过率为83.3%，99%的置信水平通过检验的样本最少，平均只有24.5%，这说明在测度资源型企业海外并购的市场风险时，95%和90%置信水平的可靠性较高，而99%置信水平下的风险测度结果准确度较低。

（二）并购前后市场风险变化对比分析

为了更清楚地比较分析我国资源型企业海外并购市场风险的变化情况，本书按照并购前第300天、并购后第300天以及并购后第600天市场风险的大小将三个时间段下的风险价值（VaR）分为低、中、高三个等级，风险等级越高，说明企业面临的市场风险越大。表7-23是本书根据表7-18和表7-19整理出来的在两种方法下市场风险不同变化趋势的样本数。

表7-23　两种方法下资源型企业海外并购市场风险价值变化趋势

| 市场风险 VaR 变化趋势 | | | 历史模拟法 | | | 蒙特卡洛模拟法 | | |
|---|---|---|---|---|---|---|---|---|
| 并购前第301个交易日 | 并购后第301个交易日 | 并购后第601个交易日 | 90% | 95% | 99% | 90% | 95% | 99% |
| 低 | 中 | 高 | 0 | 0 | 1 | 2 | 2 | 2 |
| 低 | 高 | 中 | 4 | 4 | 4 | 5 | 5 | 4 |
| 中 | 低 | 高 | 6 | 6 | 5 | 4 | 4 | 3 |
| 中 | 高 | 低 | 3 | 4 | 5 | 2 | 2 | 3 |
| 高 | 低 | 中 | 3 | 3 | 4 | 3 | 3 | 3 |
| 高 | 中 | 低 | 18 | 17 | 15 | 18 | 18 | 19 |
| 合计 | | | 34 | 34 | 34 | 34 | 34 | 34 |

通过上述对两种模型有效性的对比分析可知，基于95%置信水平下的蒙特卡洛模拟法测度资源型企业海外并购市场风险的有效性最高。因此本书以表7-23中95%置信水平下的蒙特卡洛模拟法测度结果来分析我国资源型企业海外并购市场风险的变化趋势。表7-23显示，从并购前第301个交易日到并购后第301个交易日，以及从并购后第301个交易日到并购后第601个交易日，市场风险上升的样本数各有9个，下降的样本数有25个，均占总样本数的73.5%。从并购前第301个交易日到并购后第601个交易日有11个样本的市场风险处于上升趋势，有23个样本的市场风险处于下降趋势，占总样本数的67.6%。因此，本书认为我国大部分资源型企业海外并购后的市场风险会越来越小。为了更清楚地把握资源型企业海外并购市场风险的变化趋势，下文将对6种风险变化趋势进行具体阐述。

1. 市场风险高、中、低变化趋势

在34个样本中，有18个样本的市场风险呈现出高、中、低的变化趋势，占总样本数的52.9%，成为我国资源型企业海外并购前后市场风险的主要变化趋势。因此，本书认为有多于一半的资源型企业从海外并购前到并购后的一段时间再到并购后更长一段时间的过程中，市场风险逐渐变小。

产生这种变化趋势的原因主要在于，在并购前第301天至首次公告日这段时间，随着我国资源型企业"走出去"的热潮持续升温，国家给予了众多政策扶持，为资源型企业海外并购创造了宽松的环境，如商务部于2014年9月颁布了新修订的《境外投资管理办法》，缩小了投资项目的审核范围，提高了海外投资手续办理的效率。另外，从我国资源型企业海外并购的主体来看，国有企业居多，有着"国"字背景的资源型企业在并购过程中体现出国家战略目标的特征，承担着国家全球资源战略的重要职责，在海外并购中更易获得国家的政策扶持，从而能够有效解决资源型企业海外并购面临的投资大、时间长等融资问题。除此之外，民营企业在面临竞争激烈兼之交易金额巨大的资源类并购活动时往往十分理性和谨慎，而在后金融危机和世界经济下滑的背景下，很多国外优质企业资产价值缩水，为民营企业抄底国际市场提供了机遇。基于此，投资者往往会对资源型企业海外并购活动持有支持的态度，并且会在股票市场上产生强烈的公告效应以此反映投资者良好的预期。因此，从并购前第301个交易日至并购活动首次公告日这段时间，市场风险基本会减小。

与其他行业不同的是，资源型企业海外并购后需要经过很长一段时间进行开采、勘探以及整合，因此在并购完成后不能很快实现盈利，往往需要较长时间的运营才能收回成本、实现利润增长。据此，资源型企业海外并购活动完成后的一年多时间内，其效益往往不会有较好的表现，导致投资者对企业的未来发展具有不同的预期，致使企业的股票价格波动增大，市场风险较并购时会有所增加，但往往不会大于并购前的风险。

在并购后第301个交易日到并购后第601个交易日的时间段内，较并购后初期相比，该时间段资源型企业通过对经济效应、技术效应以及人力资源等方面的整合，形成了自身核心竞争力，企业在激烈的国际市场竞争中拥有了一席之地，运营状况趋于稳定，未来市场发展前景可观，之前的投资会慢慢给企业带来一定的盈利。因此，该时间段资源型企业的市场风险一般都会降低，最终市场风险整体呈现逐渐减小的态势。

2. 市场风险其他变化趋势

除了市场风险高、中、低的主流变化趋势之外，还有其他五种由并购行为带来的市场风险的变化趋势。部分资源型企业在并购后初期阶段的市场风险大于并购前的市场风险，这主要是因为企业自身特性以及整合问题等原因，企业在市场中还未形成自身核心竞争力，经营状况极其不稳定，致使投资者很难对企业未来预期发展形成统一的观点，导致股票价格波动幅度巨大，企业的市场风险增大且高于并购前的市场风险。还有9个样本企业的市场风险随着并购后时间的推移逐渐增大。一方面，资源型企业由于其行业特性，并购后资金占用时间较长，部分企业并购后会面临融资挑战。例如，2013年，中石化与中石油海外并购后不能尽快收回海外项目的投入本金和利息，使其负债率上升，股票价格波动剧烈，市场风险随之增大。另一方面，资源型企业海外并购的对象主要是石油、矿产等不可再生资源，资源的开采与勘探会对东道国的生态环境造成一定程度的破坏，进而影响当地居民的生活与工作，因此企业并购后的经营活动不能与东道国的社会环境更好的融合也是导致其市场风险增大的原因之一。2007 年，江西铜业联手中国五矿集团成功收购了加拿大北秘鲁铜业，而在之后的运营过程中，由于环保问题遭到了当地居民的反对，致使后期无法按期运营，对企业股票价格产生了不利的影响，最终使得并购后市场风险逐渐增大。此外，部分企业并购后没有及时处理好并购带来的文化冲突、人员留任以及政治壁垒等问题，使得并购后的经营状况越来越恶化，企业的市场竞争力逐渐减弱，最终导致投资者对企业未来产生不好的预期，股票价格大幅下降，市场风险也随之增大。

## 四、结果分析

本书选取风险价值度量方法中的历史模拟法和蒙特卡洛模拟法分别对我国资源型企业海外并购前第 301 个交易日、并购后第 301 个交易日以及并购后第 601 个交易日的市场风险价值（VaR）大小及变化趋势进行测度分析，以期寻找测度我国资源型企业海外并购市场风险的最佳方法，帮助企业正确把握由并购行为产生的市场风险，进而为企业海外并购风险管理提供依据。本章的研究结果表明：

（1）三种置信水平下，蒙特卡洛模拟法通过模型检验的样本数均多于历史模拟法，并且蒙特卡洛模拟法测度极端市场价格波动的效果优于历史模拟法。因此，本书认为，采用蒙特卡洛模拟法对资源型企业海外并购的市场风险进行测度更具有准确性，几何布朗随机过程能够较好地模拟股票价格的波动，适合测度我国资源型企业海外并购的市场风险。

（2）在 90%、95% 和 99% 三种置信水平中，基于 95% 置信水平的市场风险测度有效性最高。

（3）我国大部分资源型企业从并购前到并购后其市场风险越来越小。这说明：我国资源型企业在国家鼓励企业"走出去"的政策背景下能够实现资源合理配置，增强企业市场竞争力，绩效表现良好；但是也有 30% 左右的企业在并购后由于战略目标制定不合理、整合能力较差等，企业的市场核心竞争力较弱，致使投资者并未对企业未来运营产生良好预期，最终导致并购后的市场风险高于并购前的市场风险或者并购后的市场风险越来越大。

# 第四节　本章小结

本章作为本书核心章节之一，对我国资源型企业海外并购活动实施过程中的风险进行了评价分析。

首先，本书对资源型企业海外并购过程中细分风险进行了识别，并运用等级全息模型对这五类风险进行了模糊综合评价。根据计算结果不难发现：五大类风险从大到小的排名依次是管理风险、经济风险、自然风险、法律风险、政治风险。其中管理风险和经济风险占到所有风险的近75%，所以，研究资源型企业海外并购过程中的这两类风险尤为重要。第五章的风险测度分析主要针对的就是风险识别中较为重要的几类风险进行定性和定量指标设计，采用以经济风险、管理风险指标设计为主，以其他三类风险研究为辅的研究方法。本书采用合理的实证研究方法，从具体并购案例出发对我国资源型企业进行了风险测度分析，为我国资源型企业海外并购提出了相应的风险规避策略。

其次，本书主要根据风险测度选取原则对并购方企业财务指标进行合理筛选，得到了9个财务指标，此外，本书根据五大类风险（政治风险、经济风险、管理风险、自然风险和法律风险）设置了14个定性指标，并采用24个指标进行因子分析。通过实证结果可以发现，政治风险、自然风险和法律风险对整体风险的解释力度约为40%，经济风险和管理风险对整体风险的解释力度约为60%，这样的结果也与前文风险识别的实证结果基本一致。同时，本书对发生在不同企业的海外并购活动风险测度值进行了合理比较，并试图寻找出其中的一些规律。例如，2008年实施的海外并购风险测度排名比较靠前，说明2008年实施海外并购活动的风险较大；中石油、中石化等大型资源型企业海外并购风险测度值较规模相对较小的企业来说风险较小。由于本书在风险测度研究中引入了在险价值的概念，故将并购方企业的市场预期纳入模型当中，这样的处理方式也为通过企业财务指标衡量资源型企业海外并购风险测度指标选择的全面性提供了一定解决方法。

最后，本书采用历史模拟法和蒙特卡洛模拟法对资源型企业海外并购的市场风险价值（VaR）进行了测度。本书的研究结果表明：一方面，蒙特卡洛模拟法在测度市场风险的准确性以及刻画极端风险方面优于历史模拟法，并且基于95%置信水平下的蒙特卡洛模拟法是度量资源型企业海外并购市场风险的最佳选择。另一方面，我国大部分资源型企业海外并购后市场风险逐渐减小，但仍有少数企业并购后的市场风险趋于增大，应及时寻找其中存在的问题，并调整并购战略，提高企业在市场中的核心竞争力。本书的研究结论为我国资源型企业海外并购后的风险管理提供了丰富的理论与实践依据。

# 第八章 资源型企业海外并购绩效与风险综合评价研究

第五章运用事件研究法和模糊层次分析法分别对我国资源型企业海外并购的短期绩效和长期绩效进行了评价研究，第七章通过模糊综合评价法识别出了资源型企业海外并购存在的管理风险、经济风险、自然风险、法律风险、政治风险，并采用基于蒙特卡洛在险价值的因子分析模型对识别出的风险进行了测度。然而企业在实施并购的过程中，绩效与风险是密切相关的，因此本章将在前两章的基础上，构建资源型企业海外并购绩效与风险综合评价模型，以对我国资源型企业海外并购绩效与风险进行综合评价，这也是对第五章和第七章两章实证研究的完善与补充。

## 第一节　评价模型设计

本书综合采用模糊层次分析法和因子分析法，建立了资源型企业海外并购绩效与风险的系统性评价模型。由于基于模糊层次分析法的海外并购长期绩效评价更能反映资源型企业海外并购的绩效，因此在该模型当中，本书以并购长期绩效好坏为纵坐标轴，以风险的高低情况为横坐标轴，将资源型企业海外并购的绩效与风险组合分为四种情况，分别对应于图8-1中Ⅰ到Ⅳ的四个象限的分布。

象限Ⅰ表示收购方的长期绩效好，但并购活动同时会给企业带来高的风险，满足投资中"高风险、高回报"的原则，此时破产风险的存在会给企业带来一定的隐患，因此企业应加强防范并购中会面临的风险。

象限Ⅱ表示收购方获得了好的长期绩效，且具有低的并购风险，并购活动实现了最为理想的目标。

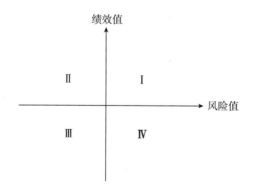

图 8-1  模型坐标分布

象限Ⅲ表示收购方具有差的长期并购绩效，但并购风险较低，并购活动虽然不是非常成功，不过不会给企业带来破产的可能。出现这种现象的原因可能是并购方需要时间消化、吸收海外资产，或者是由于收购海外资产带来的运营成本上升，短时期内削弱了比较优势，往往会出现负的绩效。此时并购方应该迅速整合海外的战略性资源，使企业的绩效快速改观。

象限Ⅳ表示收购方的绩效差，并且面临高的并购风险，此时并购行为可能会引发企业的破产风险，表明并购活动使企业陷入了困境。

# 第二节  样本选取与数据来源

由于本章是在第五章和第七章的基础上进行分析，因此本章所选取的样本同前两章相同，同样选取了满足实证研究的 34 个样本。

针对绩效评价，我们选取了样本的长期绩效，具体如表 8-1 所示，这主要是因为，长期并购绩效能够更好地反映并购事件对企业绩效的影响。对于并购风险评价，本书以基于在险价值的因子分析模型测量出的资源型企业海外并购风险的大小作为风险评价数据。为了使数据更具有科学性，本书将前文所计算的样本公司的长期并购绩效和并购风险值减去其平均值作为新的研究数据样本，具体的数据如表 8-1 所示。

表 8-1　资源型企业海外并购绩效与风险综合评价模型数据

| 样本号 | 长期绩效 | 风险 |
|---|---|---|
| 1 | 2.146765 | -3.28632 |
| 2 | -3.45324 | 12.48868 |
| 3 | 17.99676 | 33.19368 |
| 4 | -17.9532 | 21.31968 |
| 5 | 8.226765 | -10.8043 |
| 6 | 1.406765 | -20.8303 |
| 7 | -21.5032 | -12.2803 |
| 8 | 11.50676 | -11.5293 |
| 9 | -1.14324 | 49.26268 |
| 10 | -19.5632 | 6.747676 |
| 11 | -6.26324 | 7.187676 |
| 12 | -13.5232 | 2.240676 |
| 13 | 13.05676 | -3.53432 |
| 14 | 5.616765 | -3.83732 |
| 15 | 10.74676 | -4.91732 |
| 16 | -17.6032 | -6.80132 |
| 17 | 7.976765 | -44.7103 |
| 18 | -9.27324 | 11.87068 |
| 19 | 5.356765 | -7.12732 |
| 20 | -10.6532 | 20.20568 |
| 21 | 3.926765 | 58.04768 |
| 22 | -14.9432 | -6.93332 |
| 23 | 9.646765 | -3.35032 |
| 24 | -1.41324 | -12.3543 |
| 25 | -15.9132 | -20.6243 |
| 26 | 17.12676 | -4.77032 |
| 27 | 7.156765 | -7.35332 |
| 28 | -0.67324 | -4.71532 |
| 29 | 7.086765 | -12.4873 |
| 30 | 25.07676 | -10.1823 |
| 31 | -0.71324 | 16.35268 |

| 样本号 | 长期绩效 | 风险 |
|---|---|---|
| 32 | 5. 296765 | 8. 159676 |
| 33 | −12.9932 | −15. 9363 |
| 34 | 8. 226765 | −18. 7113 |

# 第三节 海外并购绩效与风险综合评价分析

本书将前文所计算的样本公司的长期并购绩效和并购风险值分别作为纵轴和横轴，构建了资源型企业海外并购的绩效与风险分布图，具体如图 8-2 所示。

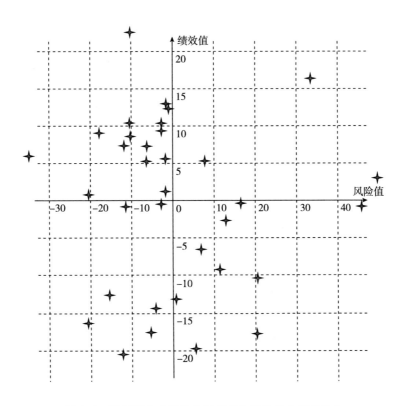

**图 8-2 资源型企业海外并购绩效与风险综合评价分布**

从图 8-2 中可以得出，只有 3 个样本处于第一象限，处于第三象限的有 7 个样本，多数样本处于第二象限和第四象限，分别有 15 个和 9 个。一方面，多于 1/3 的资源型企业海外并购后经营效果越来越好，并且风险也越来越小。结合资源型企业海外并购的特点来看，这主要是因为资源型企业与其他行业不同，海外并购之后的一段时期进行的勘探、开采不仅需要投入大量资金，这不仅会增加企业的运营成本，而且利润不可观，因此短期股票市场上的反应并不是很好，但是从长期来看，随着前期投资的逐渐收回，公司运营逐渐完善，长期绩效逐渐变好，相应地并购后风险也逐渐减小。另一方面，会存在 1/4 的资源型企业海外并购后的绩效较差、风险较大的现象。从我国资源型企业海外并购现阶段特点来分析，虽然近些年借助于中国经济的快速增长，矿产资源开发利用大幅提升，资源型企业跨国并购的表现也非常好，并逐渐加快了扩张步伐。但是由于我国资源型企业海外并购起步较晚，缺乏实践经验，并且并购企业大多数带有"国"字背景，在海外并购的过程中，当与东道国的利益出现分歧时，东道国政府往往会选择保护本国企业而对相关的政策或法律进行调整，这样就会加大我国资源型企业海外并购的风险，导致企业并购后绩效下降。

总体而言，从图 8-2 中可以看出，我国多数资源型企业海外并购表现在高绩效、低风险这一组合中，这说明海外并购事件能够给投资者带来较高的收益率，投资效果较好。但是海外并购必然会存在一定的风险，仍有少数企业并购后由于整合能力较低、不能与东道国企业顺利融合，因此并购后表现为绩效较差、风险较高。通过对我国资源型企业海外并购现有绩效与风险状况进行评价，本书认为：无论是从政府角度出发，还是企业角度出发，资源型企业都应积极"走出去"开展海外并购活动，并提高自身的竞争力；与此同时，企业在"走出去"的过程中应及时寻找存在的问题，并调整并购战略，以提升并购绩效，降低并购风险。

# 第九章　资源型企业海外并购绩效与风险的对策建议

当前国际国内的经济政治形势都有利于资源型企业走出国门积极开展海外并购活动。企业自身更应该积极主动地出击，夯实资源基础、巩固资源防线，同时在全球范围内推进能源矿产资源的产业布局，进一步提高企业的国际竞争力。本书通过对资源型企业海外并购绩效与风险进行分析，发现资源型企业在实施海外并购的过程中仍需注意很多问题，企业应该采取有效的措施防范并购风险、提升并购绩效。为此，本书试图分别针对企业和政府两个层面提出政策建议，从而指导资源型企业顺利开展并购活动。

## 第一节　针对企业层面的对策建议

### 一、规避政治风险

目标国的政局是否稳定、本国与目标国的关系是否稳定以及是否存在第三国家的干预是企业海外并购面临的主要政治风险。一直以来，政治风险都是我国资源型企业海外并购中遇到的最关键、最重要却又无法规避的风险之一，尤其是企业对战略物资进行海外并购时。我国的资源型企业多属于国有企业，本身就包含一定的国家政治属性，再加上当前"中国威胁论"在西方各国广泛传播，使得东道国政府往往将我国企业的海外并购与国家安全联系在一起，从而对并购行为进行严苛监督。在此情况下，企业应针对性地提出有效的解决方案以规避政治风险，促进海外并购顺利完成，从而提升并购绩效。

首先，企业在并购前要做好尽职调查工作，准确客观地衡量可能遇到的政治风险及其大小和类型，并且制定相应的策略来应对各种可能出现的问题，必要时可以借助专业的中介机构以客观准确地识别和评估风险。其次，同海外其他国家投资者合作实施联合收购也能够降低目标国社会群众的敌意，因为多个国家的背景能够使东道国政府排除威胁国家安全的隐患，从而减少东道国政府的干预。再次，可以强调并购活动对东道国所带来的积极作用，很多国家的政府都会考虑此次并购事件是否能够提高当地的就业率、是否会破坏环境或者造成社会不安定等。例如，当年日本企业在收购美国企业前，纷纷在美国建立了其代表机关以疏通关系，为其企业形象的树立奠定了基础，提升了其在美国民众心中的地位，打消了美国企业的顾虑，增进了双方企业的合作意愿。在并购过程中，日本企业又在论坛等各类网络媒体中宣传并购的积极意义，通过舆论进一步减少摩擦。并购完成之后，日本企业还在其高层管理机构及基层操作机构中保留聘用美国人，提高了美国当地的就业率。这些方法都值得我国企业学习和借鉴。例如：加强与东道国政府的沟通，从而充分了解并购双方的意愿和需求；举办各类活动宣传中国企业良好的品牌形象，减少当地群众对并购的敌意，推进合作的达成；安置部分优秀员工及管理人员，以本土管理本土，以本土带动本土，充分发挥并购的优势。最后，优先选择与中国有良好外交关系的国家。综观我国海外并购中的成功事件，绝大多数都是与我国保持和平稳定关系的国家的企业并购，比如，源于中国与哈萨克斯坦的友好关系，使得中石油对该国石油企业实施的并购活动非常顺利。事实证明，在这些国家当中进行并购时，当地政府往往不仅高度重视并购活动，而且能积极消除并购的阻力，从而使得海外并购的效果大大提升，双方均能从并购中获取更多的利益。

## 二、科学地评估自然风险

我国资源型企业在海外并购的过程中往往会因为对东道国的资源供给量、开采条件、安全条件不甚了解，导致并购后的绩效不佳。因此，科学评估目标企业的自然风险对企业并购后的长远发展、绩效提升具有深远的意义。在诸多的自然风险因素中，有些风险因素属于客观风险范畴之内，并购方企业无法通过具体而有效的风险防范措施规避这些风险，唯一能做的就是在选择并购目标时对现有状况进行全面总结和分析。

一方面，并购方应加强东道国资源安全审查。东道国资源是否安全是我国企业并购时首要考虑的问题，如果资源不具备安全性，即使并购成功，我国资源型企业也无法从中受益。在对东道国资源安全性进行审查时，我国资源型企业需要关注两点：一是要小心防范东道国政府对资源后期的征税以及与此相关的其他变相违约行为，保护好我国在资源所在国的合法投资及收益；二是必须认识到资源运输过程中需要经过多个国家，恶意阻挠的行为不可避免，因而具有一定的复杂性，所以我国企业必须具备应对其相关行为的能力。另一方面，要明确东道国资源开采条件。被并购国资源储量和开采条件同样会对本国资源企业的跨国投资产生影响，资源储量直接决定并购企业的并购决策方向，同时，充足的资源供给和有利的开采条件能够保障企业自身后期发展的原材料供给，保证企业预期现金流的稳定性。但是，在信息不对称的条件下，如何准确掌握东道国的资源储量、如何获取最为真实的地质条件资料不是一件易事。这时，企业需要借助我国的驻外使馆，尽可能通过合法途径获取真实而准确的资源信息。除了需要掌握较准确的资源储量外，东道国矿产的品位、未来可供开采的资源量等信息也需要对方提供。对于并购方来说，掌握全面的能矿信息需要付出较高的资金成本，但是这个过程必不可少，一定要下功夫寻找可供参考的信息，从而为最终的并购行为提供可靠的理论支撑。

### 三、合理估计目标企业价值

资产评估对资源型企业顺利进行跨国并购活动意义重大，资源型企业在进行海外并购时，应当正确衡量目标企业的资产价值，保证目标企业的资产价值在合理的价格范围内。

资源型企业海外并购在进行资产评估时需要注意到的问题有：首先，掌握目标企业的资源禀赋条件。资源禀赋条件是指资源的储量、开采条件、丰富程度等，企业在实施海外并购时尤其要注重目标企业的资源禀赋条件。资源禀赋条件会影响企业的开采成本，进而会影响经营收入。在资源型企业海外并购的过程中，东道国会对资源储量与质量进行严格保密，并购方企业想要获取这些信息十分困难，多数并购企业所需的资料都是来源于我国已有的海外企业。其次，对目标企业的资产进行分析，评价其可用价值，与公司自身的经营发展、研究开发无关的资产或者附加值较低的资产要及时规避。再次，对确定可以利用的资产的可用程度进行鉴定。这样做不仅可以帮助企业制定一个合理的收购价格，还可以帮助企业确定并购之后开发和改造其资产所需要投入的人力、物力的数量。最后，注重无形资产价值的评估。当一个企业因为财务困难所迫而出让资产时，其声誉、企业商标等无形资产的价值容易被忽略或错估，尤其是在金融危机的背景下，很多具备良好声誉的企业被收购时五星资产占比较大。因此，在评估无形资产时，应尽可能防止被夸大而产生的资产损失风险，以确保并购绩效能够提升。

## 四、推进本土化进程

企业并购总是试图达到"1+1>2"的效果，然而在海外并购时，由于国内外企业文化交流、资源融合的障碍，很多企业都会面临"水土不服"的问题。这不仅使得并购后的绩效达不到预期效果，而且有时会直接导致并购的失败，更有甚者还会对企业本身发展造成严重的后果，出现"1+1<1"的情况。据统计结果显示，美国本土绝大多数并购都以失败告终，仅有1/3的企业达到了预期的绩效。海外并购不仅涉及微观层面的企业融合，还会涉及宏观层面的政府关系，因此，中国企业的海外并购难度进一步加剧。企业在海外并购结束后，努力推进本土化进程是重中之重。

一方面，海外并购企业应当注重学习和理解当地文化，继承和发扬目标企业的经营理念与先进技术，最好的方法是保留被并购企业的部分优秀员工，尤其是留住优秀的专业技术人员和高级管理人员，这样可以有效地提高并购效率。保留被并购企业人员不仅可以缓解本土国家的就业压力，还可以消除被并购企业内部人员的抵触情绪，对企业基础阶段的过渡起到关键作用。另一方面，收购方企业应当积极融入当地文化，制定符合当地文化的发展战略和管理方针，构建双方员工都认同的价值体系，以匹配当地的价值理念，从而激励员工。在这种价值体系与发展战略的指导下，并购完成后企业的生产经营应尽量符合当地企业的经营策略，以提高并购的经营绩效。

## 五、重视人才培养

近年来，随着我国资源型企业在海外并购领域的不断实践，诸多弱点也逐步暴露出来，其中最为突出的就是专业的国际并购人才的缺乏。一方面，优秀的国际并购人才应当具备非常强大的专业技术能力。这些人才不仅需要具备必要的跨国经营知识、制定和实施跨国战略的能力，以及较强的计划组织协调和控制管理的能力，而且还需要具备突出的学习、理解、消化、输出知识的能力，以及能充分与跨文化、跨国家的管理人员深度配合的能力。另一方面，优秀的国际并购人才也要充分熟悉海外并购的流程和风险，并且能够应对复杂多变的国际局势。在不久的将来，中国资源型企业实施并购的区域会集中于中亚、中东、非洲、南美洲等国家和地区。这些国家和地区社会环境异常复杂，不仅文化构成多样，民族矛盾突出，而且国家政局不稳定，这些特点无一不是对海外投资管理者所提出的新挑战。因此，我国应给予人才培养足够的重视，尽快培养出一批专业知识过硬、外语能力扎实、国外政治经济文化过关、海外并购操作熟练、思想意识积极向上、风险识别应对及时高效的高素质管理团队。

现阶段，我国缺少在国际交易中所涉及的税法、企业管理条例等知识熟悉的专业人士，因此，在海外并购中，企业应注重国际人才的挖掘。一方面，企业应努力使现有的人才体系专业化，完善其知识结构，发挥其管理优势，弥补其不足之处，提高其职业素质，使他们在国际并购中能更好地发挥作用；另一方面，企业也必须在全世界范围内挖掘所需人才。在熟悉国际人才市场规则和人才使用机制的前提下，并购企业改善现有的人才拓展方式，基于现代化理念进行人才的评判，采取顺应国际潮流的人才激励措施。此外，并购企业应当充分利用被收购方的本土人才，发挥他们熟悉本国法律、经济、政治、文化等内容的先天优势，使双方企业在沟通过程中更有效率，从而降低整合后的企业风险，提高并购绩效。

## 六、注重海外并购整合

外国企业的合同化、落地化只是海外并购的起点和过程，并不意味着并购已经实现真正意义上的突破。在并购行为完成后，企业的整合、产品和技术的重新融合、对新市场的布局、企业管理的设置以及文化的交融也至关重要。企业若在整合过程中不能够合情、合理、合法地处理好这些方面的问题，经常会导致精英员工频频离职、核心客户不认可、主要供应商不合作等并发性问题。因此，资源型企业海外并购的整合风险防范非常重要，可以采取以下几点措施：

（1）制订整合计划。一方面，企业需要针对整合的具体步骤、开始时间、进程阶段、预期完工时间等制定详细进度计划和实施表，并针对其中的团队成员、资金支持、成本配合等制作详细规划，对涉及资源、业务和文化的各个方面进行有效的把握和控制；另一方面，企业在实施并购行为后会面临随之而来的国际经营风险，应加强风险全流程管理，尤其是要针对公司发展的战略制定以及财务管理进行风险管控。除此以外，人力资源的控制也至关重要。另外，企业应基于相关标准设立损失底线，当并购过程出现重大变化或者并购成本远远超出预期时，可以通过止损出局来防止更大的损失。

资源型企业海外并购绩效评价、风险测度及对策研究

（2）确定新的领导人员。企业在并购行为发生后，需要确立公司的领导层，对并购企业进行有效整合，及时制定适合企业的发展目标和发展战略，并且通过有效的沟通将战略实施方式传递下去，促进企业业务的开展和资源整合计划的进一步实施。新的领导层的形成方式一般包括：从并购方中选派符合条件的专门人才，继续任用目标企业的管理人员或者提拔其专业人士作为管理者等。在这个过程中，不仅需要出台员工的激励政策，减轻员工的心理压力，而且要特别注重沟通，消除被收购企业员工的不确定感，从而降低对整合效率造成的消极影响。

（3）吸收目标企业的优点。现阶段，海外的优质企业是我国资源型企业海外并购中选择的主要对象，这些优质企业本身的管理方法已非常成熟，对自身文化有强烈的认同感，还可能具备其他先进的经验和优点，与这些优质企业比，我国很多企业在其国际化市场中面临恶劣的竞争。因此，并购行为发生后，企业应在管理方面汲取经验，并进一步改善本国企业的可持续发展能力，努力在国际市场上占领一席之地。

## 第二节　针对政府层面的对策建议

### 一、加强中方与资源国的良好合作关系

在现阶段，矿产资源的争夺已不只发生在企业层面，也延伸到了国家和政府层面，这主要是由于矿产资源本身的分布具有不均衡性与稀缺性。在资源型企业海外并购的过程中，如果交易金额及领域超出并购企业自身实力时，就需要政府参与进来进行外交保护与政治协调，这就使得目前海外并购中，政府与企业间的合作非常紧密。这反映出我国政府与其他资源丰富的国家建立良好合作关系的重要性。亚非拉国家与我国同属第三世界国家，外交关系紧密且有着共同的利益，近年来，在亚非拉国家进行的资源型企业海外并购都非常成功，这一方面是由于我国与亚非拉国家具有长期的双边关系，另一方面是由于亚非拉国家自身的开发能力比较薄弱。越来越多的资源型企业把目光投向发达国家的矿产资源，我国资源型企业海外并购的活动不会只停留于第三世界国家，只有充分利用外交政策与更多的国家建立友好合作的政治关系，才能进一步发展我国的海外并购事业。第

一，主流媒体要对公众情绪进行正确引导，消除公众的抵触情绪，维护中国企业的良好形象，重点强调海外并购的商业优势，使并购企业能很好地融入当地。第二，可以给予东道国技术支持，帮助东道国进行资源勘探开发，与其签署长期合作贸易协议。第三，应开展科研技术合作与市场销售合作等形式的国际合作，可以为海外并购提供稳定的合作环境，降低并购的风险。

## 二、构建海外并购金融支持体系

开展海外并购的部分企业成立时间较短，规模不大，而资源型企业海外并购往往交易金额非常大，这就会给很多企业在资金上造成很大压力。资源型企业海外并购的资金来源主要有国内和国外两个渠道。部分企业由于信用程度较低，从中介机构与国际金融市场中难以融到资金，只能选择国内的金融机构融资，融资渠道单一，成本高昂，具有较大的依赖性。所以，要顺利进行并购活动，就必须构建通顺的融资渠道，完善资源型企业海外并购的金融支持体系。

首先，要兼顾资源型企业并购的特殊性，国内银行及其他金融机构要为其量身打造个性化、专业化的金融产品。比如，成立针对资源型企业海外并购的专项私募基金、支持企业与金融机构间相互的股权渗透等。其次，深化国内金融市场、积极开展金融创新，创造多种形式的融资工具与融资渠道，帮助资金流动性差的企业实现资源扩张。再次，由于越来越多的民营企业加入到了海外并购的活动中，所以政府部门要为此建立专门的融资通道，为海外并购提供融资便利，降低并购的融资成本，分散相应的风险，从而帮助资源型企业更好地走出国门。最后，政府应针对资源型企业海外并购制定专门的税收优惠政策，这也是至关重要的一种间接金融支持方式。其中包含：①税收抵免，即我国企业若在东道国已缴纳税款，则允许在我国应纳税款中进行减免；②税收豁免，鼓励海外并购。我国政府规定，企业在海外的投资所得无论高低，只要是在东道国已纳税，视同在中国已履行纳税义务，不再另行征税或者是补税。

## 三、提供全面的信息服务

充分了解和掌握有效的信息资源是成功并购的前提。然而，我国目前还缺乏健全的矿产资源并购信息系统，不能为资源型企业的海外并购提供支撑服务，我国企业自身也没有足够的能力挖掘、分析与整理国际并购市场中企业的相关信息。所以，政府部门应建立完善的信息咨询系统，为企业的并购决策提供全方位的、准确无误的信息。

我国要建立矿产资源信息支持与维护系统，应当从以下几方面入手：一是通过民间机构在政府部门与企业之间构建桥梁，大力构建行业协会和服务机构等组织。二是成立信息咨询中心，对重点国家的并购环境进行更好的评估，通过在重点国家成立信息咨询中心为国内企业提供更好的信息服务。三是利用联合国、驻外大使馆、国际性的咨询公司收集全面的项目信息，搭建信息平台。四是中国政府要加强各国政府在海外并购方面法律法规的调整，注重海外并购相关信息的及时采集、整理和发布。

目前，中国职能部门在资源型企业海外并购的信息服务方面取得了一定成绩。2002 年 6 月，中国在泰国成立的"驻泰中资协会"不仅保护了成员企业的合法权益，也促进了企业间的信息分享。2003 年 3 月，中国在新加坡成立了"新加坡浙江中心"，该中心由浙江民营企业联合成立，为浙江的民营企业在东南亚开展海外并购提供信息服务。2008 年 8 月 4 日，国家外汇管理局出口结汇联网核查系统正式上线运行，核查系统的运行对政府加强海外并购外汇收支的管理监督提供了一定的帮助，同时，实施海外并购的企业可以通过该平台有效防范外汇收支风险。因此，我国应该更加注重核查系统的完善、更新，并扩大覆盖范围。

## 四、完善海外并购相关法律政策

近年来，为促进企业更容易"走出去"，中国政府放宽了很多政策限制，如税收优惠、外汇管理松动等。然而，与很多发达国家相比，中国法律政策仍然存在着诸多的不足和问题。结合中国目前经济发展的现状和企业海外并购的特点，我国政府可以采取以下措施：

第一，可以在并购活动实施的相关程序和环节如审批等方面进一步明确各政府机构的权责，加强各相关部门的沟通、协调和合作，防止由于各部门职能交叉而对海外并购工作的执行造成障碍。对资源型企业的海外并购活动的审批程序应该简化，防止因程序繁杂或冗余错失企业海外并购的良机，进而导致海外并购活动失败。这一点我国就可以向加拿大政府学习，加拿大政府无论是在审批程序上还是在采矿权的取得与转移方面都有很多值得借鉴的地方。

第二，政府可以通过法律政策的倾斜来引导资源型企业海外并购活动的开展，从宏观视角上为资源型企业的战略发展方向、并购时机、并购后的整合管理予以指导。例如：在资源型企业并购前，政府可以适当降低税率以降低企业的并购成本；在企业并购完成后，企业的财务负担较重，政府可以实行税收优惠，帮助企业度过艰难的时期；在企业并购完成并经营一段时间后，政府可以适当抬高税率，从宏观上促进整体经济发展。

第三，建立投资基金，为资源型企业"走出去"提供资金保障和支持。在这个方面，日本政府做得相对较好，在 20 世纪 60 年代，日本本国资源严重匮乏，仅仅依靠本国的自给自足已经远远不能满足国内的需求，因此日本建立了专项的投资资金，为日本企业的海外并购活动提供强大的资金支持，进而保护了本国的自然资源。我国在进行海外并购时也可以学习这一经验，通过建立海外并购专项资金，为资源型企业海外并购的发展提供支持。

第四，国有企业一直以来在资源型企业海外并购中占据主导地位，因此，我国政府应当尽快完善我国的现代企业制度，加速实现政企分开，尽力避免我国企业在东道国遭受到不公正待遇。这也能倒逼我国企业更迅速地适应独立的市场运作，促进投资主体独立意识的提高。

第五，政府要加强海外投资法律体系的建设，注重法律法规的修改与增订。这几年，一系列的政策法规相继出台，比较典型的有：国务院颁布的《中华人民共和国外汇管理条例》、银监会发布的《商业银行并购贷款风险管理指引》等。然而，我国到目前为止都没有明确制定过关于海外并购的具体的政策法规，更没有一部权威的境外投资法律。因此在推动和落实政策法规这条路上，我国依旧任重而道远。

# 第十章　JDC 公司并购加拿大 YUK 公司案例分析

2008 年的金融危机，为中国资源类企业在全球范围内寻求优质并购目标提供了历史性的机遇，中国资源类企业海外并购的步伐由此加快，2008 年以后中国资源类企业海外并购数量与并购金额处于一种爆发式增长的态势。由于具有丰富的资源储量，加拿大成为中国资源型企业进行海外并购的重要目标国家，仅 2008 年到 2010 年这三年，中国发生在加拿大的并购案例就达到 26 起，2008 年中国 JDC 公司并购加拿大 YUK 公司为典型并购案例，该并购活动直接开创了中国资源型企业在北美并购上市公司的先例。

## 第一节　并购双方概况

### 一、并购方 JDC 概况

JDC 公司于 2008 年 6 月 19 日注册于加拿大温哥华市，该公司由 JDC 钼业集团有限公司（占股 95%）和西色国际投资有限公司共同出资成立，该公司注册成立的目的就是实现对加拿大 YUK 公司发起的同业并购。基于对并购价格谈判的考虑，当时注册资本高达 3.1 亿加拿大元。2008 年 7 月 2 日，JDC 公司就整体收购了加拿大 YUK 公司，并接收了其名下的矿产资源，包括沃维瑞（Wolverine）锌银矿采矿权和周边 600 平方公里的探矿权。

此后，为了更好地开展并购后的业务整合与管理，JDC 公司于 2010 年 10 月底进行了增资扩股，先是将复星国际有限公司和 Arich 投资公司纳为新的合伙人，随后又与加拿大的两家矿业公司建立合作伙伴关系，通过一系列的增资扩股活动，最终在 2011 年确立了股东股权的比例，其中 JDC 公司占比达 66.5%。

## 二、被并购方加拿大 YUK 公司概况

加拿大 YUK 公司的主营业务是贵、贱金属的勘探与开发，公司坐落于加拿大的育空特别行政区，处于加拿大西北部，与公司主营业务相关的核心资产为育空地区的金属矿山。该金属矿山蕴藏着丰富的锌、银、铜、铅等贵贱金属，特别是加拿大 YUK 公司所属的沃维瑞锌银多金属矿。该公司具有此矿区 600 平方公里的探矿权，而且该公司已经完成了对此矿区的前期勘探任务，初步估计此矿区蕴含的金属矿石储量多达 440 余万吨。经过多年经营，加拿大 YUK 公司（股票代码为 YZC）于 2005 年在加拿大多伦多交易所挂牌上市。

2007 年 1 月 22 日，委托加拿大沃德照普工程有限公司对加拿大 YUK 公司的沃维瑞矿区开发项目进行了可行性分析，并发布了可行性报告。该报告明确指出，加拿大 YUK 公司的沃维瑞项目为井下采矿项目。同时报告还对 YUK 公司的项目进展进行了预估，指明如果 YUK 公司可以在 2007 年上半年进行开工建设，那么有望在 2009 年第一季度实现达产目标。该公司初步估计，该项目在投产前三年的日开采矿石量可达 1400 吨，同时还对锌、银、铜、铅、金等不同贵贱金属的开采量进行了预估。[①] 该公司在并购前在所属领域所占的市场份额在 20%~50% 的范围，内部的组织人员结构较为齐全，且拥有成熟的企业文化和核心价值观（安全、诚信、尊重、责任、繁荣、合作），这是打造中西合璧国际化团队的重要软环境。

# 第二节 并购背景、动因及过程

## 一、并购背景

JDC 公司对加拿大 YUK 公司的收购，属于资源型企业范围内的一次成功并购交易。此次并购是基于 JDC 公司对海外矿产资源开发的需求而进行的，

---

① 资料来源：《YUK 公司助金钼集团海外发展》。

通过并购，JDC 公司可以获取更多资源，不断扩大海外市场，促进公司的发展壮大。此次并购选择加拿大作为目标区位，是在充分考虑资源型企业自身特点以及加拿大独特自然资源优势的基础上所做出的选择。在过去十年期间，中国与加拿大在自然资源领域一直保持着良好的投资关系，加拿大是中国海外能源与矿产项目投资领域重要的合作伙伴。在中国能源型企业"走出去"的过程中，中国企业在加拿大的油砂、天然气、铁矿石等领域均有大规模的投资活动。此次 JDC 公司选择对加拿大 YUK 公司进行并购，是中国能源型企业在加拿大自然资源领域投资的又一重大布局，选择加拿大育空地区作为目标区域，是充分考虑了该地区对中国企业的友好态度、能源储备、地理位置等多方条件，JDC 公司对 YUK 公司的同业跨国并购，可以充分实现双方的发展目标，达到双赢。

从 JDC 公司的成立背景来看，它是专门为了实现海外并购而组建的境外矿产资源开发公司联合体，JDC 公司背后的资本主要是金钼集团和西色国际投资有限公司，其中西色国际投资有限公司是西北有色地质勘查局的全资子公司，可以说 JDC 公司的行业背景与行业资质十分出色。加拿大 YUK 公司，则是加拿大本土的一家从事贵贱金属勘探和开发的公司，并且加拿大 YUK 公司还有育空地区的矿区开采权。JDC 公司和 YUK 公司从行业属性上来看，均为资源型企业，两者之间的并购可以充分实现资源的跨国整合与资本的跨国流动，可以有效地降低并购成本，更好地发挥并购效益，从而达到中加双方双赢。

## 二、并购动因

### （一）分析方法选择

根据十二要素模型对企业并购动因的分析可知共有三大类动因，其中，经济管理动因包括规模经济（投入产出比）、内部化（交易成本）、分散风险、经营协同效应、效率寻求和增强市场势力等因素；战略动因包括市场寻求、资源寻求、战略资源寻求、技术寻求等因素；投机动因包括获取低价资产动机和获取壳资源等因素。

资源型企业进行海外并购活动的并购动因具有多层次、多因素、非线性集合的特点，这些要素具有较大的不可测定性，不是简单地凭借人的经验和主观判断等定性分析就可以得出结论的。鉴于并购动因的复杂性，本书在这里将采用层次分析法来对企业并购的动因进行研究。

层次分析法（Analytic Hierarchy Process，AHP），顾名思义，是一种层次分解的决策研究方法，就其具体的实现过程而言，层次分析法是一种定性与定量相结合的分析方法，由于对决策的分解具有主观性，一般作为主观评估方法而被人熟知。层次分析法最大的优势就是层次分解的过程具有严密的逻辑结构，其将一个复杂问题从目标、准则与方案三个层次进行分解，并按照层次的渐进性逐层分析，有效地进行层次排序，最终找出最优解决方案。通过这种方法，可以基于十二要素模型对 JDC 公司海外并购的各因素按一定规律进行分层，采用定性与定量分析相结合的方法，甄选出对 JDC 公司海外并购影响较大的因素，即找到该企业此次并购的主要动因。

（二）指标体系

本书根据十二要素模型，并结合 JDC 公司并购实践操作状况，构建了 JDC 公司并购动因集合（见表 10-1）。

**表 10-1　基于十二要素模型的 JDC 公司并购动因指标体系**

| 目标层 | 变量 | 准则层 | 变量 | 指标层 | 变量 |
|---|---|---|---|---|---|
| JDC 公司海外并购动因研究 | $U$ | 经济管理动因 | $U_1$ | 规模经济（投入产出比） | $U_{11}$ |
| | | | | 内部化（交易成本） | $U_{12}$ |
| | | | | 分散风险 | $U_{13}$ |
| | | | | 经营协同效应 | $U_{14}$ |
| | | | | 效率寻求 | $U_{15}$ |
| | | | | 增强市场势力 | $U_{16}$ |
| | | 战略动因 | $U_2$ | 市场寻求 | $U_{21}$ |
| | | | | 资源寻求 | $U_{22}$ |
| | | | | 战略资源寻求 | $U_{23}$ |
| | | | | 技术寻求 | $U_{24}$ |
| | | 投机动因 | $U_3$ | 获取低价资产 | $U_{31}$ |
| | | | | 获取壳资源 | $U_{32}$ |

从表 10-1 中可以看出，我们对 JDC 公司海外并购动因的研究主要分为三个层级，第一级为目标层 $U$，第二级为准则层 $U_i$，第三级为指标层 $U_{in}$，并据此来构建研究模型：

1. 划分因素集

对因素 $U$ 做划分，$U = [U_1, U_2, \cdots, U_N]$，这是第一级评价指标。其中：

$$U_i = [U_{i1}, U_{i2}, \cdots, U_{in}] \quad (i = 1, 2, \cdots, n) \tag{10-1}$$

即 $U_i$ 中含有 $n$ 个因素，这是第二级评价指标。

2. 构造判断矩阵

判断矩阵是两两元素比较的主观赋值矩阵，是人们对可比元素重要性的先行认知排序，标度方式一般为 1~9 的数值及其倒数的对称式标度，判断矩阵的表达为 $B = (U_{ij})_{p \times p}$。

3. 计算权重值

权重值计算最重要的步骤是对判断矩阵 $B$ 中的最大特征根 $\lambda_{\max}$ 进行计算，一般可以借助 Mathematica 软件实现，由此计算出各指标的权重 $W_i$，权重组成的集合可以表示为：

$$W = [W_1, W_2, \cdots, W_n] \tag{10-2}$$

权重的计算在层次分析法中具有重要的作用，如针对本书的研究内容，由于对企业海外并购动因的评级是一个多因素的综合评判，这种评判方式的影响因素很多，不仅有来自评价指标体系外部的影响因素，也有来自评价指标体系内部的影响因素，因此采取这种方法不能很好地反映出这些因素对分析结果的影响程度。因此，在利用层次分析法对评价数据进行分析时，要根据判断矩阵中的评判情况，以及每个指标与其他指标相比的相对重要性认知，来计算指标各自的相对权重，权重代表的就是指标的排序状况。

4. 一致性检验

判断矩阵计算出的指标排序情况是不是可靠，需要对其结果进行一致性检验。通常的做法是先通过一致性指标来计算 $CI = \dfrac{\lambda_{\max} - n}{n - 1}$，然后计算随机一致性比率 $CR$，当 $CR = \dfrac{CI}{RI} < 0.10$ 时，判断矩阵排序结果就具有比较满意的一致性，也就是说，指标的权重系数分配是合理的。如果不能通过一致性检验，那么就需要对判断矩阵的值进行调整，重新分配权重系数，再次检验，直到通过检验为止。$RI$ 为平均随机一致性指标，$RI$ 值的具体计算方法是：用随机的方法构造出 500 个样本判断矩阵，然后计算 500 个 $CI$ 的平均值。

5. 计算及结果评价

运用层次分析法进行分析，需要从两个层次进行计算，所以结果需要包含两部分，一部分是对第一层——目标层的计算，另一部分是对第二层——方案层的相关计算，两部分的计算步骤基本是一致的，在实证部分应针对这两层分别计算特征根、一致性指标和随机一致性比率。

当两部分均计算完成后，需要对计算结果进行评价。本章所述的结果评价包括两部分：一方面是针对目标层进行评价，根据计算出的权重值探讨各个动因对JDC 公司海外并购的影响程度；另一方面是针对方案层进行评价，方法及目的与分析目标层一样，进一步从更加细化的角度来探讨 JDC 海外并购与其具体动因之间的关系。

（三）问卷设计及分析

为了探究资源型企业海外并购的动因以及 JDC 加拿大资源有限公司海外并购的有关情况，本书收集了大量数据，一部分数据来自于访谈，一部分来自于网上调研，其中访谈对象主要是加拿大相关律师事务所、会计师事务所的工作人员以及 JDC 公司内部相关的工作人员，访谈内容的重点包括：

（1）本公司在并购前，在本国所属行业中所占的市场份额是多少？

（2）本公司在收购完成后，销售对象有无变化？

（3）本公司在进行海外并购时，面临的最大障碍是什么？

（4）本公司并购后的产业特征是怎样的？

（5）本公司从并购之日起至今的盈利情况如何？

（6）本公司并购后在企业发展中面临的主要困难表现是什么？

（7）本公司并购前的资金需求状况是怎样的？

（8）本公司并购时主要需要哪类资金？

（9）预计未来五年加拿大 YUK 公司的收益是多少？

（10）目标公司所处行业的前景如何？

另外，本书还对 JDC 公司的自身素质、海外并购风险及战略情况均进行了了解，访谈人数为 10 人，主要是政府人员、高校教师、企业高级管理人员、相关学者以及一些了解或参与此次 JDC 公司并购事件的其他被访者。

（四）基于十二要素模型的 JDC 公司并购动因研究

（1）本书根据前文中的问卷调查结果分析了各项动因的重要程度，并在此基础上构造了关于 JDC 公司海外并购动因的准则层指标判断矩阵（见表 10-2）。

表 10-2　JDC 公司海外并购准则层指标判断矩阵

| $U$ | $U_1$ | $U_2$ | $U_3$ |
|---|---|---|---|
| $U_1$ | 1 | 3/2 | 9 |
| $U_2$ | 2/3 | 1 | 6 |
| $U_3$ | 1/9 | 1/6 | 1 |

（2）本书利用 Mathematica 软件计算出的因素层结果如表 10-3 所示。

表 10-3　准则层指标计算结果

| $W_1$ | 0.5625 | $\lambda_{max}$ | 3 |
|---|---|---|---|
| $W_2$ | 0.3750 | $CI$ | 0 |
| $W_3$ | 0.0625 | $CR$ | 0 |

随机一致性比率为：$CR=0<0.10$，说明该判断矩阵完全符合一致性的条件。

（3）同理，本书构造了关于 JDC 公司海外并购动因的方案层指标判断矩阵（见表 10-4）。

表 10-4　JDC 公司海外并购指标层指标判断矩阵

| $U$ | $U_{11}$ | $U_{12}$ | $U_{13}$ | $U_{14}$ | $U_{15}$ | $U_{16}$ | $U_{21}$ | $U_{22}$ | $U_{23}$ | $U_{24}$ | $U_{31}$ | $U_{32}$ |
|---|---|---|---|---|---|---|---|---|---|---|---|---|
| $U_{11}$ | 1 | 2 | 2 | 1 | 2 | 1 | 1 | 8/9 | 2 | 8/3 | 8/3 | 8 |
| $U_{12}$ | 1/2 | 1 | 1 | 1/2 | 1 | 1/2 | 1/2 | 4/9 | 1 | 4/3 | 4/3 | 4 |
| $U_{13}$ | 1/2 | 1 | 1 | 1/2 | 1 | 1/2 | 1/2 | 4/9 | 1 | 4/3 | 4/3 | 4 |
| $U_{14}$ | 1 | 2 | 2 | 1 | 2 | 1 | 1 | 8/9 | 2 | 8/3 | 8/3 | 8 |
| $U_{15}$ | 1/2 | 1 | 1 | 1/2 | 1 | 1/2 | 1/2 | 4/9 | 1 | 4/3 | 4/3 | 4 |
| $U_{16}$ | 1 | 2 | 2 | 1 | 2 | 1 | 1 | 8/9 | 2 | 8/3 | 8/3 | 8 |
| $U_{21}$ | 1 | 2 | 2 | 1 | 2 | 1 | 1 | 8/9 | 2 | 8/3 | 8/3 | 8 |
| $U_{22}$ | 9/8 | 9/4 | 9/4 | 9/8 | 9/4 | 9/8 | 9/8 | 1 | 9/4 | 3 | 3 | 9 |
| $U_{23}$ | 1/2 | 1 | 1 | 1/2 | 1 | 1/2 | 1/2 | 4/9 | 1 | 4/3 | 4/3 | 4 |
| $U_{24}$ | 3/8 | 3/4 | 3/4 | 3/8 | 3/4 | 3/8 | 3/8 | 1/3 | 3/4 | 1 | 1 | 3 |
| $U_{31}$ | 3/8 | 3/4 | 3/4 | 3/8 | 3/4 | 3/8 | 3/8 | 1/3 | 3/4 | 1 | 1 | 3 |
| $U_{32}$ | 1/8 | 1/4 | 1/4 | 1/8 | 1/4 | 1/8 | 1/8 | 1/9 | 1/4 | 1/3 | 1/3 | 1 |

本书利用 Mathematica 软件计算出的指标层结果如表 10-5 所示。

表 10-5　指标层指标计算结果

| | | | |
|---|---|---|---|
| $W_1$ | 0.1243 | $\lambda_{max}$ | 12.0057 |
| $W_2$ | 0.0621 | $CI$ | 0.0005 |
| $W_3$ | 0.0621 | $CR$ | 0 |
| $W_4$ | 0.1243 | | |
| $W_5$ | 0.0621 | | |
| $W_6$ | 0.1243 | | |
| $W_7$ | 0.1243 | | |
| $W_8$ | 0.1457 | | |
| $W_9$ | 0.0621 | | |
| $W_{10}$ | 0.0466 | | |
| $W_{11}$ | 0.0466 | | |
| $W_{12}$ | 0.0155 | | |

随机一致性比率为：$CR=0<0.10$，说明该判断矩阵符合一致性的条件。

（4）结果评价。

第一，对准则层矩阵计算结果的评价。由上述计算可知，在准则层中，对 JDC 公司海外并购的影响程度按从大到小的顺序分别为：经济管理动因（$U_1$）>战略动因（$U_2$）>投机动因（$U_3$）。然而，这一结果只是反映了影响此次并购的三大动因之间的关系，从大体上描述了这三种动因在实施并购过程中所起的作用。因此，需要进一步探讨准则层的计算结果，以确定各个具体动因对 JDC 公司实施海外并购的影响程度。

第二，对指标层矩阵计算结果的评价。从以上计算结果可知，在指标层中，对 JDC 公司海外并购的影响程度按从大到小的顺序分别为：资源寻求（$U_{22}$）>规模经济（$U_{11}$）= 经营协同效应（$U_{14}$）= 增强市场势力（$U_{16}$）⩾市场寻求（$U_{21}$）>内部化（$U_{12}$）= 分散风险（$U_{13}$）= 效率寻求（$U_{15}$）= 战略资源寻求（$U_{23}$）>技术寻求（$U_{24}$）⩾获取低价资产（$U_{31}$）>获取壳资源（$U_{32}$），其中 $U_{22}$ 的权重为 0.1457，说明在此次 JDC 公司海外并购的过程中，资源寻求动因起到了最大的影响作用。

同理，由于 $U_{11}$、$U_{14}$、$U_{16}$、$U_{21}$ 的权重为 0.1243，说明这四种动因在此次并购过程中起到了较大的影响作用；$U_{13}$、$U_{15}$、$U_{23}$ 的权重为 0.0621，说明这三种动因在此次并购过程中起到的影响作用较小；$U_{24}$、$U_{31}$ 的权重为 0.0466，说明这两种动因在此次并购过程中起到的影响作用很小；而由于 $U_{32}$ 所代表的动因获取壳资源的权重为 0.0155，说明在此次并购过程中，几乎未考虑这一因素的影响。

另外，$U_{11}$、$U_{14}$、$U_{16}$、$U_{21}$ 四组数据中，由于 $U_{11}$、$U_{14}$、$U_{16}$ 所属经济管理动因所占比例最大，占该组数据量的 3/4，因此这三种动因较 $U_{21}$ 来说，影响程度更强一些。同理，在 $U_{13}$、$U_{15}$、$U_{23}$ 三组数据中，$U_{13}$、$U_{15}$ 所属经济管理动因所占比例最大，占该组数据量的 2/3，说明这两种动因较 $U_{23}$ 来说，影响程度更强一些。

综上所述，通过对 JDC 公司海外并购的动因进行分析可以得出以下结论：

（1）此次 JDC 公司海外并购的主要动因是对资源的寻求，由于 JDC 公司是资源型企业，虽然我国的资源较为丰富，但资源型企面临的竞争也同样激烈。基于长远的发展目标，寻求可以在未来长期开采和使用的良好资源是该企业并购的主要目的。

（2）由于在对此次并购影响较大、较小的两组数值中，经济管理动因均占到大部分比例，说明 JDC 公司海外并购还以寻求企业的良好管理、提高企业的经济效益为主要动机。该公司实施此次并购的动因还包括：实现企业规模经济，发挥并购后的经营协同效应，积极学习国外先进的管理技术，提升企业自身的经济、管理实力，并在此基础上增强企业在市场中的势力，扩大市场影响力，实现企业快速健康发展。

（3）我国资源较为丰富，种类多样，但市场相对较小，并且随着经济全球化程度不断加剧，国际分工日益成熟，跨国公司越发增多，仅限于国内市场的思想已不能顺应当今时代的潮流，谁能在现今世界格局中占领先机，谁就会在国际市场上获得更多发展机遇。因此，JDC 公司海外并购事件正是在这样的环境背景下发生的，通过并购前后各种资源的良好整合，企业可以顺应时代，通过扩大生产规模、利用经营协同产生的积极效应增强自身实力，从而不断扩大市场影响力、增强市场势力，推动企业在经济贸易国际化的潮流中巩固自身地位，实现长远发展。

### 三、并购过程

JDC 公司海外并购加拿大 YUK 公司历时一年零四个多月，自 2007 年 3 月开始到 2008 年 7 月结束，整个收购过程是比较顺利的。2007 年 3 月，在 JDC 公司成立之前，金钼股份和西北有色就向加拿大 YUK 公司发出了海外并购要约。经过一年的准备，于 2008 年 6 月 19 日，由 JDC 钼业集团和西北有色共同出资，在加拿大温哥华市成立其海外并购联合体——JDC 公司，注册资本为 3.1 亿加拿大元，继续完成对加拿大 YUK 公司的并购活动。最终，历时将近一年半，于 2008 年 7 月 2 日，新成立的 JDC 公司实现了对加拿大 YUK 公司的整体并购，并接收其所有矿产资源。

从收购方式上来看，本次并购采取的是股权收购方式中最普遍的要约收购，此次的并购方为 JDC 钼业集团有限公司与西色国际投资有限公司，它们共同组建了海外并购联合体（2008 年 4 月签订出资协议之后成立了加拿大 JDC 西色有限公司），然后由新组建的公司实现对加拿大 YUK 公司的整体收购，以此接收加拿大 YUK 公司的全部矿产。该海外并购联合体就是 JDC 公司（2012 年 6 月 29 日更名）。

从支付方式来看，本次并购采取的是现金收购，即由 JDC 公司以现金结算的方式对加拿大 YUK 公司股东股权进行回购，进而获得 YUK 公司的所有权。经过谈判，JDC 公司最终以 1.039 亿加拿大元出资，实现了对加拿大 YUK 公司的整体收购，并接收其名下的矿产资源，获得加拿大境内矿产开发与经营业务的权利。

JDC 公司的整个收购过程总共历时一年零四个月，主要可以分为三个阶段：第一阶段为初步讨论阶段（2007 年 3 月至 2008 年 2 月 3 日）、第二阶段为并购实施阶段（2008 年 3 月 3 日至 2008 年 4 月 21 日）、第三阶段为并购实现阶段（2008 年 4 月 26 日至 2008 年 7 月 2 日）。

（一）第一阶段：初步讨论阶段

初步讨论阶段主要完成的是要约的发出、保密协议的商榷、投资者调查等谈判准备工作（见图 10-1）。初步讨论阶段的关键性事件是由加拿大 YUK 公司组建专门负责此次谈判事项的特别委员会。

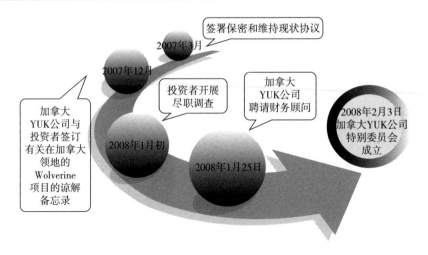

图 10-1　并购的初步讨论阶段

（二）第二阶段：并购实施阶段

特别委员会成立之后，此次并购也就顺利进入到第二阶段：实施并购阶段，过程如图 10-2 所示。

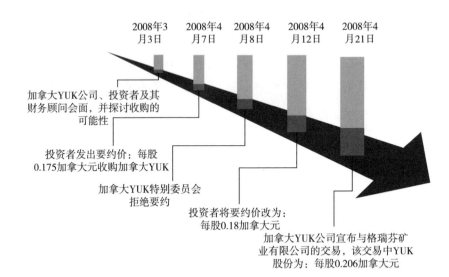

图 10-2　并购的实施阶段

这一阶段主要进行正式谈判过程（特别是报价谈判过程）：一方面是针对此次并购的可能性进行投资商讨，尽可能说服 YUK 公司的投资者同意此次并购；另一方面就是并购双方不断地对并购要约中的细节进行商讨与修改，最终决定并购报价。通过 JDC 的报价谈判过程可以清楚地看到，JDC 公司最终的并购价格要比刚开始的报价高出 17.7%，说明此次 JDC 公司的并购活动存在一定程度的溢价，这主要是由于加拿大 YUK 公司在邀约谈判过程中找了第三方公司来抬高价格，这种做法是海外并购过程中经常会遇到的"白衣骑士"策略。

（三）第三阶段：并购实现阶段

在报价谈判过程结束之后，就是并购实现的最终成交阶段。在这一过程中，投资者在加拿大温哥华成立了 JDC 公司作为并购联合体，由 JDC 公司作为并购主体来实现并购的最后交割工作（见图 10-3）。

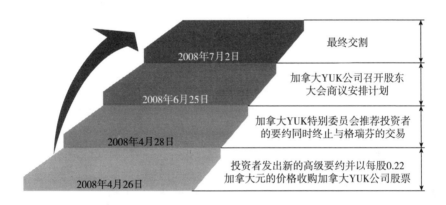

图 10-3　加拿大 YUK 与投资者完成收购阶段

# 第三节　JDC 公司海外并购绩效分析

本节将对 JDC 公司并购加拿大 YUK 公司的绩效进行分析，这里沿用本书之前的绩效分析框架：首先，采用事件研究法分析其短期绩效；其次，采用模糊层次分析法研究长期绩效；最后，综合短期绩效与长期绩效的结果来评价 JDC 公司此次海外并购活动是否成功。

## 一、JDC 公司海外并购短期绩效分析

由于 JDC 公司是为了方便此次并购加拿大 YUK 公司而新成立的并购联合体，是在并购过程中成立的，所以事件研究法并不能以 JDC 公司为法人单位进行分析，考虑到 JDC 公司的股东构成中，金钼集团持股95%具有绝对控股地位，而且此次并购活动就是由金钼集团发起并组织的，所以我们这里可以使用金钼集团在此次并购期间的股价及收益率变化来进行分析。同时，考虑到金钼股份上市时间发生在此次并购过程中，于 2008 年 4 月 17 日才在上海证券交易所上市，因而依据惯例的事件研究法并不能找到此次并购事件首次公告日 50 天以前的股价变动数据，所以我们采取缩短事件清洁期的处理方式，将事件清洁期设定为（-50，-20），事件考察期依然为（-20，20）。

本书对金钼股份在事件期内的超额收益率 AR 与累计超额收益率 CAR 的变动结果进行了统计，为了使 AR 和 CAR 的变化更具有视觉效果，将表 10-6 的数据进行了趋势图转换（见图 10-4）。

表 10-6　JDC 海外并购模糊矩阵

| 准则层 Ⅱ | 指标层 Ⅲ | 模糊矩阵 | | | | |
|---|---|---|---|---|---|---|
| | | 绩效很低 | 绩效较低 | 绩效一般 | 绩效较高 | 绩效很高 |
| 盈利能力 $B_1$ | $C_1$Δ 每股收益 | 0 | 0.37 | 0.63 | 0 | 0 |
| | $C_2$Δ 净资产利润率 | 0 | 0.48 | 0.52 | 0 | 0 |
| | $C_3$Δ 总资产利润率 | 0 | 0 | 0.65 | 0.35 | 0 |
| 成长能力 $B_2$ | $C_4$Δ 主营业务收入增长率 | 0 | 0 | 0.41 | 0.59 | 0 |
| | $C_5$Δ 净利润增长率 | 0 | 0 | 0.55 | 0.45 | 0 |
| 中介评价 $B_3$ | $C_6$ 本土化程度 | 0.15 | 0.15 | 0.4 | 0.2 | 0.1 |
| | $C_7$ 社会公众关系 | 0 | 0.25 | 0.45 | 0.25 | 0.05 |
| | $C_8$ 市场占有程度 | 0.1 | 0.2 | 0.4 | 0.3 | 0 |
| | $C_9$ 当地并购舆论 | 0.1 | 0.15 | 0.45 | 0.25 | 0.05 |
| | $C_{10}$ 内部员工评价 | 0 | 0.35 | 0.35 | 0.3 | 0 |

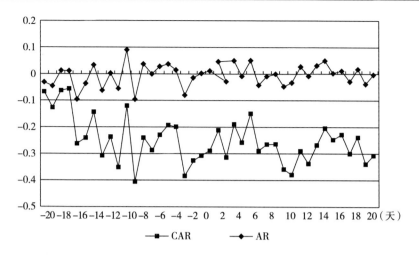

图 10-4　事件期内 JDC 公司超额收益和累计超额收益的时间序列

从图 10-5 中可以清楚地看到，在并购事件期内，金钼股份的 AR 一直围绕着 0 轴呈上下波动起伏状态。AR 在 t = -18，-17，-14 等 20 日的时候为正，占总体的 48.8%，其余时候 AR 为负。金钼股份的 CAR 一直处于 0 轴下方，其中在首次公告日前 20 日到前 4 日之间 （-20，-4），CAR 呈现明显的下降趋势，在首次公告日前 3 日到后 20 日之间 （-3，20），CAR 处于上下波动状态。

更进一步地，我们还对金钼股份的 CAR 变动结果进行了显著性检验，结果如表 10-7 所示。

表 10-7　CAR 显著性检验

| | | | | | 95% Confidence Interval of the Difference | |
|---|---|---|---|---|---|---|
| | t | df | Sig.<br>(2-tailed) | Mean<br>Difference | Lower | Upper |
| VAR00001 | -1.134 | 40 | 0.264 | -0.00736 | -0.0205 | 0.0058 |

表 10-7 中的检验结果表明，金钼股份的 CAR 变动的可靠性概率为 95%，金钼股份的 CAR 变动结果是显著的。

从表 10-7 中可以看出，金钼股份事件期内的 CAR 数据整体是呈现下降趋势的，并且均在 0 点以下，这一点对于资源型企业并购活动来说并不少见，主要原因可能是资源型企业重资产的特性，作为资源类企业的并购，由于其所属行业的特殊性，前期的投资额巨大，需要投入大量的资金进行固定资产的购置、基础设施的建设等，同时并购后短期内并无产出。所以，经济效应在短期内表现并不如预期，甚至呈负效应，这也是由并购企业所属行业的特殊性所决定的。所以，金钼股份的 CAR 在 0 点以下并不影响此次事件研究法分析的结果。

## 二、JDC 公司海外并购长期绩效分析

本书采用事件研究法对 JDC 公司此次并购活动进行短期绩效分析之后，又进一步采用模糊层次分析法构建了与此次并购相关的长期绩效评价体系，从而进一步对 JDC 公司此次并购事件进行长期绩效分析。同样，本书长期绩效分析的定量指标数据采用的也是金钼股份的相关财务数据，定性指标数据采用普遍的专家打分法，为尽可能地保证此次专家打分情况能够客观真实，此次分析我们邀请了 20 位全程参与 JDC 公司并购 YUK 公司这一活动的专家进行打分，这些专家至今仍对 JDC 公司并购后的运营活动进行管理。具体的长期绩效评估过程如下：

（一）数据准备

本节案例的长期绩效指标评价体系、指标权重参照本书实证部分相关内容。

1. 因素集分解

本案例的指标评价体系与实证部分相关内容相同，该案例的长期绩效评价模型也有三个因素集，分别是盈利能力因素集 $B_1$、成长能力因素集 $B_2$、中介评价因素集 $B_3$。

2. 指标权重的计算

本案例的权重参照实证部分计算的我国资源型企业海外并购整体长期绩效评价研究方法所得的权重值。

3. 确定模糊矩阵

本书在 JDC 并购 YUK 案例的模糊矩阵的确定方面，采用的方法、评价标准、问卷与第五章中的实证分析相同，具体参考实证分析中的模糊矩阵的确定步骤。本书将所有隶属度汇总之后得到了 JDC 海外并购的模糊矩阵（见表10-6）。

（二）模糊综合评价

1. 一级模糊评价

本书运用公式 $B_i = W_i \times R_i$ 得到了该并购案例中每个长期绩效因素子集的一级模糊综合评价集，进而得到了一级模糊综合评价结果，计算结果如表10-8所示。

表 10-8　一级模糊综合评价结果

| 准则层指标 | 评价结果 | | | | |
|---|---|---|---|---|---|
| | 绩效很低 | 绩效较低 | 绩效一般 | 绩效较高 | 绩效很高 |
| 盈利能力 $B_1$ | 0 | 0.30045 | 0.60015 | 0.0994 | 0 |
| 成长能力 $B_2$ | 0 | 0 | 0.4716 | 0.5284 | 0 |
| 中介评价 $B_3$ | 0.074 | 0.214 | 0.412 | 0.2555 | 0.0445 |

2. 二级模糊评价

本书采用与实证分析中二级模糊评价相同的计算方法，计算出了评价结果，具体如表 10-9 所示。

表 10-9　二级模糊综合评价结果

| JDC 企业海外并购长期绩效评价 | 评价结果 | | | | |
|---|---|---|---|---|---|
| | 绩效很低 | 绩效较低 | 绩效一般 | 绩效较高 | 绩效很高 |
| | 0.034 | 0.164 | 0.472 | 0.308 | 0.022 |

本书按照实证分析中的赋值原则对最终模糊综合评价结果进行了赋值，经过计算得出 JDC 企业海外并购长期绩效的最终得分为 52.4。

通过数据分析我们发现 JDC 公司相关指标中，财务指标的得分远低于其他成长性指标的得分，由此可以看出，JDC 公司并购完成后三年内的财务状况不理想，这种财务指标的得分结果与我们问卷反馈的公司实际财务状况结果相对应。出现这种情况的原因可能是在 JDC 公司并购完成之后的经营整合战略上，在对 YUK 公司并购之后，JDC 公司直接接收了原 YUK 公司的矿产资源，进而在矿产开发上投入了大量的固定资产，特别是沃维瑞（Wolverine）锌银矿的建设与运营持续了近三年。所以，JDC 公司完成收购之后三年内的财务表现不佳，每股收益以及净资产收益率受到矿产开发投入成本的均摊，这三年当中 JDC 公司基本未实现盈利。但是，JDC 公司的成长能力并未受到建设周期成本的影响，JDC 公司的成长潜力仍然巨大，具体表现是，主营业务增长率等销售额指标是成倍增长的，JDC 公司未来发展空间巨大。

本书通过对相关定性指标数据进行进一步分析，发现 JDC 公司的成长能力指标赋值水平均处于中等水平，这说明 JDC 公司的成长性是受到相关专家认可的。

本书总结归纳了专家对 JDC 公司成长性认可的原因，大概有以下几个方面：

第一，JDC 公司并购加拿大 YUK 公司之后，在后续运营管理方面尽可能维持 YUK 公司原有的人员构成，并未对其内部人员进行大幅度的调整，极大地安抚了原 YUK 公司的中下层员工，使 JDC 公司外派人员（不到 10% 的比例）能很好地融入当地的工作环境与工作氛围中，没有造成两国文化的冲突与管理的矛盾。这种管理态度与管理模式可以极大地保留原 YUK 公司的先进管理经验与技术骨干人员，可以使 JDC 公司以最快的速度进行并购后的建设工作，并购后的整合效率明显提高。

第二，JDC 公司对 YUK 公司的并购是整体并购，接收了原 YUK 公司旗下的所有资产，原 YUK 公司在被并购之前已经在加拿大矿业领域占据了将近 1/3 的市场份额，本身就拥有雄厚的市场基础。此次并购用时一年零四个月就顺利完成，并购期间原 YUK 公司并未发生大的动荡，所以 JDC 公司很容易凭借原 YUK 公司的市场基础进行加拿大市场的占领与扩张，结合国内已有业务，使 JDC 公司的国际化行业格局进一步扩大，发展空间扩大。

第三，JDC 公司海外并购之后虽然是在海外运营，但是 JDC 公司并购的时机刚好是金融危机爆发下加拿大等国家矿业发展最艰难的时候，JDC 公司的并购活动为加拿大矿业发展注入了新的活力，不仅帮助当地一些矿业公司摆脱了濒死状态，而且帮助当地一些矿业公司解决了破产倒闭之后的失业人员安置问题。可以说，此次并购活动是加拿大矿业复苏的强心剂，在金融危机背景下树立了中国企业品牌的良好形象，为 JDC 公司后续的跨国运营提供了相当大的便利。

第四，JDC 公司并购 YUK 公司之后，接收的矿产资源是原 YUK 公司已经置办好的，受到加拿大相关法律的保护，由 JDC 公司接收这些资产已经取得矿区周边原住民的认可。所以，后续运营面临的主要是资金调配问题，很多法律上和社会上的问题已经得到解决。这就能保证 JDC 公司以最快的速度进行矿区建设与运营，以最快的速度实现盈利。

第五，JDC 公司在并购过程中，积极与当地政府进行沟通交流，不断宣传自身良好的价值观，极大地提高了 JDC 公司在当地居民心中的接受度，这些举措对实现 JDC 公司与 YUK 公司的文化整合具有重要作用。

总体来讲，从综合财务指标与定性指标的评分结果来看，JDC 公司并购 YUK 公司之后的长期绩效表现分值达到 52.4 分，虽然从财务指标上看，JDC 公司由于并购后三年内处于建设期，财务指标并不理想，但是 JDC 公司的成长能力指标却可以从其主营业务增长率的倍速增长上看出端倪，JDC 公司的成长性指标也被 20 名专家所认可。因此，本书认为 JDC 公司并购加拿大 YUK 公司取得了长期绩效的良好表现。

# 第四节　JDC 公司海外并购风险分析

## 一、风险识别分析

本节针对案例的风险识别分析采用与大样本相同的研究方法，对政治风险、经济风险、自然风险、管理风险和法律风险这五类风险进行风险识别分析，通过等级全息模型对影响该案例的风险程度大小进行排序。

（一）因素集分解

与第七章并购风险的大样本实证分析相同，本书的案例识别模型也有五个因素集，分别是政治风险因素集 A、经济风险因素集 B、管理风险因素集 C、自然风险因素集 D 和法律风险因素集 E：

因素集 A＝｜外资审查力度 $a_1$、政府职能风险 $a_2$、国有化征收程度 $a_3$、民族主义和宗教 $a_4$｜；因素集 B＝｜市场风险 $b_1$、定价风险 $b_2$、汇率风险 $b_3$、偿债风险 $b_4$、税收和租金风险 $b_5$｜；因素集 C＝｜投资决策风险 $c_1$、信息不对称风险 $c_2$、整合风险 $c_3$、文化差异风险 $c_4$、人才不足风险 $c_5$｜；因素集 D＝｜运输条件风险 $d_1$、资源禀赋风险 $d_2$、安全生产条件 $d_3$｜；因素集 E＝｜东道国法律完善程度 $e_1$、企业内部法律体系风险 $e_2$、东道国劳工风险 $e_3$、环境保护风险 $e_4$｜。

（二）确定权数及评价集

按照资源型企业海外并购整体风险识别研究方法，权数如下：

$U=\{A、B、C、D、E\}=\{0.12398、0.23409、0.39397、0.12398、0.12398\}$

$A=\{a_1、a_2、a_3、a_4\}=\{0.3512、0.1887、0.1089、0.3513\}$

$B=\{b_1、b_2、b_3、b_4、b_5\}=\{0.4021、0.1372、0.2446、0.1372、0.0788\}$

$C=\{c_1、c_2、c_3、c_4、c_5\}=\{0.1241、0.2213、0.0867、0.2040、0.3639\}$

$D=\{d_1、d_2、d_3\}=\{0.1633、0.2969、0.5397\}$

$E=\{e_1、e_2、e_3、e_4\}=\{0.1221、0.2273、0.4232、0.2273\}$

### (三) 确定模糊矩阵

本书针对 JDC 公司并购 YUK 公司案例邀请多名专家进行评价，并对参与该并购活动的 12 名相关专业人士进行问卷发放，回收了 10 份，以此作为模糊评价的基础，并得出了指标评价结果（见表 10-10）。

**表 10-10　JDC 公司海外并购风险因素指标模糊评价**

| $r_{a_1} = \{0、0.2、0.5、0.2、0.1\}$ | $r_{a_2} = \{0、0.1、0.3、0.4、0.2\}$ | $r_{a_3} = \{0、0、0.2、0.3、0.5\}$ |
|---|---|---|
| $r_{a_4} = \{0、0.2、0.6、0.2、0\}$ | | |
| $r_{b_1} = \{0、0.6、0.4、0、0\}$ | $r_{b_2} = \{0、0、0.3、0.6、0.1\}$ | $r_{b_3} = \{0、0.5、0.4、0.1、0\}$ |
| $r_{b_4} = \{0、0、0.2、0.6、0.2\}$ | $r_{b_5} = \{0、0、0.2、0.5、0.3\}$ | |
| $r_{c_1} = \{0.2、0.5、0.3、0、0\}$ | $r_{c_2} = \{0.3、0.4、0.3、0、0\}$ | $r_{c_3} = \{0、0.3、0.5、0.2、0\}$ |
| $r_{c_4} = \{0.1、0.6、0.3、0、0\}$ | $r_{c_5} = \{0.1、0.4、0.4、0.1、0\}$ | |
| $r_{d_1} = \{0、0.2、0.3、0.4、0.1\}$ | $r_{d_2} = \{0.1、0.2、0.5、0.2、0\}$ | $r_{d_3} = \{0、0.3、0.6、0.1、0\}$ |
| $r_{e_1} = \{0、0、0.1、0.4、0.5\}$ | $r_{e_2} = \{0、0、0.3、0.5、0.2\}$ | $r_{e_3} = \{0.1、0.3、0.6、0、0\}$ |
| $r_{e_4} = \{0、0.1、0.2、0.4、0.3\}$ | | |

根据表 10-10 中的模糊评价矩阵，可以得到子集 A、子集 B、子集 C、子集 D、子集 E 的模糊矩阵：

$$Ra = \begin{bmatrix} 0 & 0.2 & 0.5 & 0.2 & 0.1 \\ 0 & 0.1 & 0.3 & 0.4 & 0.2 \\ 0 & 0 & 0.2 & 0.3 & 0.5 \\ 0 & 0.2 & 0.6 & 0.2 & 0 \end{bmatrix}$$

$$Rb = \begin{bmatrix} 0 & 0.6 & 0.4 & 0 & 0 \\ 0 & 0 & 0.3 & 0.6 & 0.1 \\ 0 & 0.5 & 0.4 & 0.1 & 0 \\ 0 & 0 & 0.2 & 0.6 & 0.2 \\ 0 & 0 & 0.2 & 0.5 & 0.3 \end{bmatrix}$$

$$Rc = \begin{bmatrix} 0.2 & 0.5 & 0.3 & 0 & 0 \\ 0.3 & 0.4 & 0.3 & 0 & 0 \\ 0 & 0.3 & 0.5 & 0.2 & 0 \\ 0.1 & 0.6 & 0.3 & 0 & 0 \\ 0.1 & 0.4 & 0.4 & 0.1 & 0 \end{bmatrix}$$

$$Rd = \begin{bmatrix} 0 & 0.2 & 0.3 & 0.4 & 0.1 \\ 0.1 & 0.2 & 0.5 & 0.2 & 0 \\ 0 & 0.3 & 0.6 & 0.1 & 0 \end{bmatrix}$$

$$Re = \begin{bmatrix} 0 & 0 & 0.1 & 0.4 & 0.5 \\ 0 & 0 & 0.3 & 0.5 & 0.2 \\ 0.1 & 0.3 & 0.6 & 0 & 0 \\ 0 & 0.1 & 0.2 & 0.4 & 0.3 \end{bmatrix}$$

（四）模糊综合评价

1. 一级模糊评价

与实证分析并购风险的大样本研究一样，本书将上述得到的各子集模糊矩阵进行合成得出了该并购案例中每个风险因素子集的一级模糊综合评价集 $R_i$。

$$R1 = A \cdot Ra = \begin{bmatrix} 0.3512, & 0.1887, & 0.1089, & 0.3513 \end{bmatrix} \cdot$$

$$\begin{bmatrix} 0 & 0.2 & 0.5 & 0.2 & 0.1 \\ 0 & 0.1 & 0.3 & 0.4 & 0.2 \\ 0 & 0 & 0.2 & 0.3 & 0.5 \\ 0 & 0.2 & 0.6 & 0.2 & 0 \end{bmatrix} =$$

$$\begin{bmatrix} 0, & 0.156, & 0.465, & 0.248, & 0.127 \end{bmatrix}$$

本书依据相同的计算法则，计算出了 R2、R3、R4 和 R5，计算结果如下：

$R2 = B \cdot Rb = \begin{bmatrix} 0, & 0.364, & 0.343, & 0.229, & 0.065 \end{bmatrix}$

$R3 = C \cdot Rc = \begin{bmatrix} 0.148, & 0.445, & 0.354, & 0.054, & 0 \end{bmatrix}$

$R4 = D \cdot Rd = \begin{bmatrix} 0.03, & 0.254, & 0.521, & 0.179, & 0.016 \end{bmatrix}$

$R5 = E \cdot Re = \begin{bmatrix} 0.042, & 0.15, & 0.38, & 0.253, & 0.175 \end{bmatrix}$

2. 二级模糊评价

本书计算出各子集的一级模糊评价结果后，将子集 A、B、C、D、E 都看作

一个因素，用模糊矩阵 $R = \begin{bmatrix} R1 \\ R2 \\ R3 \\ R4 \\ R5 \end{bmatrix}$ 作为 $\{A、B、C、D、E\}$ 的单因素集，由此进

入整个模型的二级评价。

$$R = \begin{bmatrix} R1 \\ R2 \\ R3 \\ R4 \\ R5 \end{bmatrix} = \begin{bmatrix} 0 & 0.159 & 0.465 & 0.248 & 0.127 \\ 0 & 0.364 & 0.343 & 0.229 & 0.065 \\ 0.148 & 0.445 & 0.354 & 0.054 & 0 \\ 0.03 & 0.254 & 0.521 & 0.179 & 0.016 \\ 0.042 & 0.15 & 0.38 & 0.253 & 0.175 \end{bmatrix}$$

模糊评价集 $I = U \cdot R$

$$= [0.124, 0.234, 0.394, 0.124, 0.124] \cdot \begin{bmatrix} 0 & 0.159 & 0.465 & 0.248 & 0.127 \\ 0 & 0.364 & 0.343 & 0.229 & 0.065 \\ 0.148 & 0.445 & 0.354 & 0.054 & 0 \\ 0.03 & 0.254 & 0.521 & 0.179 & 0.016 \\ 0.042 & 0.15 & 0.38 & 0.253 & 0.175 \end{bmatrix}$$

$$= [0.067, 0.330, 0.389, 0.159, 0.055]$$

$$= \frac{0.067}{\text{政治风险}}, \frac{0.330}{\text{经济风险}}, \frac{0.389}{\text{管理风险}}, \frac{0.159}{\text{自然风险}}, \frac{0.055}{\text{法律风险}}$$

由此可以看出：首先，经济风险和管理风险的数值较高，这也是 JDC 公司海外并购过程中面临的最大风险因素。并购初期 JDC 公司在实施海外并购时缺乏投融资的控制能力，并购后期面临的整合风险较大，这都是该并购案例中存在的较为明显的问题。其次，自然风险不容忽视，并购企业需要做好前期的考察工作。再次，尽管政治风险比较小，但国际局势瞬息万变，我国企业欲并购加拿大企业仍需正确看待其政治风险。最后，法律风险最低，仅占到 5.5%，这是由于加拿大在资源型企业海外并购立法方面做得比较好，使外国企业并购加拿大企业时面临的法律风险一般较小。

## 二、风险测度分析

本节将从 JDC 海外并购案例中最大的股东金钼集团的财务指标入手，通过企业财务指标和股价波动情况对该并购活动进行风险测度分析，并对该案例在我国"走出去"的资源型企业中的风险排名情况进行比较分析。

（一）主成分分析

本书采用主成分分析法对金钼集团 9 个财务指标及并购实施前一年的公司估计进行数理分析，由于金钼集团 2008 年 4 月 17 日上市，2008 年 7 月 2 日收购成功，故取其 4 月 17 至 7 月 2 日之间的股价作为该案例的在险价值因子。

在该模型中，本书运用 SPSS 软件将原有的 24 个变量（14 个定性指标、10 个定量指标）综合为 8 个公共因子，8 个公共因子的方差贡献率具体如表 10-11 所示。

表 10-11　金钼集团主成分特征值及其方差贡献率

| 因子编号 | 初始特征值 | | | 提取平方和载入 | | |
|---|---|---|---|---|---|---|
| | 合计 | 方差百分比（%） | 累计百分比（%） | 合计 | 方差百分比（%） | 累计百分比（%） |
| 1 | 4.970 | 20.707 | 20.707 | 4.970 | 20.707 | 20.707 |
| 2 | 2.830 | 11.793 | 32.500 | 2.830 | 11.793 | 32.500 |
| 3 | 2.505 | 10.436 | 42.936 | 2.505 | 10.436 | 42.936 |
| 4 | 2.303 | 9.594 | 52.530 | 2.303 | 9.594 | 52.530 |
| 5 | 1.663 | 6.930 | 59.460 | 1.663 | 6.930 | 59.460 |
| 6 | 1.308 | 5.449 | 64.909 | 1.308 | 5.449 | 64.909 |
| 7 | 1.259 | 5.248 | 70.156 | 1.259 | 5.248 | 70.156 |
| 8 | 1.010 | 4.207 | 74.363 | 1.010 | 4.207 | 74.363 |
| 9 | 0.935 | 3.895 | 78.258 | | | |
| 10 | 0.770 | 3.209 | 81.467 | | | |
| 11 | 0.711 | 2.964 | 84.431 | | | |
| 12 | 0.665 | 2.772 | 87.203 | | | |
| 13 | 0.547 | 2.278 | 89.481 | | | |
| 14 | 0.494 | 2.057 | 91.538 | | | |
| 15 | 0.409 | 1.706 | 93.243 | | | |
| 16 | 0.373 | 1.553 | 94.796 | | | |
| 17 | 0.333 | 1.389 | 96.186 | | | |
| 18 | 0.259 | 1.078 | 97.263 | | | |
| 19 | 0.214 | 0.893 | 98.156 | | | |
| 20 | 0.156 | 0.651 | 98.807 | | | |
| 21 | 0.140 | 0.582 | 99.390 | | | |
| 22 | 0.078 | 0.326 | 99.715 | | | |
| 23 | 0.049 | 0.205 | 99.920 | | | |
| 24 | 0.019 | 0.080 | 100.000 | | | |

由此可见，公共因子累计方差贡献率为 72.862%，这个数据表示 8 个公共因子可以反映原来 24 个财务指标 74.36% 的信息量。

（二）载荷矩阵分析

本书通过初始载荷因子进行旋转后得到正交旋转因子载荷矩阵，并根据正交旋转因子载荷矩阵得出了成分得分系数矩阵，由此可以得到 F1，F2，F3，F4，F5，F6，F7，F8 这 8 个因子的表达式，具体如下：

$$F1 = 0.804X1 - 0.023X2 + 0.269X3 + 0.297X4 + 0.216X5 + 0.3X6 - 0.046X7 +$$
$$0.348X8 - 0.111X9 + 0.141X10 - 0.858X11 - 0.784X12 - 0.738X13 +$$
$$0.691X14 + 0.192X15 + 0.02X16 + 0.144X17 - 0.312X18 - 0.065X19 +$$
$$0.27X20 + 0.146X21 + 0.228X22 - 0.018X23 + 0.026X24 \qquad (10-3)$$

$$F2 = 0.017X1 - 0.349X2 + 0.456X3 - 0.676X4 + 0.709X5 - 0.053X6 - 0.764X7 +$$
$$0.59X8 + 0.07X9 + 0.402X10 + 0.107X11 - 0.12X12 - 0.271X13 + 0.162X14 +$$
$$0.161X15 + 0.103X16 - 0.152X17 - 0.095X18 + 0.111X19 + 0.119X20 +$$
$$0.052X21 + 0.003X22 - 0.031X23 - 0.129X24 \qquad (10-4)$$

$$F3 = 0.028X1 - 0.026X2 + 0.187X3 - 0.259X4 + 0.115X5 - 0.065X6 + 0.192X7 -$$
$$0.455X8 + 0.448X9 + 0.141X10 + 0.042X11 - 0.2X12 - 0.262X13 + 0.087X14 +$$
$$0.089X15 - 0.178X16 + 0.182X17 + 0.041X18 + 0.261X19 + 0.291X20 +$$
$$0.826X21 + 0.643X22 + 0.112X23 + 0.734X24 \qquad (10-5)$$

$$F4 = 0.393X1 + 0.762X2 + 0.693X3 + 0.309X4 + 0.077X5 + 0.816X6 + 0.054X7 +$$
$$0.049X8 + 0.156X9 + 0.175X10 + 0.05X11 - 0.136X12 - 0.317X13 +$$
$$0.135X14 + 0.036X15 - 0.104X16 - 0.035X17 + 0.06X18 + 0.167X19 -$$
$$0.073X20 - 0.1X21 + 0.02X22 - 0.005X23 + 0.118X24 \qquad (10-6)$$

$$F5 = -0.05X1 - 0.362X2 - 0.071X3 + 0.194X4 + 0.292X5 + 0.151X6 + 0.193X7 +$$
$$0.091X8 + 0.092X9 - 0.238X10 - 0.207X11 - 0.108X12 + 0.023X13 -$$
$$0.207X14 + 0.289X15 + 0.76X16 + 0.814X17 - 0.075X18 - 0.072X19 -$$
$$0.391X20 - 0.136X21 - 0.132X22 - 0.058X23 + 0.279X24 \qquad (10-7)$$

$$F6 = -0.263X1 + 0.885X2 - 0.045X3 - 0.011X4 - 0.311X5 + 0.011X6 - 0.048X7 +$$
$$0.234X8 + 0.310X9 - 0.636X10 + 0.124X11 - 0.145X12 - 0.12X13 -$$
$$0.443X14 + 0.084X16 + 0.065X17 - 0.181X18 + 0.821X19 + 0.266X20 +$$
$$0.041X21 + 0.188X22 - 0.03X23 - 0.017X24 \qquad (10-8)$$

$$F7 = 0.094X1 + 0.054X2 + 0.03X3 - 0.328X4 - 0.032X5 - 0.098X6 - 0.01X7 +$$

$$0.126X8-0.59X9-0.051X10+0.216X11-0.233X12-0.259X13+$$
$$0.19X14+0.769X15+0.374X16-0.042X17+0.234X18-0.078X19-$$
$$0.008X20-0.137X21+0.173X22+0.09X23+0.054X24 \qquad (10-9)$$
$$F8=0.08X1-0.092X2-0.025X3+0.067X4-0.017X5+0.047X6+0.015X7+$$
$$0.119X8-0.203X9+0.005X10-0.024X11+0.054X12+0.026X13+$$
$$0.058X14+0.014X15-0.073X16-0.032X17-0.327X18+0.042X19-$$
$$0.258X20+0.023X21+0.335X22+0.862X23-0.019X24 \qquad (10-10)$$

本书以主因子特征值的贡献率为权重来加权计算金钼集团财务风险的因子总得分，计算方法参考第七章大样本研究方法，通过金钼集团主成分特征值及其方差贡献率表，可得 $\lambda_1$，$\lambda_2$，$\cdots$，$\lambda_8$ 依次为：20.707、11.793、10.436、9.594、6.93、5.449、5.248、4.207。由此可得该案例风险测度实证中因子总得分计算公式为：

$$F=0.278F1+0.159F2+0.14F3+0.129F4+0.093F5+0.073F6+0.071F7+$$
$$0.057F8 \qquad (10-11)$$

由此可以得到 JDC 并购案例中风险最终得分，具体如表 10-12 所示，同时，与大样本中其他企业海外并购实施过程相比，可以得到该案例在总体样本风险排名中的位次。

**表 10-12　金钼集团海外并购风险测度结果**

| 年份 | F1 | F2 | F3 | F4 | F5 | F6 | F7 | F8 | 年度综合得分 |
|---|---|---|---|---|---|---|---|---|---|
| 2008 | 8.690 | 11.725 | -26.738 | 9.148 | 72.897 | -5.792 | 25.965 | -95.776 | |
| 2009 | -1.939 | 10.071 | -50.092 | 7.338 | 69.259 | -10.873 | 8.098 | -108.651 | 1.280 |
| 2010 | 7.173 | 11.213 | -23.437 | 7.271 | 59.617 | -1.384 | 16.730 | -88.148 | |
| 2011 | 5.123 | 10.895 | -18.256 | 6.253 | 55.236 | -3.658 | 10.962 | -78.252 | |

根据表 10-12 中金钼集团综合得分，结合大样本风险测度排名可以看出：JDC 公司海外并购的并购方金钼集团，其风险测度排名位于所有样本排名的倒数第三的位置，由此看来，该案例就财务指标分析来看，并购方面临的风险较小。

就目前研究成果来看，虽然无法确定企业财务指标的大小与企业海外并购风险之间的关系是什么样的，但是，并购活动前企业的财务指标大小或多或少会影响并购实施的资金链条。JDC 西色案例通过因子分析得出的风险排名较好，这也从侧面反映了本书所选取财务指标的有效性，这也为将要实施海外并购的资源型企业提供了一个较为有效的参考样本。

## 第五节　JDC 公司海外并购绩效与风险综合分析

根据前文对 JDC 公司并购加拿大 YUK 公司的绩效与风险分析结果，参考实证分析中对资源型企业海外并购绩效与风险组合的综合评估模型等级划分结果，可知 JDC 公司海外并购绩效与风险组合处于象限 I，即绩效较高，风险适中。

从考察时期来看，JDC 公司对 YUK 公司实施并购之后一直忙于相关矿区的建设，成本投入远大于营业收入，但是随着 JDC 公司并购之后业务整合能力的提高，矿产开发进入运营阶段之后，JDC 公司的财务业绩得到明显改善，所以从长期绩效来看，JDC 公司的成长性极好。另外，从并购风险上来看，JDC 公司的并购是在 2008 年金融危机爆发背景下实现的，对于加拿大国家来说，既可以挽救 YUK 的破产局面，又可以保住 YUK 矿业的就业人员，所以 JDC 公司的并购是受到加拿大国家政府与人民欢迎的，而且 YUK 公司是加拿大矿业的老牌企业，已经取得相关矿产资源的开采权，JDC 公司接收开采权后只需注入新的资金，在管理与运营上也会减少很多摩擦。所以，综合绩效与风险来看，JDC 公司并购加拿大 YUK 公司相对来说是成功的并购案例。

## 第六节　案例启示

JDC 公司并购加拿大 YUK 公司是中国企业海外并购北美上市公司的重要开端，对中国企业实施海外并购可以提供宝贵的经验借鉴。

### 一、结合政府态度对被并购企业所在国进行选择

政治风险是资源型企业海外并购面临的主要风险因素，所以海外并购决策者

首先要对被并购企业所在国家的态度进行分析。此次 JDC 公司并购案例，选择加拿大的 YUK 公司作为被并购对象，最主要的原因就是加拿大与中国两国之间属于友好合作的关系，中国企业在加拿大并购的案例有成功先例，加拿大政治环境相对稳定，对采掘业的限制也比较少。这是 JDC 公司可以并购 YUK 公司的先决条件。

## 二、东道国的法律咨询一定要完备

矿业属于自然资源领域的开发行业，由于矿业资源具有不可再生性，矿业资源开发会对矿区生态造成一定程度的破坏，因此不同国家对矿业开发与经营都有严格的法律限制。这就要求并购企业能够在并购之前尽可能了解和熟悉东道国相关行业的法律法规，可以借助当地的法律咨询中介机构组建由东道国法律专家组成的法律咨询团队，从而使并购过程的种种行动尽可能符合东道国法律规定，减少并购的法律阻碍。JDC 公司在此次并购的过程中花费了总成本的 0.2%~0.5% 作为法律信息咨询费用，尽可能地避免了并购的法律风险。

## 三、在要约谈判中要尽可能避免"白衣骑士"

此次 JDC 公司并购加拿大 YUK 公司的海外并购案例，其实属于溢价并购，溢价成本达到 17.7%，主要是因为在并购实施阶段的要约谈判过程中，加拿大 YUK 公司请了第三方公司来与 JDC 公司进行竞价，结果抬高了要约价格的 17.7%。加拿大 YUK 公司的要约谈判策略属于并购案例之中常见的"白衣骑士"策略。虽然找第三方有利于被并购企业，防止并购发起者恶意压价，但是"白衣骑士"策略对并购发起方是极为不利的，如果遭遇第三方的恶意抬价，并购活动就可能中途破产，前期并购付出的成本就可能付之东流。所以，在海外并购的实施过程中，一定要对被并购企业及东道国相关行业的发展现状有更明确的把握与预判，要设定溢价并购的警戒线，不能一味地为了实现并购而不计成本。

## 四、并购后要尽可能避免文化整合带来的双向不适应

由于海外的被并购企业生存与发展的环境与国内并不一样，有时东道国的企业文化与国内是冲突的，所以海外并购成功与否不能单单以并购要约有没有达成为唯一判定标准，还需要进一步考虑并购后的企业整合与后续运营绩效。很多海外并购案例虽然达成了并购要约，但是后期运营不善使得并购变成拖累企业发展

的包袱，主要的原因在于并购后两个企业之间文化与管理上的整合力度不够。此次 JDC 并购加拿大 YUK 公司，耗时一年零四个月，JDC 公司在并购过程中积极与东道国政府进行沟通，并购后在管理人员外派方面也尽可能保留 YUK 公司原有的中下层员工，仅仅在管理层外派 10% 的人员入驻，最大程度尊重原 YUK 公司的企业文化与经营方式，尽可能让并购方管理人员来适应加拿大当地工作环境，尽可能去接受原 YUK 公司先进的管理经验与技术资产，使得 YUK 公司被并购之后可以以最快的速度进行整合生产活动。

综上所述，JDC 公司海外并购是一个十分成功的中国资源型企业海外并购的案例，虽然其中也出现了一些"小插曲"，但是从并购结果和目前发展情况来说还是很成功的。除了以上列举的几个方面的案例启示以外，其他方面可能影响并购结果的因素也不容忽视，并购企业只有在充分了解被并购企业的情况并合理评价自身优势的同时，努力寻找双方共识，才能成功实现并购。相信这个案例能为我国资源型企业"走出去"提供良好的经验借鉴。

# 参考文献

## 英文文献

[1] Amihud Y. , DeLong G. L. , Saunders A. The Effects of Cross−Border Bank Mergers on Bank Risk and Value [J] . Journal of International Money & Finance, 2002, 21 (6): 857.

[2] Asquith P. , Bruner R . , Mullins D. Jr. The Gains to Bidding Firms from Mergers [J] . Journal of Financial Economics, 1983, 11 (1-4): 121-139.

[3] Bruton Garry D. , Oviatt Benjamin M. , White Margaret A. The Performance of Acquisitions of Distressed Firms [J] . Academy of Management Journal, 1994, 37 (4): 972-989.

[4] Dimaggio P. , Powell W. The Iron Cage Revisited: Institutional I−somorphism and Collective Rationality in Organizational Fields [J] . American Sociological Review, 1983 (48): 147-160.

[5] Dunning John H. Economic Analysis and the Multinational Enterprise [M] . London: Routledge, 1974.

[6] Dunning J. H. Explaining the International Direct Investment Position of Countries: Towards a Dynamic or Developmental Approach [J] . Weltwirtschaftliches Archiv, 1981 (117): 30-64.

[7] Estrin S. , Baghdasaryan D. , Meyer K. E. The Impact of Institutional and Human Resource Distance on International Entry Strategies [J] . Journal of Management Studies, 2009, 46 (7): 1171-1196.

[8] Gugler K. , Mueller D. C. , Yurtoglu B. B, et al. The Effects of Mergers: An International Comparison [J] . International Journal of Industrial Organization, 2003, 21 (5): 625-653.

[9] Haimes Y. Y. Risk Modeling, Assessment and Management [M]. New Jersey: Wiley & Sons, Inc., 2008.

[10] Haleblian J. Finkelstein. The Influnce of Organizational Aquisition Experience on Aquisition Performance [J]. Administrative Science Quarterly, 1999 (44): 28-29.

[11] Han C. M. Koreas Direct Investment in China: Technology, Experience, and Factors in Performance [J]. Asia Pacific of Management, 2002 (19): 109-126.

[12] Haspeslagh P. C., Jemison D. B. Managing Acquisitions: Creating Value' through Corporate Renewal [M]. New York: Free Press, 1991.

[13] Jeffery S. P., Thomas J. H. Mergers and Acquisitions: Reducing M&A Risk through Improved Due Diligence [J]. Strategy & Leadership, 2004, 32 (2): 12.

[14] Jensen M. C., Ruback R. S. The Market for Corporate Control: The Scientific Evidence [J]. Journal of Financial Economics, 1983, 11 (1): 5-50.

[15] Jensen M. C., Meckling W. H. Theory of the Firm: Managerial Behavior, Agency Costs and Ownership Structure [J]. Journal of Financial Economics, 1976, 3 (4): 305-360.

[16] Louise Esola, Roberto Ceniceros, Regis Coccia, Dave Lenckus. Concentrated Risk of Merger [J]. Business Insurance, 2006, 40 (43): 23.

[17] Markides, Oyon. International Acquisitions: Do They Create Value for Shareholders? [J]. European Management Journal, 1998, 16 (2): 125-135.

[18] McColl S. Comment: SMC Saga Highlights Risks of Acquisition Strategies [J]. Design Week, 2007, 5 (2): 6.

[19] Meeks G. Disappointing Marriage: A Study of the Gains from Mcrger [M]. New York: Cambridge University Press, 1977.

[20] Moore K. M., Lai G. C. The Behavior of Risk Arbitrageurs in Mergers and Acquisitions [J]. Journal of Alternative Investments, 2006, 9 (1): 19-27.

[21] Morosini P., Shane S., Singh S. National Cultural Distance and Cross-Border Acquisition Performance [J]. Journal of International Business Studies, 1998, 29 (1): 137-158.

［22］ Muller D. C. A Theory of Conglomerate Mergers ［J］. Quarterly Journal of Economics，1969，83（4）：643-659.

［23］ North Douglass C. Institutions，Institutional Change and Economic Performance：Institutions ［M］. New York：Cambridge University Press，1990.

［24］ Oyan. An Exploratory Study of Strategic Acquisition Factors Relating to Performance ［J］. Strategic Management Journal，1985（6）：151-170.

［25］ Ravenscraft D. J.，Seherer F. M. The Profitability of Mergers ［J］. International Journal of Industrial Organization，1991（7）：101-116.

［26］ Ronald H. Coase. The Nature of the Firm ［J］. Economica，1937，4（16）：386-405.

［27］ R. Vernon. International Investment and International Trade in the Product Cycle ［J］. The Quarterly Journal of Economics，1966，80（2）：190-207.

［28］ Warner J.，Templeman J.，Horn R. The Case against Mergers ［J］. Business Week，1995（10）：122-134.

## 中文文献

［1］敖宏，邓超. 论循环经济模式下我国资源型企业的发展策略 ［J］. 管理世界，2009（4）：1-4+26.

［2］巴克利，卡森. 跨国公司的未来 ［M］. 冯亚华，池娟，译. 北京：中国金融出版社，2005.

［3］财政部会计资格评价中心. 中级会计资格财务管理 ［M］. 北京：中国财政经济出版社，2007.

［4］蔡宁，何先进. 中美企业兼并动机的比较及启示 ［J］. 经济理论与经济管理，2002（4）：55-59.

［5］蔡文. 海外并购动因 ［J］. 上海经济，2006（10）：15-17.

［6］曹松威，何艳. 我国资源型企业海外并购的现状与风险分析 ［J］. 黑龙江对外经贸，2010（11）：29-30+118.

［7］陈芳益. 我国资源型企业跨国并购研究 ［J］. 合作经济与科技，2018（11）：86-87.

［8］陈菲琼，黄义良. 组织文化整合视角下海外并购风险生成与演化 ［J］. 科研管理，2011，32（11）：100-106.

[9] 陈俊颖. 我国企业选择跨国并购的影响因素研究 [D]. 上海: 上海师范大学, 2007.

[10] 程慧. 企业海外并购整合风险全面控制框架构建 [J]. 财会通讯, 2016 (2): 104-106.

[11] 程立茹, 李书江. 我国企业海外并购的政治风险及防范策略研究 [J]. 国际商务 (对外经济贸易大学学报), 2013 (5): 86-91.

[12] 杜群阳, 项丹. 资源获取型海外并购绩效及其影响因素的实证研究 [J]. 国际贸易问题, 2013 (10): 159-166.

[13] 杜晓博. 海外并购资源型企业的风险管理研究 [D]. 北京: 北京交通大学, 2019.

[14] 冯根福, 吴林江. 我国上市公司并购绩效的实证研究 [J]. 经济研究, 2001 (1): 54-61+68.

[15] 傅再育. 中国上市公司盈利能力模型分析 [D]. 成都: 四川大学, 2005.

[16] 高世葵, 王雪飞. 不同并购动因下石油上市企业并购绩效的实证研究: 1998~2008 年 [J]. 资源与产业, 2013 (2): 150-158.

[17] 勾丽. 企业并购市场风险的成因及防范 [J]. 现代管理科学, 2003 (11): 94-95.

[18] 谷琪. 中海油并购尼克森公司案例分析 [D]. 北京: 中国石油大学, 2018.

[19] 韩莹. 跨国并购法律风险及其防范应对 [D]. 大连: 大连海事大学, 2010.

[20] 贺雪. 我国资源型企业海外并购的风险管理研究 [D]. 大连: 东北财经大学, 2011.

[21] 黄慧萍. 企业并购的财务分析及风险衡量 [J]. 湖南财经高等专科学校学报, 2008 (5): 87-89.

[22] 黄娟. 资源型企业可持续发展战略研究 [M]. 北京: 地质出版社, 2005.

[23] 黄献松. 风险投资中管理风险综合评价体系的建立及实证分析 [D]. 南京: 南京理工大学, 2004.

[24] 黄中文. 论跨国并购的正负效应 [J]. 经济与社会发展, 2004 (2):

12-15.

［25］古继宝，张英．中国企业跨国并购交易成败的影响因素［J］．经济管理，2006（19）：37-42.

［26］贾镜渝，李文．距离、战略动机与中国企业跨国并购成败——基于制度和跳板理论［J］．南开管理评论，2016，19（6）：122-132.

［27］蒋冠宏，蒋殿春．绿地投资还是跨国并购：中国企业对外直接投资方式的选择［J］．世界经济，2017，40（7）：126-146.

［28］金小平．VaR在我国金融机构市场风险管理中的应用研究［D］．长沙：湖南大学，2005.

［29］乐琦．并购后高管变更、合法性与并购绩效——基于制度理论的视角［J］．管理工程学报，2012（3）：19-25.

［30］黎平海，李瑶，闻拓莉．我国企业海外并购的特点、动因及影响因素分析［J］．经济问题探索，2009（2）：74-79.

［31］李晨曦．浅析资源型企业海外并购风险与防范［J］．市场论坛，2018（6）：22-24.

［32］李洪涛．我国企业资源型跨国并购外部驱动因素分析［J］．北方经贸，2009（8）：46-47.

［33］李继伟．我国上市公司并购支付方式的实证分析［D］．广州：暨南大学，2003.

［34］李平，徐登峰．我国企业跨国并购的影响因素与进入模式选择［J］．商业时代，2008（33）：39-41.

［35］李双．中海油并购尼克森的绩效分析［D］．长沙：湖南大学，2016.

［36］李永新．我国矿产企业海外投资环境研究［D］．北京：中央民族大学，2011.

［37］李宇凯，翁明静，杨昌明，陈懿．我国资源型企业可持续发展制约因素与对策研究［J］．中国人口·资源与环境，2010，20（S1）：451-454.

［38］练明澄．对外直接投资中产品生命周期理论新构造［J］．国际贸易问题，1993（7）：51-54.

［39］梁岚雨．中国上市公司并购绩效的实证分析［J］．世界经济文汇，2002（6）：50-61.

［40］廖运凤，金辉．中国企业海外并购的现状与问题［J］．管理现代化，

2007（4）：35-37.

［41］刘冀生．企业战略管理（第二版）［M］．北京：清华大学出版社，2003：79.

［42］刘明．妥善处理中国企业海外并购中的政治因素［J］．商场现代化，2008（20）：12.

［43］刘晓棠．基于 VaR 的上市公司财务风险度量指标体系构建及实证分析［D］．沈阳：沈阳工业大学，2007.

［44］刘欣．外汇经济风险暴露的测量和管理［D］．成都：西南财经大学，2000.

［45］刘艳春，胡微娜．影响我国企业海外并购的宏观因素——金融危机前后数据的对比分析［J］．辽宁大学学报（哲学社会科学版），2014，42（2）：26-35.

［46］刘易斯·威尔斯．第三世界跨国企业［M］．叶刚，杨宇光，译．上海：上海翻译出版公司，1986.

［47］娄亮华．海外资源型并购：中国企业在路上［J］．江苏商论，2010（8）：101-103.

［48］马洪稳．中国企业跨国经营的政治风险及规避研究［D］．济南：山东财经大学，2012.

［49］马建威，余芹．我国企业海外并购历程及经济后果分析［J］．财务与会计（理财版），2012（2）：26-28.

［50］马莉．资源型企业与政府建立和谐发展关系研究［D］．上海：上海交通大学，2007.

［51］孟凡臣，陈露．我国制造业企业跨国并购绩效评价［J］．管理现代化，2014（2）：87-89.

［52］彭真善，宋德勇．交易成本理论的现实意义［J］．财经理论与实践，2006，27（4）：15-18.

［53］邵予工，郭晓，杨乃定．基于国际生产折衷理论的对外直接投资项目投资风险研究［J］．软科学，2008（9）：45-48+53.

［54］施筱圆．我国企业跨国并购绩效及影响因素分析［D］．成都：西南财经大学，2008.

［55］施一丹．中国跨国并购国外资源型企业研究［D］．长春：东北师范

大学，2011.

［56］司艳芳．我国上市公司并购绩效及影响因素研究［D］．上海：上海师范大学，2012.

［57］宋林，彬彬．我国上市公司跨国并购动因及影响因素研究——基于多项 Logit 模型的实证分析［J］．北京工商大学学报（社会科学版），2016，31（5）：98-106.

［58］宋维佳，许宏伟．资源型企业海外并购风险的评价及防范［J］．财经问题研究，2010（10）：101-106.

［59］苏敬勤，刘静．中国企业并购潮动机研究——基于西方理论与中国企业的对比［J］．南开管理评论，2013，16（2）：57-63.

［60］苏涛．金融市场风险 VaR 度量方法的改进研究［D］．天津：天津大学，2007.

［61］孙大维．谈中国企业跨国并购的影响因素［J］．北京市计划劳动管理干部学院学报，2006（1）：42-44.

［62］谭秋贤．资源型企业周边地区稳定的经济学思考［J］．经济师，2001（11）：64.

［63］唐晓华，高鹏．全球价值链视角下中国制造业企业海外并购的动因与趋势分析［J］．经济问题探索，2019（3）：92-98.

［64］童生，成金华．我国资源型企业跨国经营的政治风险及其规避［J］．国际贸易问题，2006（1）：90-95.

［65］汪旭晖，夏春玉．跨国零售商海外市场进入模式及其选择［J］．中国流通经济，2005（6）：46-49.

［66］王春峰，万海晖，张维．金融市场风险测量模型——VaR［J］．系统工程学报，2000（1）：67-75+85.

［67］王冠．企业并购整合风险识别与评估的研究［D］．沈阳：东北大学，2010.

［68］王基建，勾丽．基于市场共通性的企业并购市场风险研究［J］．科学学与科学技术管理，2003（10）：101-104.

［69］王开明，万君康．企业战略理论的新发展：资源基础理论［J］．科技进步与对策，2001（1）：131-132.

［70］王璐．中海油并购尼克森动因及绩效研究［D］．北京：中国石油大

学，2016.

[71] 王翔，裘露露，徐凌云，王晔. 中国资源型企业海外并购典型模式归纳与解析 [A]. 中国地质矿产经济学会地矿经济理论与应用研讨会论文集. 北京：中国地质矿产经济学会，2010：163-171.

[72] 魏江. 企业购并战略新思维 [M]. 北京：科学出版社，2002.

[73] 吴雪涛. 后金融危机时代中国企业对发达国家投资的政治风险研究 [D]. 武汉：湖北工业大学，2012.

[74] 武礼英. 民营企业"走出去"海外并购财务风险分析与防范 [J]. 财务与会计，2019（14）：40-43.

[75] 邬枫. 中国境外投资实务指南 [M]. 北京：中国财政经济出版社，2012.

[76] 向雅萍. 中国企业海外并购风险防范的法律对策 [J]. 特区经济，2008（6）：96-97.

[77] 小岛清. 对外贸易论 [M]. 周宝廉，译. 天津：南开大学出版社，1987：422-423.

[78] 徐琴. 中国企业海外并购绩效评价实证研究 [J]. 贵州财经大学学报，2018（5）：55-63.

[79] 徐泽水. 模糊互补判断矩阵排序的一种算法 [J]. 系统工程学报，2001（4）：311-314.

[80] 阎大颖. 国际经验、文化距离与中国企业海外并购的经营绩效 [J]. 经济评论，2009（1）：83-92.

[81] 尹国伟，段鹏. 资源型企业文化的影响因素分析 [J]. 法制与社会，2007（11）：574-575.

[82] 袁松. 跨国并购法律风险及其防范应对 [D]. 郑州：郑州大学，2007.

[83] 袁玉洁，杜灵基. 应用蒙特卡罗模拟法计算 VaR 的实证分析 [J]. 当代经理人，2006（5）：179-180.

[84] 苑泽明，顾家伊，富钰媛. "蛇吞象"海外并购模式绩效评价研究——以吉利集团为例 [J]. 会计之友，2018（16）：60-65.

[85] 詹小颖. 我国石油企业海外并购风险与策略分析——基于中海油并购尼克森案的启示 [J]. 对外经贸实务，2015（12）：78-81.

［86］张洪，刁莉．中国资源型企业跨国并购的战略思考［J］．亚太经济，2010（2）：101-105．

［87］张金斗．海外并购整合的风险控制：以中海油收购尼克森为例［J］．财务与会计，2018（1）：32-34．

［88］张兰霞，王俊，张燕．基于 BP 网络的人力资源管理风险预警模型［J］．南开管理评论，2007（6）：78-85．

［89］张文璋，顾慧慧．我国上市公司并购绩效的实证研究［J］．证券市场导报，2002（9）：21-26．

［90］张昕．浅析跨国并购的新特点及其动因和影响因素［J］．华北水利水电学院学报，2005（2）：36-39．

［91］张新．并购重组是否创造价值？——中国证券市场的理论与实证研究［J］．经济研究，2003（6）：20-29+93．

［92］张雨．并购文化整合——基于整合风险控制视角的分析和解释［D］．太原：山西财经大学，2012．

［93］赵静．第六次并购浪潮中的资源型企业并购研究［D］．杭州：浙江大学，2007．

［94］钟芳芳．技术获取型海外并购整合与技术创新研究［D］．杭州：浙江大学，2015．

［95］周凤秀，温湖炜，钟成林．中国企业跨国并购对制造业部门创新绩效的影响——基于超越对数随机前沿模型的实证分析［J］．国际商务（对外经济贸易大学学报），2019（2）：143-156．

［96］朱院利．资源型企业转型路径研究［D］．兰州：兰州大学，2008．